高等职业院校"十三五"规划教材

大学语文

（上册）

龚永标　刘　旺　主编

中国林业出版社

图书在版编目(CIP)数据

大学语文. 上册 / 龚永标，刘旺主编. —北京：中国林业出版社，2018.6
高等职业院校“十三五”规划教材
ISBN 978-7-5038-9553-1

Ⅰ. ①大… Ⅱ. ①龚… ②刘… Ⅲ. ①大学语文课－高等职业教育－教材
Ⅳ. ①H193.9

中国版本图书馆 CIP 数据核字(2018)第 091426 号

国家林业和草原局生态文明教材及林业高校教材建设项目

中国林业出版社·教育出版分社

策划、责任编辑：田 苗

电话/传真：(010)83143557/83143516

出版发行 中国林业出版社(100009 北京市西城区德内大街刘海胡同7号)
E-mail：jiaocaipublic@163.com
电话：(010)83143500
http：//lycb.forestry.gov.cn

经　销 新华书店
印　刷 固安县京平诚乾印刷有限公司
版　次 2018年6月第1版
印　次 2018年6月第1次印刷
开　本 787mm×1092mm 1/16
印　张 14.25
字　数 285千字
定　价 37.00元

《大学语文》(上册)
编写人员

主　　编：龚永标　刘　旺

副 主 编：王科瑛　龙宇帆

编写人员(按姓氏拼音排序)：

龚永标　顾裕文　黄　旋
纪　娜　匡长用　刘　旺
刘玉婷　刘紫萱　龙宇帆
田　瑶　王科瑛　曾安源
张硕勤

前言

编写这本大学语文教材的初衷有二：一是教育客体；二是阅读文本。客体的视野与积累，文本的承载与时代。

数学家苏步青在担任复旦大学校长时说过：“如果允许复旦大学单独招生，我的意见是第一堂先考语文，考后就判卷子。不合格的，以后的功课就不考了。语文你都不行，别的肯定学不通的。”可见语文教育的重要性。

“大学语文”是高职教育培养大学生具有一定的人文素养的基础课程。人文素养体现的是一个人的综合素质及内在涵养，可以通过语言、文学、艺术、哲学、历史等多种社会科学进行培养，其中语言文学(中国语言文学和外国语言文学)又是一切知识的基础。因此，大学生有必要认真学习“大学语文”课程，通过系统学习，重新认识语文学习的重要性。而教师则要引导大学生树立正确的语文学习观念，培养正确的审美观，从而提高大学生的人文素养。因此，大学语文在高职教育各专业课程结构中具有不可或缺的地位；离开语文教育的高职教育是不完整的高职教育。

大学语文最重要的作用是它的工具性。作为一门公共基础课，大学课文必须为大学生完成专业学习和终身发展提供智力基础。人类的一切文明成果，都需要这个载体来表达，也需要语言来推广和应用。而语文学科的工具性正显现于此。

大学语文还体现审美性和人文性。在这个技术主义、商业主义时代，在这个以信息技术为核心的后现代主义时代，单纯的技术并不能造就完美的人格。而文学正是培养高洁灵魂和纯良品格最好的功课。历代文质兼美的文学作品，都在表达着对真善美的追求，一切优秀的文学作品都具有丰富的文化内涵，引导人们去追求真、善、美的精神，处处在体现出人文的素养和精神。从这个意义上，我们深信，大学语文不仅应该是各类高校公共基础课，还应该是公共必修课。

为了达到大学语文教学的预期目的，体现大学语文的工具性、审美性、人文性，实现大学语文对学生思维能力和创新能力的培养，让老师们有新的教学内容，学生有新的学习范本，我们在选文上特别注重经典性、新颖性、多样性，注意选文的科学性与人文性相互渗透，同时注意哲学、艺术学、地理学、历史学、社会学、人类学等学科知识的交叉。我们深信，21 世纪的大学生，应该具有阅读文学作品、自然科学和社会科学的基本知识的能力。

在体例上，尽可能体现新时代特点。本教材按照内容分为五个单元：家国情怀、立身养德、社会价值、人文情意、地域风物。对每一篇课文，采用“课文导读”“正文”“注释”“思考与练习”的体例排编。希望能有助于提高语文阅读欣赏水平，也更有利于培养与提高人文素养，给学生和教师带来新材料、新见解。

本教材选文丰富，难易适中，适用于各类高职院校的学生，尤其是五年制学生学习，也适用于一切希望提高语文阅读水平的读者学习。

本教材分为上下两册。上册由龚永标、刘旺任主编，具体编写分工如下：第一单元，龚永标，黄旋；第二单元，匡长用，王科瑛；第三单元，刘旺，顾裕文，曾安源；第四单元，纪娜，刘紫萱，龙宇帆；第五单元，刘玉婷，张硕勤，田瑶。龚永标负责全书大纲的编写，并负责对全书进行统稿。

由于水平所限，本书如有不足之处，敬请读者批评指正。

编　者

2017 年 11 月

目录

第一单元　家国情怀

导语

未有我之先，家国已在焉；没有我之后，家国仍永存。多少沧桑付流水，常念家国在心怀。

在中国，说不完道不尽的，正是家国情怀。史书万卷，字里行间都是“家国”二字。《大学》有云：“古之欲明明德于天下者，先治其国；欲治其国者，先齐其家；欲齐其家者，先修其身。”这段论述将国家、社会、家庭和个人串连成一个密不可分的整体，奠定了国人修身、齐家、治国、平天下的道德理想和行为准则。

数千年间无论社会变迁沧海桑田，中国人皆知“万物本乎天，人本乎祖”的规则，都遵循“敬天法祖重社稷”的古训。

“对于乡愁而言，还乡是唯一的解药。”每当年关日近，很多人的思乡情愫也愈发滚烫。家是游子的心灵港湾，是浓得化不开的情结。然而古往今来，少小离家建功立业，几乎成为一以贯之的文化传统。人生选择与内心情感逆向行驶，并非是因为不眷顾家园亲情，而在于炽烈情怀早已从乡土走向家国。

“知责任者，大丈夫之始也；行责任者，大丈夫之终也。”责任和担当，乃是家国情怀的精髓所在。当我们专注于亲情眷念、自我圆满，不应忘了民生之疾苦同样关乎自我之荣辱。更好地兼顾小家与国家，将对家的情意深凝在对他人的大爱、对国家的担当上，人生才能真正达成圆满。从毛泽东曾抒“埋骨何须桑梓地，人生无处不青山”的壮志豪情，到赵一曼“未惜头颅新故国，甘将热血沃中华”的慷慨赴义，再到焦裕禄“心里装着全体人民，唯独没有他自己”的为民情深。常怀爱民之心、常思兴国之道、常念复兴之志，是中华好儿女家国情怀的生动写照。国而忘家，公而忘私，把个人价值寄托在对国家和人民的大爱与奋斗中，见证济苍生者的忠诚信仰和无私情怀。以伟岸人格承接伟大担当，以家国情怀托举复兴使命。

“亦余心之所向兮，虽九死其犹未悔。”精神有了归属，生命就有意义。家国情怀是一股永不衰竭的精神涌流，有了它的丰润，我们必能描绘大写的人生、成就不凡的意义。

古诗二首

无衣[1]

《诗经》

【课文导读】

《诗经》为我国第一部诗集。关于《诗经》中诗的分类，有“四始六义”之说。“四始”指《风》《大雅》《小雅》《颂》的四篇列首位的诗。“六义”则指“风、雅、颂，赋、比、兴”。

《诗经》共有305篇诗歌，又被称为“诗三百”。“风、雅、颂”是按音乐的不同对《诗经》的分类。“风”又叫“国风”，是各地的歌谣。“赋、比、兴”是《诗经》的表现手法。《诗经》多以四言为主，兼有杂言。“风”大部分是黄河流域的民歌，小部分是贵族加工的作品，共160篇。“雅”包括小雅和大雅，共105篇。“雅”基本上是贵族的作品，只有小雅的一部分来自民间。“颂”包括周颂、鲁颂和商颂，共40篇。《颂》是宫廷用于祭祀的歌词。

《秦风·无衣》的背景是西周幽王为犬戎所杀，秦襄公护周平王东迁，并受王命攻打犬戎。这是《诗经》中最为著名的爱国主义诗篇，它是产生于秦地(今陕西中部和甘肃东南部)人民抗击西戎入侵的军中之歌。在这种反侵略的战争中，秦国人民创造了这首充满爱国主义激情的慷慨战歌，表现出英勇无畏的尚武精神。

岂[2]曰无衣？与子同袍[3]。王[4]于兴师，修我戈矛。与子同仇[5]！
岂曰无衣？与子同泽[6]。王于兴师，修我矛戟。与子偕作[7]！
岂曰无衣？与子同裳[8]。王于兴师，修我甲兵[9]。与子偕行[10]！

【注释】

[1]选自《诗经·国风·秦风》，中华书局2015年版。这首诗一共三章，以复沓的形式，表现了秦军战士出征前的高昂士气：他们互相召唤、互相鼓励，舍生忘死、同仇敌忾。

[2]岂：怎、怎能。

[3]袍：长袍，即今之斗篷。是战士出征时披在铠甲上的外衣。

[4]王：指周王，秦国出兵以周天子之命为号召。一说指秦君。

[5]同仇：共同对敌。

[6]泽：通“襗”，内衣，如今之汗衫。

[7]作：起。

[8]裳：下衣，此指战裙。

[9]甲兵：铠甲与兵器。

[10]行：往。

关山月[1]

陆　游

【课文导读】

陆游(1125—1210年)，字务观，号放翁，汉族，越州山阴(今浙江绍兴)人。南宋诗人、词人。12岁即能诗文，一生著作丰富，有《剑南诗稿》《渭南文集》等数十本文集存世，是我国存诗最多的诗人。陆游具有多方面的文学才能，尤以诗的成就为最。自言“六十年间万首诗”，今尚存九千三百余首。其中许多诗篇抒写了抗金杀敌的豪情和对敌人、卖国贼的仇恨，风格雄奇奔放，沉郁悲壮，洋溢着强烈的爱国主义激情，在思想上、艺术上取得了卓越成就，在生前即有“小李白”之称，不仅成为南宋一代诗坛领袖，而且在中国文学史上享有崇高地位，是中国伟大的爱国诗人。

《关山月》是南宋诗人陆游创作的一首七言古诗。

全诗每四句分为一个层次，三个层次分别选取同一月夜下三种人物的不同境遇和态度，作为全诗的结构框架，语言极为简练概括而内涵却又十分丰富深广。一边是豪门贵宅中的文武官员，莺歌燕舞，不思复国；一边是戍边战士，百无聊赖，报国无门；一边是中原遗民，忍辱含诟，泪眼模糊，盼望统一。这三个场景构成了三幅对比鲜明的图画，痛斥了南宋朝廷文恬武嬉、不恤国难的态度，表现了爱国将士报国无门的苦闷以及中原百姓切望恢复的愿望，体现了诗人忧国忧民、渴望统一的爱国情怀。

和戎[2]诏下十五年，将军不战空临边[3]。
朱门沉沉按歌舞[4]，厩[5]马肥死弓断弦。
戍楼刁斗催落月[6]，三十从军今白发。
笛里[7]谁知壮士心，沙头[8]空照征人骨。
中原干戈[9]古亦闻，岂有逆胡[10]传子孙！
遗民忍死望恢复[11]，几处[12]今宵垂泪痕。

【注释】

[1]选自《剑南诗稿》，上海古籍出版社 1985 年版。作于淳熙四年(1177)，时作者被弹劾罢官闲居成都，距宋、金达成“隆兴和议”近十五年。诗中揭露“和戎诏下十五年”来将军们“朱门沉沉按歌舞”的荒淫享乐，抒写士兵们以死报国的“壮士心”被白白消磨的悲愤，以及“遗民忍死望恢复”的迫切愿望，表达了作者对朝廷求和苟安政策的愤怒谴责。《关山月》原为汉乐府《横吹曲》篇名。

[2]和戎：原意是与少数民族和睦相处，实指宋朝向金人屈膝求安。宋孝宗隆兴元年(1163 年)下诏与金人第二次议和，至作者作此诗时，历时为十五年。

[3]边：边防，边境。

[4]朱门：红漆大门，借指豪门贵族。沉沉：形容门房庭院深邃。按：击节拍。

[5]厩(jiù)：马棚。

[6]戍楼：边界上用以守望的岗楼。刁斗：军用铜锅，可以做饭，也可用来打更。

[7]笛里：指以笛吹奏的曲调声。

[8]沙头：沙场。

[9]干戈：古代兵器，引申为战争。

[10]逆胡：对金人的蔑称。

[11]遗民：指沦陷区的人民。忍死：不死等待。

[12]几处：不止一处，各处。

【思考与练习】

1.《无衣》表达了什么思想感情？

2.《无衣》如何运用赋的表现手法实现其艺术效果的？

3.《关山月》这首诗表达了怎样的一种情感？对当代中国有什么启示？

4. 谈一谈古体诗与近体诗的异同。

国殇[1]

屈　原

【课文导读】

《九歌·国殇》是战国时期楚国诗人屈原的作品。这是追悼楚国阵亡士卒的挽诗。此诗分为两节，第一节描写在一场短兵相接的战斗中，楚国将士奋勇抗敌的壮烈场面；第二节颂悼楚国将士为国捐躯的高尚志节，歌颂了他们的英雄气概和爱国精神。全诗生动地描写了战况的激烈和将士们奋勇争先的气概，对雪洗国耻寄予热望，抒发了作者热爱祖国的高尚感情。诗篇情感真挚炽烈，节奏鲜明急促，抒写开张扬厉，传达一种凛然悲壮、亢直阳刚之美，在楚辞体作品中独树一帜。

操吴戈兮被犀甲[2]，车错毂兮短兵接[3]。
旌蔽日兮敌若云[4]，矢交坠[5]兮士争先。
凌余阵兮躐余行[6]，左骖殪兮右刃伤[7]。
霾两轮兮絷四马[8]，援玉枹兮击鸣鼓[9]。
天时怼兮威灵怒[10]，严杀尽兮弃原野[11]！
出不入兮往不反[12]，平原忽兮路超远[13]。
带长剑兮挟秦弓[14]，首身离兮心不惩[15]。
诚既勇兮又以武[16]，终刚强兮不可凌[17]。
身既死兮神以灵[18]，子魂魄兮为鬼雄[19]！

【注释】

[1]选自《九歌》，中国社会科学出版社2014年版。《九歌》是屈原据民间祭神乐歌改作或加工而成，共十一篇。国殇：指为国捐躯的人。殇：指未成年而死，也指死难的人。戴震《屈原赋注》："殇之义二：男女未冠（男二十岁）笄（女十五岁）而死者，谓之殇；在外而死者，谓之殇。殇之言伤也。国殇，死国事，则所以别于二者之殇也。"

[2]操吴戈兮被（pī）犀甲：手里拿着吴国的戈，身上披着犀牛皮制作的甲。吴戈：吴国制造的戈，当时吴国的冶铁技术较先进，吴戈因锋利而闻名。被：通"披"，穿着。犀甲：犀牛皮制作的铠甲，特别坚硬。

[3]车错毂（gǔ）兮短兵接：敌我双方战车交错，彼此短兵相接。毂：车轮的中心部

分，有圆孔，可以插轴，这里泛指战车的轮轴。错：交错。短兵：指刀剑一类的短兵器。

[4]旌蔽日兮敌若云：旌旗遮蔽日光，敌兵像云一样涌上来。极言敌军之多。

[5]矢交坠：两军相射的箭纷纷坠落在阵地上。

[6]凌：侵犯。躐(liè)：践踏。行：行列。

[7]左骖(cān)殪(yì)兮右刃伤：左边的骖马倒地而死，右边的骖马被兵刃所伤。殪：死。

[8]霾(mái)两轮兮絷(zhí)四马：战车的两个车轮陷进泥土被埋住，四匹马也被绊住了。霾：通“埋”。古代作战，在激战将败时，埋轮缚马，表示坚守不退。

[9]援玉枹(fú)兮击鸣鼓：手持镶嵌着玉的鼓槌，击打着声音响亮的战鼓。先秦作战，主将击鼓督战，以旗鼓指挥进退。枹：鼓槌。鸣鼓：很响亮的鼓。

[10]天时怼(duì)兮威灵怒：天地一片昏暗，连威严的神灵都发起怒来。天时：上天际会，这里指上天。天时怼：指上天都怨恨。怼：怨恨。威灵：威严的神灵。

[11]严杀尽兮弃原野：在严酷的厮杀中战士们全都死去，他们的尸骨都丢弃在旷野上。严杀：严酷的厮杀，一说严壮，指士兵。尽：皆，全都。

[12]出不入兮往不反：出征以后就不打算生还。反：通“返”。

[13]忽：渺茫，不分明。超远：遥远无尽头。

[14]秦弓：指良弓。战国时，秦地木材质地坚实，制造的弓射程远。

[15]首身离：身首异处。心不惩：壮心不改，勇气不减。惩：悔恨。

[16]诚：诚然，确实。以：且，连词。武：威武。

[17]终：始终。凌：侵犯。

[18]神以灵：指死而有知，英灵不泯。神：指精神。

[19]鬼雄：战死了，魂魄不死，即使做了死鬼，也要成为鬼中的豪杰。

【思考与练习】

1. 诗人是如何描写战斗场面，渲染惨烈气氛的？
2. 本诗表现了怎样的思想感情？

齐桓晋文之事[1]

孟　子

【课文导读】

孟子(前372—前309年)，名轲。战国时期的思想家、政治家、教育家。孔子之后的儒学大师，后世将其与孔子并称为“孔孟”，且称其为“亚圣”。邹(今山东邹城东南)人。他的老师是孔子之孙孔伋(子思)的门人。曾游历齐、宋、魏诸国，宣传先王之道。不为采纳，归而与弟子讲学著书，作《孟子》七篇。孟子维护并发展了儒家思想，提出了“仁政”学说和“性善”论观点，后人将此学说称为“孔孟之道”，他的理论对宋代影响很大。

本文通过孟子游说齐宣王提出放弃霸道，施行王道的经过，比较系统地阐发了孟子的仁政主张。

齐宣王[2]问曰：“齐桓、晋文[3]之事，可得闻乎？”

孟子对曰：“仲尼之徒，无道桓、文之事者[4]，是以后世无传焉；臣未之闻也。无以，则王乎[5]？”

曰：“德何如则可以王矣？”

曰：“保民而王，莫之能御也[6]。”

曰：“若寡人者，可以保民乎哉？”

曰：“可。”

曰：“何由知吾可也？”

曰：“臣闻之胡龁[7]曰：王坐于堂上，有牵牛而过堂下者，王见之，曰：‘牛何之[8]？’

对曰：‘将以衅钟[9]。’王曰：‘舍之！吾不忍其觳觫[10]，若无罪而就死地[11]。’对曰：‘然则[12]废衅钟与？’曰：‘何可废也，以羊易之[13]。’不识有诸[14]？”

曰：“有之。”

曰：“是心足以王矣[15]。百姓皆以王为爱[16]也，臣固知王之不忍也。”

王曰：“然，诚有百姓者[17]。齐国虽褊小[18]，吾何爱一牛！即不忍其觳觫，若无罪而就死地，故以羊易之也。”

曰：“王无异于百姓之以王为爱也[19]。以小易大，彼恶知之[20]！王若隐[21]其无罪而就死地，则牛羊何择[22]焉？”

王笑曰："是诚何心哉！我非爱其财而易之以羊也，宜乎百姓之谓我爱也[23]。"

曰："无伤[24]也，是乃仁术[25]也！见牛未见羊也。君子之于禽兽也：见其生，不忍见其死；闻其声，不忍食其肉。是以君子远庖厨[26]也。"

王说[27]曰："《诗》云：'他人有心，予忖度之[28]。'夫子之谓也[29]。夫我乃行之，反而求之，不得吾心；夫子言之，于我心有戚戚焉[30]。此心之所以合于王者何也？"

曰："有复[31]于王者曰：'吾力足以举百钧[32]，而不足以举一羽；明足以察秋毫之末[33]，而不见舆薪[34]。'则王许之乎[35]？"

曰："否！"

"今恩足以及禽兽，而功不至于百姓者，独何与？然则一羽之不举，为不用力焉；舆薪之不见，为不用明焉；百姓之不见保，为不用恩焉。故王之不王，不为也，非不能也。[36]"

曰："不为者与不能者之形[37]，何以异？[38]"

曰："挟太山以超北海[39]，语人曰：'我不能。'是诚不能也。为长者折枝[40]，语人曰：'我不能。'是不为也，非不能也。故王之不王，非挟太山以超北海之类也；王之不王，是折枝之类也。"

"老吾老，以及人之老；幼吾幼，以及人之幼[41]；天下可运于掌[42]。诗云：'刑于寡妻，至于兄弟，以御于家邦[43]。'言举斯心加诸彼而已[44]。故推恩足以保四海，不推恩无以保妻子。古之人所以大过[45]人者，无他焉，善推其所为而已矣！今恩足以及禽兽，而功不至于百姓者，独何与？权[46]，然后知轻重；度[47]，然后知长短。物皆然，心为甚。王请度[48]之。抑王兴甲兵，危士臣，构怨于诸侯[49]，然后快于心与？"

王曰："否，吾何快于是！将以求吾所大欲也。"

曰："王之所大欲，可得闻与？"

王笑而不言。

曰："为肥甘不足于口与[50]？轻暖[51]不足于体与？抑为采色不足视于目与？声音不足听于耳与？便嬖[52]不足使令于前与？王之诸臣，皆足以供之，而王岂为是哉！"

曰："否，吾不为是也。"

曰："然则王之所大欲可知已：欲辟[53]土地，朝[54]秦、楚，莅中国[55]，而抚四夷也[56]。以若所为[57]，求若[58]所欲，犹缘木而求鱼也[59]。"

王曰："若是其甚与[60]？"

曰："殆有甚焉[61]。缘木求鱼，虽不得鱼，无后灾；以若所为，求若所欲，尽心力而为之，后必有灾。"

曰："可得闻与？"

曰："邹人与楚人战[62]，则王以为孰胜？"

曰："楚人胜。"

曰："然则小固不可以敌大，寡固不可以敌众，弱固不可以敌强。海内之地，方千里者九，齐集有其一[63]；以一服八，何以异于邹敌楚哉！盖亦反其本矣[64]！今王发政施仁[65]，使天下仕者皆欲立于王之朝，耕者皆欲耕于王之野，商贾皆欲藏于王之市，行旅皆欲出于王之涂[66]，天下之欲疾[67]其君者，皆欲赴愬[68]于王：其若是，孰能御之？"

王曰："吾惛，不能进于是矣[69]！愿夫子辅吾志，明以教我。我虽不敏[70]，请尝试之！"

曰："无恒产而有恒心者[71]，惟士为能。若民，则无恒产，因无恒心。苟无恒心，放辟邪侈[72]，无不为已。及陷于罪，然后从而刑之，是罔民[73]也。焉有仁人在位，罔民而可为也！是故明君制[74]民之产，必使仰足以事父母，俯足以畜妻子[75]，乐岁终身饱[76]，凶年[77]免于死亡；然后驱而之善[78]，故民之从之也轻[79]。今也制民之产，仰不足以事父母，俯不足以畜妻子，乐岁终身苦，凶年不免于死亡；此惟救死而恐不赡[80]，奚暇治礼义哉[81]！王欲行之，则盍[82]反其本矣！五亩之宅[83]，树之以桑，五十者可以衣帛矣[84]；鸡豚狗彘之畜[85]，无失其时，七十者可以食肉矣；百亩之田[86]，勿夺其时，八口之家，可以无饥矣；谨庠序之教[87]，申[88]之以孝悌之义，颁白者[89]不负戴于道路矣。老者衣帛食肉，黎民[90]不饥不寒，然而不王者，未之有也。"

【注释】

[1]选自《孟子·梁惠王上》，上海古籍出版社 1983 年版。

[2]齐宣王：田氏，名辟疆，齐国国君，公元前 342—前 324 年在位。

[3]齐桓、晋文：指齐桓公小白和晋文公重耳，春秋时先后称霸，为当时诸侯盟主。宣王有志效法齐桓、晋文，称霸于诸侯，故以此问孟子。

[4]仲尼：孔子的字。道：述说，谈论。儒家学派称道尧舜禹汤文武等"先王之道"，不主张"霸道"，所以孟子这样说。

[5]无以：不得已。以：通"已"，作止讲。王（wàng）：用作动词，指王天下，即用王道（仁政）统一天下。

[6]保：安。莫之能御：没有人能抵御他。御：抵御，阻挡。

[7]胡龁（hé）：齐王的近臣。

[8]之：往，到……去。

[9]衅（xìn）钟：古代新钟铸成，用牲畜的血涂在钟的缝隙中祭神求福，叫衅钟。衅：血祭。

[10]觳（hú）觫（sù）：恐惧颤抖的样子。

[11]若：如此。就：接近，走向。

[12]然则：既然如此，那么就。

[13]易：交换。

[14]识：知道。诸：“之乎”的合音。

[15]是：代词，这种。足以王(wàng)：足够用来王天下。

[16]爱：爱惜，这里含有吝啬之意。

[17]诚有百姓者：的确有这样(对我误解)的百姓。诚：的确，确实。

[18]褊(biǎn)小：土地狭小。

[19]无异：莫怪，不要感到奇怪。于：对。

[20]彼恶(wū)知之：他们怎么知道呢？恶：怎，如何。

[21]隐：哀怜。

[22]何择：有什么分别。择：区别，分别。

[23]宜：应当。乎：在这里表示感叹。此句是主谓倒装句，“百姓之谓我爱也”是“宜乎”的主语。之：助词，用在主谓之间，取消句子的独立性。

[24]无伤：没有什么妨碍，此处译为没有什么关系。

[25]仁术：指仁爱之道，实施仁政的途径。

[26]庖厨：厨房。

[27]说：通“悦”，高兴。

[28]“《诗》云”二句：见于《诗经·小雅·巧言》，意思是他人有心思，我能推测它。忖(cǔn)度(duó)：揣测。

[29]夫子之谓也：(这话)说的就是你这样的人。夫子：古代对男子的尊称，这里指孟子。之谓也：说的就是。

[30]戚戚：心动的样子，指有同感。

[31]复：报告。

[32]钧：古代以30斤为一钧。

[33]明：眼力。秋毫之末：鸟兽秋天生出的绒毛的尖端，喻极细小的东西。

[34]舆薪：一车薪柴。

[35]王许之乎：大王相信吗？许：相信，赞同。

[36]“今恩……非不能也”句：是孟子的话，省去“曰”字，表示语气急促。见保：受到保护或安抚。见：被。王之不王：大王不能以王道统一天下。第二个王是动词。

[37]形：具体的外在区别和表现。

[38]异：区别。

[39]挟(xié)：夹在腋下。太山：泰山。超：跳过。北海：渤海。

[40]枝：通“肢”。为长者折枝：为年长者按摩肢体。一说指向老者折腰行鞠躬礼，一说替长者攀摘树枝。皆指轻而易举之事。

[41]老吾老：第一个“老”字作动词用，意动用法，可译为尊敬；第二个“老”作名词，是老人的意思。其下句“幼吾幼”句法相同。

[42]运于掌：运转在手掌上，比喻称王天下很容易办到。

[43]“《诗》云”句：见于《诗经·大雅·思齐》，意思是给妻子作好榜样，推及兄弟，以此德行来治理国家。刑：通“型”，这里作动词用，指以身作则，为他人示范。寡妻：国君的正妻。御：治理。家邦：国家。

[44]言举斯心加诸彼而已：孟子总结这三句诗的意思，就是说把你爱自家人的心，推广到爱他人罢了。

[45]大过：大大超过。

[46]权：秤锤，这里作动词用，指用秤称重。

[47]度(duó)：用尺量。

[48]度(duó)：思量，揣度。

[49]抑：选择连词，还是。危：使……受到危害。构怨：结仇。

[50]肥甘：肥美香甜的食物。

[51]轻暖：轻柔暖和的衣裘。

[52]便嬖(piánbì)：国王宠爱的近侍。

[53]辟：开辟，扩大。

[54]朝：使……称臣(或朝见)。

[55]莅(lì)：居高临下，引申为统治。中国：指中原地带。

[56]而：表并列。抚：安抚，使……归顺。四夷：四方的少数民族。

[57]以：凭借。若：如此。

[58]若：你。

[59]缘木而求鱼：爬到树上去捉鱼，比喻不可能达到目的。

[60]若是：如此。甚：厉害。

[61]殆：不定副词，恐怕，大概。有：通“又”。

[62]邹：与鲁相邻的小国，在今山东邹县。楚：南方的大国。

[63]集：凑集。齐集有其一：齐国土地合起来约有一千平方里。

[64]盖：通“盍”，兼词，“何不”的合音。反其本：回到根本上来，指回到王道仁政上来。反：“通”返。

[65]发政施仁：发布政令，推行仁政。

[66]商贾皆欲藏于王之市：做生意的都愿意把货物储存在大王的集市上。涂：通“途”。

[67]疾：憎恨。

[68]赴愬：前来申诉。

[69]惛：同“昏”，思想昏乱不清。进：前进。于：在。是：这。

[70]敏：聪慧。

[71]恒产：用以维持生活的固定的产业。恒心：安居守分之心。

[72]放辟邪侈：“放”和“侈”同义，都是纵逸放荡的意思；“辟”和“邪”同义，都是行为不轨的意思。

[73]罔民：张开罗网陷害百姓。罔，通“网”，用作动词。

[74]制：规定。

[75]畜：通“蓄”，养活，抚育。妻子：妻子儿女。

[76]乐岁：丰收的年头。终：一年。

[77]凶年：饥荒的年头。

[78]驱：督促，驱使。之：往，到。善，做好事。

[79]轻：容易。

[80]赡(shàn)：足，及。

[81]奚：何。暇：空闲时间。

[82]盍：何不。

[83]五亩之宅：五亩大的住宅。传说古代一个男丁可以分到五亩土地建筑住宅。古时五亩合现在一亩二分多。

[84]衣：穿。帛：丝织品。

[85]豚(tún)：小猪。彘(zhì)：大猪。

[86]百亩之田：传说古代实行井田制，每个男丁可以分到土地一百亩。

[87]谨：重视，谨慎地对待。庠(xiáng)序：古代学校的名称，周代叫庠，殷代叫序。

[88]申：反复教导。

[89]颁白者：头发半白半黑的老人。颁，通“斑”。

[90]黎民：黑头发的民众。这里指少壮者，与上文老者对举。

【思考与练习】

1. 孟子的理想国家是怎样的？
2. 实行王道的根本措施是什么？

乡土情结[1]

柯　灵

【课文导读】

柯灵(1909—2000 年)原名高季琳，笔名朱梵、宋约。原籍浙江绍兴，生于广州。中国电影理论家、剧作家、评论家。

《乡土情结》是柯灵为纪念《香港文学》创刊七周年而作的散文，作品以故园之思为线索，由“小家”到“大家”，由“离家”到“归家”，将乡土情结升华为爱国主义的思想感情。

作品以王维的《杂诗》引出一个普遍的道理：“每个人的心里，都有一个魂牵梦萦的土地”，并且援引了大量古代思乡诗来进一步说明这种情感，点出“乡土情结”。然后再对这种情结进行具体的说明和解释，之所以称为情结，因为它像烙印，像蚕茧，像文身一样不能化解与消退，一个人的出生地不仅给了他自然的生命，而且给了他文化，他之所以成为“这个人”，而不是另一个人，故乡的文化起了决定性的作用。

作者在文中旁征博引，大量引用古诗文，显示了作者丰富的文学底蕴，增强了文章的可读性、生动性，是这篇文章文笔优美的一个突出表现。更重要的是，引用的古诗文在内容上恰到好处地为情感主旨服务，是内容不可分割的有机组成部分。

君自故乡来，
应知故乡事。
来日绮窗前，
寒梅着花未？
——王维

每个人的心里，都有一方魂牵梦萦的土地。得意时想到它，失意时想到它。逢年逢节，触景生情，随时随地想到它。海天茫茫，风尘碌碌，酒阑灯灺人散后，良辰美景奈何天，洛阳秋风，巴山夜雨，都会情不自禁地惦念它。

离得远了久了，使人愁肠百结：“客舍并州数十霜，归心日夜忆咸阳，无端又渡桑乾水，却望并州是故乡。”好不容易能回家了，偏又忐忑不安：“岭外音书断，经冬复历春。近乡情更怯，不敢问来人。”异乡人这三个字，听起来音色苍凉；“他乡遇故知”，则是人生一快。一个怯生生的船家女，偶尔在江上听到乡音，就不觉喜上眉梢，顾不得娇羞，和隔船的陌生男子搭讪：“君家居何处？妾住在横塘。停船暂借问，或恐是同乡。”辽阔的空间，悠邈的时间，都不会使这种感情褪色：这就是乡土情结。

人生旅途崎岖修远，起点站是童年。人第一眼看见的世界——几乎是世界的全部，就是生我育我的乡土。他开始感觉饥饱寒暖，发为悲啼笑乐。他从母亲的怀抱，父亲的眼神，亲族的逗弄中开始体会爱。但懂得爱的另一面——憎和恨，却须在稍稍接触人事以后。乡土的一山一水，一虫一鸟，一草一木，一星一月，一寒一暑，一时一俗，一丝一缕，一饮一啜，都溶化为童年生活的血肉，不可分割。而且可能祖祖辈辈都植根在这片土地上，有一部悲欢离合的家史。在听祖母讲故事的同时，就种在小小的心坎里。邻里乡亲，早晚在街头巷尾、桥上井边、田塍篱角相见，音容笑貌，闭眼塞耳也彼此了然，横竖呼吸着同一的空气，濡染着同一的风习，千丝万缕沾着边。一个人为自己的一生定音定调定向定位，要经过千磨百折的摸索，前途充满未知数，但童年的烙印，却像春蚕作茧，紧紧地包着自己，又像文身的花纹，一辈子附在身上。

金窝银窝，不如家里的草窝。但人是不安分的动物，多少人仗着年少气盛，横一横心，咬一咬牙，扬一扬手，向恋恋不舍的家乡告别，万里投荒，去寻找理想，追求荣誉，开创事业，富有浪漫气息。有的只是一首朦胧诗，——为了闯世界。多数却完全是沉重的现实主义格调：许多稚弱的童男童女，为了维持最低限度的生存要求，被父母含着眼泪打发出门，去串演各种悲剧。人一离开乡土，就成了失根的兰花，逐浪的浮萍，飞舞的秋蓬，因风四散的蒲公英，但乡土的梦，却永远追随着他们。“慈母手中线，游子身上衣”，这根线的长度，足够绕地球三匝，随卫星上天。

浪荡乾坤的结果，多数是少年子弟江湖老，黄金、美人、虚名、实惠，都成了竹篮打水一场空。有的侘傺无聊，铩羽而归。有的春花秋月，流连光景，“未老莫还乡，还乡须断肠”。有的倦于奔竞，跳出名利场，远离是非地，“只应守寂寞，还掩故园扉”。有的素性恬淡，误触尘网，不愿为五斗米折腰，归去来兮，种菊东篱，怡然自得。——但要达到这境界，至少得有几亩薄田，三间茅舍作退步，否则就只好寄人篱下，终老他乡。只有少数中的少数、个别中的个别，在亿万分之一的机会里冒险成功，春风得意，衣锦还乡，——“富贵不归故乡，如衣绣夜行，谁知之者！”这句名言的创作者是楚霸王项羽，但他自己功败垂成，并没有做到。他带着江东八千子弟出来造反，结果无一生还，自觉无颜再见江东父老，毅然在乌江慷慨自刎。项羽不愧为盖世英雄，论力量对比，他比他的对手刘邦强得多，但在政治策略上棋输一着：他自恃无敌，所过大肆杀戮，乘胜火烧咸阳；而刘邦虽然酒色财货无所不好，入关以后，却和百姓约法三章，秋毫无犯，终于天下归心，奠定了汉室江山，当了皇上。回到家乡，大摆筵席，宴请故人父老兄弟，狂歌酣舞，足足闹了十几天。“大风起兮云飞扬，威加海内兮归故乡，安得猛士兮守四方！”这就是刘邦当时的得意之作，载在诗史，流传至今。

灾难使成批的人流离失所，尤其是战争，不但造成田园寥落，骨肉分离，还不免导致道德崩坏，人性扭曲。刘邦同项羽交战败北，狼狈逃窜，为了顾自己轻车脱险，三次把未成年的亲生子女狠心从车上推下来。项羽抓了刘邦的父亲当人质，威胁要烹了他，刘邦却说：咱哥儿们，我爹就是你爹，你要是烹了他，别忘记“分我杯羹”。为了争天下，竟可以丧心病狂到这种地步！当然，战争有正义与非正义之分，“国家兴亡，匹夫有责”；“匈奴未灭，何以家为”；“四方丈夫事，平心铁石心”；“男儿何不带吴钩，收取关山五十州”，都是千古美谈。但正义战争的终极目的，正在于以战止战，缔造和平，而不是以战养战、以暴易暴。比灾难、战争更使人难以为怀的，是放逐：有家难归，有国难奔。屈原、贾谊、张俭、韩愈、柳宗元、苏东坡，直至康有为、梁启超，真可以说无代无之。——也许还该特别提一提林则徐，这位揭开中国近代史开宗明义第一章的伟大爱国前贤，为了严禁鸦片，结果获罪革职，遣戍伊犁。他在赴戍登程的悲凉时刻，口占一诗，告别家人：“苟利国家生死以，岂因祸福避趋之。谪居正是君恩厚，养拙刚于戍卒宜。”百年后重读此诗，还令人寸心如割，百脉沸涌，两眼发酸，低徊欷歔不已。

安土重迁是中华民族的传统，我们祖先有个根深蒂固的观念，以为一切有生之伦，都有返本归元的倾向：鸟恋旧林，鱼思故渊，胡马依北风，狐死必首丘，树高千丈，落叶归根。有一种聊以慰情的迷信，还以为人在百年之后，阴间有个望乡台，好让死者的幽灵在月明之夜，登台望一望阳世的亲人。但这种缠绵的情致，并不能改变冷酷的现实，百余年来，许多人依然不得不离乡别井，乃至飘洋过海，谋生异域。有清一代，出国的华工不下一千万，足迹遍于世界，新兴资本主义国家的金矿、铁路、种植园里，渗透了他们的血汗。美国南北战争以后，黑奴解放了，我们这些黄皮肤的同胞，恰恰以刻苦、耐劳、廉价的特质，成了奴隶劳动的后续部队，他们当然做梦也没有想到什么叫人权。为了改变祖国的命运，孙中山领导的革命运动发轫于美国檀香山，第一代中国共产党人，很多曾在法国勤工俭学。改革开放后掀起的出国潮，汹涌澎湃，方兴未艾。还有一种颇似难料而其实易解的矛盾现象：鸦片战争期间被清王朝割弃的香港，经过一百五十年的沧桑世变，终于回到了祖国的怀抱，这是何等的盛事！而不少生于斯、食于斯、惨淡经营于斯的香港人，却看作“头上一片云”，宁愿抛弃家业，纷纷作移民计。这一代又一代炎黄子孙浮海远游的潮流，各有其截然不同的背景、色彩和内涵，不可一概而论，却都是时代浮沉的倒影，历史浩荡前进中飞溅的浪花。民族向心力的凝聚，并不取决于地理距离的远近。我们第一代的华侨，含辛茹苦，寄籍外洋，生儿育女，却世代翘首神州，不忘桑梓之情，当祖国需要的时候，他们都作了慷慨的奉献。香港蕞尔一岛，从普通居民到各业之王、绅士爵士、翰苑名流，对大陆踊跃输将，表示休戚相关、风雨同舟的情谊，是近在眼前的动人事例。“美不美，故乡水，亲不亲，故乡人”，此中情味，离故土越远，就体会越深。

科学进步使天涯比邻，东西文化的融会交流使心灵相通，地球会变得越来越小。但乡土之恋不会因此消失。株守乡井，到老没见过轮船火车，或者魂丧域外，飘泊无归的现象，早该化为陈迹。我们应该有鹏举鸿飞的豪情，鱼游濠水的自在，同时拥有温暖安稳的家园，还有足以自豪的祖国，屹立于现代世界文明之林。

——《香港文学》七周年纪念作

一九九一年十二月二十三日

【注释】

[1]选自王宗仁主编《中国当代散文经典》，北京工业大学出版社2009年版。

【思考与练习】

1. 本文写法上的特色之一是用语的丰富多彩和简洁贴切；特色之二是引用的诗词俗语信手拈来、恰到好处，足见作者古文功底之深。请反复阅读全文，理解引用的诗词成语，了解其出处。

2. “思乡”永远是一种最能触动游子愁绪、激起共鸣的情结。正因如此，古往今来，乡愁乡思的散文和诗词比比皆是。请找出三首有关思乡内容的古诗词，一起探讨其中的乡味。

把栏杆拍遍[1]

梁　衡

【课文导读】

《把栏杆拍遍》是我国当代著名散文作家、新闻理论家梁衡所写的一篇人物评传性质的散文。本文塑造了一个叱咤风云而又命运多舛的爱国词人辛弃疾的形象，揭示了辛弃疾从一个爱国志士成为爱国词人的过程，是解读南宋爱国词人辛弃疾的散文名篇。

作者写人突出文学与政治纠葛的背景，善用理性分析和形象表现，因此，视野宏阔，充满磅礴气势。作品融“大事、大情、大理”于一体，具有强烈的现实感和时代气息，同时也赋予作品以极高的艺术审美价值。

中国历史上由行伍出身，以武起事，而最终以文为业，成为大诗词作家的只有一人，这就是辛弃疾。这也注定了他的词及他这个人在文人中的唯一性和在历史上的独特地位。

在我看到的资料里，辛弃疾至少是快刀利剑地杀过几次人的。他天生孔武高大，从小苦修剑法。他又生于金宋乱世，不满金人的侵略蹂躏，22 岁时他就拉起了一支数千人的义军，后又与耿京为首的义军合并，并兼任书记长，掌管印信。一次义军中出了叛徒，将印信偷走，准备投金。辛弃疾手提利剑单人独马追贼两日，第三天提回一颗人头。为了光复大业，他又说服耿京南归，南下临安亲自联络。不想就这几天之内又变生肘腋，当他完成任务返回时，部将叛变，耿京被杀。辛大怒，跃马横刀，只率数骑突入敌营生擒叛将，又奔突千里，将其押解至临安正法，并率万人南下归宋。说来，他干这场壮举时还只是一个英雄少年，正血气方刚，欲为朝廷痛杀贼寇，收复失地。

但世上的事并不能心想事成。南归之后，他手里立即失去了钢刀利剑，就只剩下一支羊毫软笔，他也再没有机会奔走沙场，血溅战袍，而只能笔走龙蛇，泪洒宣纸，为历史留下一声声悲壮的呼喊，遗憾的叹息和无奈的自嘲。

应该说，辛弃疾的词不是用笔写成，而是用刀和剑刻成的。他是以一个沙场英雄和爱国将军的形像留存在历史上和自己的诗词中。时隔千年，当今天我们重读他的作品时，仍感到一种凛然杀气和磅礴之势。比如这首著名的《破阵子》：

醉里挑灯看剑，梦回吹角连营，八百里分麾下炙，五十弦翻塞外声。沙场秋点兵。

马做的卢飞快，弓如霹雳弦惊。了却君王天下事，赢得生前身后名。可怜白发生。

我敢大胆说一句，这首词除了武圣岳飞的《满江红》可与之媲美外，在中国上下五千年的文人堆里，再难找出第二首这样有金戈之声的力作。虽然杜甫也写过："射人先射马，擒贼先擒王。"军旅诗人卢纶也写过："欲将轻骑逐，大雪满弓刀。"但这些都是旁观式的想象、抒发和描述，哪一个诗人曾有他这样亲身在刀刃剑尖上滚过来的经历？"列舰层楼"、"投鞭飞渡"、"剑指三秦"、"西风塞马"，他的诗词简直是一部军事辞典。他本来是以身许国，准备血洒大漠，马革裹尸的。但是南渡后他被迫脱离战场，再无用武之地。像屈原那样仰问苍天，像共工那样怒撞不周，他临江水，望长安，登危楼，拍栏杆，只能热泪横流。

楚天千里清秋，水随天去秋无际。遥岑远目，献愁供恨，玉簪螺髻。落日楼头，断鸿声里，江南游子，把吴钩看了，栏杆拍遍，无人会、登临意。(《水龙吟》)

谁能懂得他这个游子，实际上是亡国浪子的悲愤之心呢？这是他登临建康城赏心亭时所作。此亭遥对古秦淮河，是历代文人墨客赏心雅兴之所，但辛弃疾在这里发出的却是一声悲怆的呼喊。他痛拍栏杆时一定想起过当年的拍刀催马，驰骋沙场，但今天空有一身力，一腔志，又能向何处使呢？我曾专门到南京寻找过这个辛公拍栏杆处，但人去楼毁，早已了无痕迹，唯有江水悠悠，似词人的长叹，东流不息。

辛弃疾的词比其他文人更深一层的不同，是他的词不是用墨来写，而是蘸着血和泪涂抹而成的。我们今天读其词，总是清清楚楚地听到一个爱国臣子，一遍一遍地哭诉，一次一次地表白；总忘不了他那在夕阳中扶栏远眺、望眼欲穿的形象。

辛弃疾南归后为什么这样不为朝廷喜欢呢？他在一首《戒酒》的戏作中说："怨无大小，生于所爱；物无美恶，过则成灾。"这首小品正好刻画出他的政治苦闷。他因爱国而生怨，因尽职而招灾。他太爱国家、爱百姓、爱朝廷了。但是朝廷怕他，烦他，忌用他。他作为南宋臣民共生活了 40 年，倒有近 20 年的时间被闲置一旁，而在断断续续被使用的 20 多年间又有 37 次频繁调动。但是，每当他得到一次效力的机会，就特别认真，特别执着地去工作。

本来有碗饭吃便不该再多事，可是那颗炽热的爱国心烧得他浑身发热。40 年间无论在何地何时任何职，甚至赋闲期间，他都不停地上书，不停地唠叨，一有机会还要真抓实干，练兵、筹款，整饬政务，时刻摆出一副要冲上前线的样子。你想这能不让主和苟安的朝廷心烦？他任湖南安抚使，这本是一个地方行政长官，他却在任上创办了一支 2500 人的"飞虎军"，铁甲烈马，威风凛凛，雄镇江南。建军之初，造营房，恰逢连日阴雨，无法烧制屋瓦。他就令长沙市民，每户送瓦 20 片，立付现银，两日内便全部筹足。其施政的干练作风可见一斑。

后来他到福建任地方官，又在那里招兵买马。闽南与漠北相隔何远，但还是隔不断他的忧民情、复国志。他这个书生，这个工作狂，实在太过了，"过则成灾"，终于惹来了许多的诽谤，甚至说他独裁、犯上。皇帝对他也就时用时弃。国有危难时招来用几天；朝有谤言，又弃而闲几年，这就是他的基本生活节奏，也是他一生最大的悲剧。

别看他饱读诗书，在词中到处用典，甚至被后人讥为“掉书袋”。但他至死，也没有弄懂南宋小朝廷为什么只图苟安而不愿去收复失地。

辛弃疾名弃疾，但他那从小使枪舞剑、壮如铁塔的五尺身躯，何尝有什么疾病？他只有一块心病，金瓯缺，月未圆，山河碎，心不安。

郁孤台下清江水，中间多少行人泪。
西北望长安，可怜无数山。
青山遮不住，毕竟东流去。
江晚正愁余，山深闻鹧鸪。

（《菩萨蛮》）

这是我们在中学课本里就读过的那首著名的《菩萨蛮》。他得的是心郁之病啊。他甚至自嘲自己的姓氏：

烈日秋霜，忠肝义胆，千载家谱。得姓何年，细参辛字，一笑君听取。艰辛做就，悲辛滋味，总是酸辛苦。更十分，向人辛辣，椒桂捣残堪吐。世间应有，芳甘浓美，不到吾家门户。（《永遇乐》）

你看“艰辛”、“酸辛”、“悲辛”、“辛辣”，真是五内俱焚。世上许多甜美之事，顺达之志，怎么总轮不到他呢？他要不就是被闲置，要不就是走马灯似地被调动。1179 年，他从湖北调湖南，同僚为他送行时他心情难平，终于以极委婉的口气叹出了自己政治的失意。这便是那首著名的《摸鱼儿》：

更能消几番风雨，匆匆春又归去。惜春长，怕花开早，何况落红无数。春且住，见说道，天涯芳草无归路。怨春不语。算只有画檐蛛网，尽日惹飞絮。长门事，准拟佳期又误。蛾眉曾有人妒。千金纵买相如赋，脉脉此情谁诉？君莫舞，君不见，玉环飞燕皆尘土。闲愁最苦。休去倚危栏，斜阳正在，烟柳断肠处。

据说宋孝宗看到这首词后很不高兴。梁启超评曰：“回肠荡气，至于此极，前无古人，后无来者。”“长门事”，是指汉武帝的陈皇后遭忌被打入长门宫里。辛以此典相比，一片忠心、痴情和着那许多辛酸、辛苦、辛辣，真是打翻了五味坛子。

今天我们读时，每一个字都让人一惊，直让你觉得就是一滴血，或者是一行泪。确实，古来文人的惜春之作，多得可以堆成一座纸山。但有哪一首，能这样委婉而又悲愤地将春色化入政治，诠释政治呢？美人相思也是旧文人写滥了的题材，有哪一首能这样深刻贴切地寓意国事，评论正邪，抒发忧愤呢？

但是南宋朝廷毕竟是将他闲置了 20 年。

20年的时间让他脱离政界，只许旁观，不得插手，也不得插嘴。辛在他的词中自我解嘲道：“君恩重，且教种芙蓉!”这有点像宋仁宗说柳永：“且去浅斟低唱，何要浮名?”柳永倒是真的去浅斟低唱了，结果唱出一个纯粹的词人艺术家。辛与柳不同，你想，他是一个大碗喝酒，大块吃肉，痛拍栏杆，大声议政的人。报国无门，他便到赣南修了一座带湖别墅，咀嚼自己的寂寞。

带湖吾甚爱，千丈翠奁开。先生杖履无事，一日走千回。凡我同盟鸥鹭，今日既盟之后，来往莫相猜。白鹤在何处，尝试与谐来。

破青萍，排翠藻，立苍苔。窥鱼笑汝痴计，不解举吾杯。废沼荒丘畴昔，明月清风此夜，人世几欢哀。东岸绿荫少，杨柳更须栽。(《水调歌头》)

这回可真的应了他的号：“稼轩”，要回乡种地了。一个正当壮年又阅历丰富、胸怀大志的政治家，却每天在山坡和水边踱步，与百姓聊一聊农桑收成之类的闲话，再对着飞鸟游鱼自言自语一番，真是“闲愁最苦”，“脉脉此情谁诉”?

说到辛弃疾的笔力多深，是刀刻也罢，血写也罢，其实他的追求从来不是要作一个词人。郭沫若说陈毅：“将军本色是诗人”，辛弃疾这个人，词人本色是武人，武人本色是政人。他的词是在政治的大磨盘间磨出来的豆浆汁液。他由武而文，又由文而政，始终在出世与入世间矛盾，在被用或被弃中受煎熬。

作为封建知识分子，对待政治，他不像陶渊明那样浅尝辄止，便再不染政；也不像白居易那样长期在任，亦政亦文。对国家民族他有一颗放不下、关不住、比天大、比火热的心；他有一身早炼就、憋不住、使不完的劲。他不计较“五斗米折腰”，也不怕谗言倾盆。所以随时局起伏，他就大忙大闲，大起大落，大进大退。稍有政绩，便招谤而被弃；国有危难，便又被招而任用。他亲自组练过军队，上书过《美芹十论》这样著名的治国方略。他是贾谊、诸葛亮、范仲淹一类的时刻忧心如焚的政治家。他像一块铁，时而被烧红锤打，时而又被扔到冷水中淬火。

有人说他是豪放派，继承了苏东坡，但苏的豪放仅止于“大江东去”，山水之阔。苏正当北宋太平盛世，还没有民族仇、复国志来炼其词魂，也没有胡尘飞、金戈鸣来壮其词威。真正的诗人只有被政治大事(包括社会、民族、军事等矛盾)所挤压、扭曲、拧绞、烧炼、锤打时才可能得到合乎历史潮流的感悟，才可能成为正义的化身。诗歌，也只有在政治之风的鼓荡下，才能飞翔，才能燃烧，才能炸响，才能振聋发聩。学诗功夫在诗外，诗歌之效在诗外。我们承认艺术本身的魅力，更承认艺术加上思想的爆发力。有人说辛词其实也是婉约派，多情细腻处不亚于柳永、李清照。

近来愁似天来大，谁解相怜？谁解相怜？又把愁来做个天。都将今古无穷事，放在愁边。放在愁边，却自移家向酒泉。(《丑奴儿》)

少年不识愁滋味，爱上层楼。爱上层楼，为赋新词强说愁。而今识尽愁滋味，欲说还休。欲说还休，却道天凉好个秋。（《丑奴儿》）

柳李的多情多愁仅止于“执手相看泪眼”“梧桐更兼细雨”，而辛词中的婉约言愁之笔，于淡淡的艺术美感中，却含有深沉的政治与生活哲理。真正的诗人，最善以常人之心言大情大理，能于无声处炸响惊雷。

我常想，要是为辛弃疾造像，最贴切的题目就是“把栏杆拍遍”。他一生大都是在被抛弃的感叹与无奈中度过的。当权者不使为官，却为他准备了锤炼思想和艺术的反面环境。他被九蒸九晒，水煮油炸，千锤百炼。历史的风云，民族的仇恨，正与邪的搏击，爱与恨的纠缠，知识的积累，感情的浇铸，艺术的升华，文字的锤打，这一切都在他的胸中、他的脑海，翻腾、激荡，如地壳内岩浆的滚动鼓胀，冲击积聚。既然这股能量一不能化作刀枪之力，二不能化作施政之策，便只有一股脑地注入诗词，化作诗词。

他并不想当词人，但武途政路不通，历史歪打正着地把他逼向了词人之道。终于他被修炼得连叹一口气，也是一首好词了。说到底，才能和思想是一个人的立身之本。像石缝里的一棵小树，虽然被扭曲、挤压，成不了旗杆，却也可成一条遒劲的龙头拐杖，别是一种价值。

但这前提，你必须是一棵树，而不是一棵草。从“沙场秋点兵”到“天凉好个秋”；从决心为国弃疾去病，到最后掰开嚼碎，识得辛字含义，再到自号“稼轩”，同盟鸥鹭，辛弃疾走过了一个爱国志士、爱国诗人的成熟过程。

诗，是随便什么人就可以写的吗？诗人，能在历史上留下名的诗人，是随便什么人都可以当的吗？“一将成名万骨枯”，一员武将的故事，还要多少持刀舞剑者的鲜血才能写成。

那么，有思想光芒而又有艺术魅力的诗人呢？他的成名，要有时代的运动，像地球大板块的冲撞那样，他时而被夹其间感受折磨，时而又被甩在一旁被迫冷静思考。所以积300年北宋南宋之动荡，才产生了一个辛弃疾。

【注释】

[1]选自《把栏杆拍遍》，北京联合出版公司2016年版。本书收集著名散文作家梁衡近年苦心创作的散文精品五十余篇。

【思考与练习】

1. 理解并体会课文中的诗词意思。
2. 你认为辛弃疾是一个怎样的人？

我们究竟应当不应当爱国[1]

陈独秀

【课文导读】

陈独秀(1879—1942年)，原名庆同，字仲甫。安徽怀宁(今属安庆市)人。新文化运动的倡导者之一，中国共产党的创始人和早期的主要领导人之一。

1915年9月15日，创办《新青年》杂志，举起民主与科学的旗帜。曾当选为中央局书记，中共第二、第三届中央执行委员会委员长，第四、第五届中央委员会总书记等。1922年11月5日，中共代表参加共产国际大会，陈独秀当选为共产国际执行委员。1927年7月12日，中共中央改组，陈独秀停职。1932年10月15日，陈独秀被捕。1942年5月27日在贫病交加中逝世，享年63岁。

本文沿着20世纪初的“新民”思路，认为“现代爱国主义”之“真义”，就是自觉成为“理性的现代公民”，在理论和实践上推动了国人“爱国主义”观念的更新，对我们今天的市场经济理论建设、公民教育以及爱国主义精神的培育仍然有着积极的意义。他于1916年10月1日发表在《新青年》第2卷第2号上的文章《我之爱国主义》，劈头就说，古来所谓“爱国者”，多指“为国捐躯之烈士”，然“我之爱国主义”则异于是。认为“现代爱国主义”之“真义”，就是自觉成为“理性的现代公民”，并在理论和实践上推动了国人“爱国主义”观念。

爱国！爱国！这种声浪，近年以来几乎吹满了我们中国的各种社会。就是腐败官僚野蛮军人，口头上也常常挂着爱国的字样。就是卖国党也不敢公然说出不必爱国的话。自从山东问题发生，爱国的声浪更陡然高起十万八千丈，似乎“爱国”这两字，竟是天经地义，不容讨论的了。

感情和理性，都是人类心灵重要的部分，而且有时两相冲突。爱国大部分是感情的产物，理性不过占一小部分，有时竟全然不合乎理性(德国和日本的军人，就是如此)。人类行为，自然是感情冲动的结果。我以为若是用理性做感情冲动的基础，那感情才能够始终热烈坚固不可摇动。当社会上人人感情热烈的时候，他们自以为天经地义的盲动，往往失了理性，做出自己不能认识的罪恶(欧战时法国、英国市民打杀非战派，就是如此)。这是因为群众心理不用理性做感情的基础，所以群众的盲动，有时为善，有时也可为恶。因此我要在大家热心盲从的天经地义之“爱国”声中，提出理性的讨论，问问大家，我们究竟应当不应当爱国？若不加以理性的讨论，社会上盲从欢呼的爱国，做官的用强力禁止我们爱国，或是下命令劝我们爱国，都不能做我们始终坚持有信仰的行为之动机。

要问我们应当不应当爱国，先要问国家是什么。原来国家不过是人民集合对外抵抗别人压迫的组织，对内调和人民纷争的机关。善人利用他可以抵抗异族压迫，调和国内纷争。恶人利用他可以外而压迫异族，内而压迫人民。我们中华民族，自古闭关，独霸东洋，和欧美日本通商立约以前，只有天下观念，没有国家观念。所以爱国思想，在我们普遍的国民根性上，印象十分浅薄。要想把爱国思想，造成永久的非一时的，和自古列国并立的欧洲民族一样，恐怕不大容易。

欧洲民族，自古列国并立，国家观念很深，所以爱国思想成了永久的国民性。近来有一部分思想高远的人，或是相信个人主义，或是相信世界主义，不但窥破国家是人为的不是自然的，并且眼见耳闻许多对内对外的黑暗罪恶，都是在国家名义之下做出来的。他们既然反对国家，自然不主张爱国的了。在他们眼里看起来，爱国就是害人的别名。所以他们把爱国杀身的志士，都当做迷妄疯狂。

我们中国人无教育无知识无团结力，我们不爱国，和那班思想高远的人不爱国，绝不是一样见解。官场阻止国民爱国运动，不用说更和那班思想高远的人用意不同。我现在虽不能希望我们无教育无知识无团结力的同胞都有高远思想，我却不情愿我们同胞长此无教育无知识无团结力。即是相信我们同胞从此有教育有知识有团结力，然后才有资格和各国思想高远的人共同组织大同世界。

我们中国是贫弱受人压迫的国家，对内固然造了许多罪恶，“爱国”二字往往可以用做搜刮民财压迫个人的利器，然后对外一时万没有压迫别人的资格。若防备政府利用国家主义和国民的爱国心，去压迫别国人，简直是说梦话。

思想高远的人反对爱国，乃是可恶野心家利用他压迫别人。我们中国现在不但不能压迫别人，已经被别人压迫得几乎没有生存的余地了。并非压迫别人，以为抵抗压迫自谋生存而爱国，无论什么思想高远的人，也未必反对。个人自爱心无论如何发达，只要不伤害他人生存，没有什么罪恶。

据以上的讨论，若有人问：我们究竟应当不应当爱国？我们便大声答道：

我们爱的是人民拿出爱国心抵抗被人压迫的国家，不是政府利用人民爱国心压迫别人的国家。

我们爱的是国家为人民谋幸福的国家，不是人民为国家做牺牲的国家。

【注释】

［1］选自《每周评论》，1919 年 6 月 8 日，第二十五号。

【思考与练习】

1. 作者是怎样认识“爱国”这一问题的？对你有何启示？
2. 作者是如何引出自己的观点的？

听听那冷雨[1]

余光中

【课文导读】

余光中(1928—2017 年)，现代诗人、散文家。祖籍福建永春，1928 生于江苏南京，1947 年入金陵大学外语系(后转入厦门大学)，1949 年随父母迁香港，次年赴台，就读于台湾大学外文系。1953 年，与覃子豪、钟鼎文等共创“蓝星”诗社。后赴美进修，获爱荷华大学艺术硕士学位。返台后任台湾师范大学、台湾政治大学、台湾大学及香港中文大学教授，台湾中山大学文学院院长。

余光中一生从事诗歌、散文、评论、翻译，自称为自己写作的“四度空间”。驰骋文坛逾半个世纪，涉猎广泛，被誉为“艺术上的多妻主义者”。其文学生涯悠远、辽阔、深沉，为当代诗坛健将、散文重镇、著名批判家、优秀翻译家。他的作品风格极不统一。他的诗风是因题材而异的，表达意志和理想的诗，一般都显得壮阔铿锵，而描写乡愁和爱情的作品，一般都显得细腻而柔绵。代表作有诗集《舟子的悲歌》《蓝色的羽毛》《钟乳石》《万圣节》《白玉苦瓜》等十余种。

《听听那冷雨》写于 1974 年，作者通过巷里听雨，抚今追昔，思绪万端，写了自己在台北春雨中凄凉、凄清、凄楚、凄迷而又柔婉与亲切的复杂感受，抒发了一个远离大陆多年的游子对久别故土的深切思念和对祖国悠久历史文化的热切眷恋之情。文章构思独特，联想丰富，描写细腻生动，抒情深挚感人。语言上叠字的巧妙运用，长短错落的句式组合，很好地烘托出作者浓郁的乡愁情思，大大增强了作品的艺术感染力。

这篇散文抒写的是深深的思乡情绪，这种乡情主要是通过雨声的描写流淌而出的，借冷雨抒情，将自己身处台湾，不能回大陆团聚的思乡情绪娓娓倾诉。这种乡情也表现在他在文中化用的诗词里面，中国古典诗词的意趣在被赋予生命的冷雨中表现得更淋漓尽致。

《听听那冷雨》是余光中的代表作品，正如《荷塘月色》之于朱自清，《茶花赋》之于杨朔一样，比较集中地反映了作家的创作主张及艺术风格。

文章虽说通篇写雨，写愁，写离怨，但决不惜那蒙蒙的愁云蒙蒙的雨幕来晦涩自己的观点，他勇敢地涉足以让庸人却步的政治湍流，有意让作品的社会意义、美感价值经历洗礼和考验。此文开篇，作者便将在凄风冷雨中产生的单调感顺势行延为对历史与现实的喟叹：“雨里风里，走入霏霏令人更想入非非。想这样子的台北凄凄切切完全是黑白片的味道，想整个中国整部中国的历史无非是一张黑白片子……”这妙喻准确、简赅、新鲜，下笔时全然不想着会开罪于何人，只是让艺术把真情实感馈返给现实——它的母体。大凡真爱，便不必讳言，无须粉饰，且读这一句吧：“大寒流从那块土地上弥天卷来，这种酷冷吾与古大陆分担。不能扑进她怀里，被她的裾边扫一扫吧也算是安慰孺慕之情。”这声音来自台北，1974 年。不是“箴言”，却是“真言”！

惊蛰一过，春寒加剧。先是料料峭峭，继而雨季开始，时而淋淋漓漓，时而淅淅沥沥，天潮潮地湿湿，即连在梦里，也似乎有把伞撑着。而就凭一把伞，躲过一阵潇潇的冷雨，也躲不过整个雨季。连思想也都是潮润润的。每天回家，曲折穿过金门街到厦门街迷宫式的长巷短巷，雨里风里，走入霏霏令人更想入非非。想这样子的台北凄凄切切完全是黑白片的味道，想整个中国整部中国的历史无非是一张黑白片子，片头到片尾，一直是这样下着雨的。这种感觉，不知道是不是从安东尼奥尼那里来的。不过那一块土地是久违了，二十五年，四分之一的世纪，即使有雨，也隔着千山万山，千伞万伞。二十五年，一切都断了，只有气候，只有气象报告还牵连在一起，大寒流从那块土地上弥天卷来，这种酷冷吾与古大陆分担。不能扑进她怀里，被她的裾边扫一扫吧也算是安慰孺慕之情。

这样想时，严寒里竟有一点温暖的感觉了。这样想时，他希望这些狭长的巷子永远延伸下去，他的思路也可以延伸下去，不是金门街到厦门街，而是金门到厦门。他是厦门人，至少是广义的厦门人，二十年来，不住在厦门，住在厦门街，算是嘲弄吧，也算是安慰。不过说到广义，他同样也是广义的江南人，常州人，南京人，川娃儿，五陵少年。杏花春雨江南，那是他的少年时代了。再过半个月就是清明。安东尼奥尼的镜头摇过去，摇过去又摇过来。残山剩水犹如是。皇天后土犹如是。纭纭黔首纷纷黎民从北到南犹如是。那里面是中国吗？那里面当然还是中国永远是中国。只是杏花春雨已不再，牧童遥指已不再，剑门细雨渭城轻尘也都已不再。然则他日思夜梦的那片土地，究竟在哪里呢？

在报纸的头条标题里吗？还是香港的谣言里？还是傅聪的黑键白键马思聪的跳弓拨弦？还是安东尼奥尼的镜底勒马洲的望中？还是呢，故宫博物院的壁头和玻璃柜内，京戏的锣鼓声中太白和东坡的韵里？

杏花，春雨，江南。六个方块字，或许那片土就在那里面。而无论赤县也好神州也好中国也好，变来变去，只要仓颉的灵感不灭，美丽的中文不老，那形象磁石般的向心力当必然长在。因为一个方块字是一个天地。太初有字，于是汉族的心灵他祖先的回忆和希望便有了寄托。譬如凭空写一个“雨”字，点点滴滴，滂滂沱沱，淅淅沥沥，一切云情雨意，就宛然其中了。视觉上的这种美感，岂是什么英文，日文，俄文所能满足？翻开一部《辞源》或《辞海》，金木水火土，各成世界，而一入“雨”部，古神州的天颜千变万化，便悉在望中，美丽的霜雪云霞，骇人的雷电霹雹，展露的无非是神的好脾气与坏脾气，气象台百读不厌门外汉百思不解的百科全书。

听听，那冷雨。看看，那冷雨。嗅嗅闻闻，那冷雨，舔舔吧，那冷雨。雨下在他的伞上这城市百万人的伞上雨衣上屋上天线上，雨下在基隆港在防波堤海峡的船上，清明这季雨。雨是女性，应该最富于感性。雨气空蒙而迷幻，细细嗅嗅，清清爽爽新新，有一点薄荷的香味，浓的时候，竟发出草和树林沐浴之后特有的腥气，也许那尽是蚯蚓和蜗牛的腥气吧，毕竟是惊蛰了啊。也许地上的地下的生命也许古中国层层叠叠的记忆皆蠢蠢而蠕，也许是植物的潜意识和梦，那腥气。

第三次去美国，在高高的丹佛他山居住了两年。美国的西部，多山多沙漠，千里干旱，天，蓝似安格罗萨克逊人的眼睛，地，红如印第安人的肌肤，云，却是罕见的白鸟，落基山簇簇耀目的雪峰上，很少飘云牵雾。一来高，二来干，三来森林线以上，杉柏也止步，中国诗词里“荡胸生层云”或是“商略黄昏雨”的意趣，是落基山上难睹的景象。落基山岭之胜，在石，在雪。那些奇岩怪石，相叠互倚，砌一场惊心动魄的雕塑展览，给太阳和千里的风看。那雪，白得虚虚幻幻，冷得清清醒醒，那股皑皑不绝一仰难尽的气势，压得人呼吸困难，心寒眸酸。不过要领略“白云回望合，青霭入看无”的境界，仍须来中国。台湾湿度很高，最富云情雨意迷离的情调。两度夜宿溪头，树香沁鼻，宵寒袭肘，枕着润碧湿翠苍苍交叠的山影和万籁都歇的俱寂，仙人一样睡去。山中一夜饱雨，次晨醒来，在旭日未升的原始幽静中，冲着隔夜的寒气，踏着满地的断柯折枝和仍在流泻的细股雨水，一径探入森林的秘密，曲曲弯弯，步上山去。溪头的山，树密雾浓，蓊郁的水气从谷底冉冉升起，时稠时稀，蒸腾多姿，幻化无定，只能从雾破云开的空处，窥见乍现即隐的一峰半壑，要纵览全貌，几乎是不可能的。至少上山两次，只能在白茫茫里和溪头诸峰玩捉迷藏的游戏。回到台北，世人问起，除了笑而不答心自问，故作神秘之外，实际的印象，也无非山在虚无之间罢了。云萦烟绕，山隐水迢的中国风景，由来予人宋画的韵味。那天下也许是赵家的天下，那山水却是米家的山水。而究竟，是米氏父子下笔像中国的山水，还是中国的山水上纸像宋画，恐怕是谁也说不清楚了吧？

雨不但可嗅，可亲，更可以听。听听那冷雨。听雨，只要不是石破天惊的台风暴雨，在听觉上总是一种美感。大陆上的秋天，无论是疏雨滴梧桐，或是骤雨打荷叶，听去总有一点凄凉，凄清，凄楚，于今在岛上回味，则在凄楚之外，再笼上一层凄迷了，饶你多少豪情侠气，怕也经不起三番五次的风吹雨打。一打少年听雨，红烛昏沉。再打中年听雨，客舟中江阔云低。三打白头听雨的僧庐下，这便是亡宋之痛，一颗敏感心灵的一生：楼上，江上，庙里，用冷冷的雨珠子串成。他曾在一场摧心折骨的鬼雨中迷失了自己。雨，该是一滴湿漓漓的灵魂，在窗外喊谁。

雨打在树上和瓦上，韵律都清脆可听。尤其是铿铿敲在屋瓦上，那古老的音乐，属于中国。王禹偁在黄冈，破如椽的大竹为屋。据说住在竹楼里面，急雨声如瀑布，密雪声比碎玉，而无论鼓琴，咏诗，下棋，投壶，共鸣的效果都特别好。这样岂不像是住在竹筒里，任何细脆的声响，怕都会加倍夸大，反而令人耳朵过敏吧。

雨天的屋瓦，浮漾湿湿的流光，灰而温柔，迎光则微明，背光则幽黯，对于视觉，是一种低沉的安慰。至于雨敲在鳞鳞千瓣的瓦上，由远而近，轻轻重重轻轻，夹着一股股的细流沿瓦槽与屋檐潺潺泻下，各种敲击音与滑音密织成网，谁的千指百指在按摩耳轮。“下雨了”，温柔的灰美人来了，她冰冰的纤手在屋顶拂弄着无数的黑键啊灰键，把晌午一下子奏成了黄昏。

在古老的大陆上，千屋万户是如此。二十多年前，初来这岛上，日式的瓦屋亦是如此。先是天黯了下来，城市像罩在一块巨幅的毛玻璃里，阴影在户内延长复加深。然后凉凉的水意弥漫在空间，风自每一个角落里旋起，感觉得到，每一个屋顶上呼吸沉重都覆着灰云。雨来了，最轻的敲打乐敲打这城市。苍茫的屋顶，远远近近，一张张敲过去，古老的琴，那细细密密的节奏，单调里自有一种柔婉与亲切，滴滴点点滴滴，似幻似真，若孩时在摇篮里，一曲耳熟的童谣摇摇欲睡，母亲吟哦鼻音与喉音。或是在江南的泽国水乡，一大筐绿油油的桑叶被噬于千百头蚕，细细琐琐屑屑，口器与口器咀咀嚼嚼。雨来了，雨来的时候瓦这么说，一片瓦说千亿片瓦说，说轻轻地奏吧沉沉地弹，徐徐地叩吧挞挞地敲，间间歇歇敲一个雨季，即兴演奏从惊蛰到清明，在零落的坟上冷冷奏挽歌，一片瓦吟千亿片瓦吟。

在旧式的古屋里听雨，听四月，霏霏不绝的黄梅雨，朝夕不断，旬月绵延，湿黏黏的苔藓从石阶下一直侵到舌底，心底。到七月，听台风台雨在古屋顶一夜盲奏，千层海底的热浪沸沸被狂风挟持，掀翻整个太平洋只为向他的矮屋檐重重压下，整个海在他的蝎壳上哗哗泻过。不然便是雷雨夜，白烟一般的纱帐里听羯鼓一通又一通，滔天的暴雨滂滂沛沛扑来，强劲的电琵琶忐忐忑忑忐忐忑忑，弹动屋瓦的惊悸腾腾欲掀起。不然便是斜斜的西北雨斜斜刷在窗玻璃上，鞭在墙上打在阔大的芭蕉叶上，一阵寒潮泻过，秋意便弥漫旧式的庭院了。

在旧式的古屋里听雨，春雨绵绵听到秋雨潇潇，从少年听到中年，听听那冷雨。雨是一种单调而耐听的音乐是室内乐是室外乐，户内听听，户外听听，冷冷，那音乐。雨是一种回忆的音乐，听听那冷雨，回忆江南的雨下得满地是江湖下在桥上和船上，也下在四川在秧田和蛙塘，下肥了嘉陵江下湿布谷咕咕的啼声，雨是潮潮润润的音乐下在渴望的唇上，舔舔吧那冷雨。

因为雨是最最原始的敲打乐从记忆的彼端敲起。瓦是最最低沉的乐器灰蒙蒙的温柔覆盖着听雨的人，瓦是音乐的雨伞撑起。但不久公寓的时代来临，台北你怎么一下子长高了，瓦的音乐竟成了绝响。千片万片的瓦翩翩，美丽的灰蝴蝶纷纷飞走，飞入历史的记忆。雨下下来下在水泥的屋顶和墙上，没有音韵的雨季。树也砍光了，那月桂，那枫树，柳树和擎天的巨椰，雨来的时候不再有丛叶嘈嘈切切，闪动湿湿的绿光迎接。鸟声减了啾啾，蛙声沉了咯咯，秋天的虫吟也减了唧唧。七十年代的台北不需要这些，一个乐队接一个乐队便遣散尽了。要听鸡叫，只有去诗经的韵里找。只剩下一张黑白片，黑白的默片。

正如马车的时代去后，三轮车的时代也去了。曾经在雨夜，三轮车的油布篷挂起，送她回家的途中，篷里的世界小得可爱，而且躲在警察的辖区以外，雨衣的口袋越大越好，盛得下他的一只手里握一只纤纤的手。台湾的雨季这么长，该有人发明一种宽宽的双人雨衣，一人分穿一只袖子，此外的部分就不必分得太苛。而无论工业如何发达，一时似乎还废不了雨伞。只要雨不倾盆，风不横吹，撑一把伞在雨中仍不失古典的韵味。任雨点敲在黑布伞或是透明的塑胶伞上，将骨柄一旋，雨珠向四方喷溅，伞缘便旋成了一圈飞檐。跟女友共一把雨伞，该是一种美丽的合作吧。最好是初恋，有点兴奋，更有点不好意思，若即若离之间，雨不妨下大一点。真正初恋，恐怕是兴奋得不需要伞的，手牵手在雨中狂奔而去，把年轻的长发和肌肤交给漫天的淋淋漓漓，然后向对方的唇上颊上尝甜甜的雨水。不过那要非常年轻且激情，同时，也只能发生在法国的新潮片里吧。

大多数的雨伞想不会为约会张开。上班下班，上学放学，菜市来回的途中。现实的伞，灰色的星期三。握着雨伞。他听那冷雨打在伞上。索性更冷一些就好了，他想。索性把湿湿的灰雨冻成干干爽爽的白雨，六角形的结晶体在无风的空中回回旋旋地降下来。等须眉和肩头白尽时，伸手一拂就落了。二十五年，没有受故乡白雨的祝福，或许发上下一点白霜是一种变相的自我补偿吧。一位英雄，经得起多少次雨季？他的额头是水成岩削成还是火成岩？他的心底究竟有多厚的苔藓？厦门街的雨巷走了二十年与记忆等长，一座无瓦的公寓在巷底等他，一盏灯在楼上的雨窗子里，等他回去，向晚餐后的沉思冥想去整理青苔深深的记忆。

前尘隔海。

古屋不再。听听那冷雨。

【注释】

[1] 选自《余光中散文集》，香港出版社 1975 年版。

【思考与练习】

1. 这篇散文表达了作者怎样的情感？
2. 这篇散文在构思上有何独特之处？

3. 试分析这篇散文的语言特点。
4. 文中哪些地方是采用对比手法来增强抒情表达效果的?
5. 以《听雨》为题写一篇抒情散文。

一个王朝的背影[1]

余秋雨

【课文导读】

余秋雨，1946 年 8 月 23 日生于浙江省余姚县，现任澳门科技大学人文艺术学院院长。中国著名文化学者、理论家、文化史学家、散文家。

1966 年毕业于上海戏剧学院戏剧文学系。1980 年陆续出版了《戏剧理论史稿》《中国戏剧文化史述》《戏剧审美心理学》。1985 年成为当时中国大陆最年轻的文科教授。1986 年被授予上海十大学术精英。1987 年被授予国家级突出贡献专家的荣誉称号。2011 年被授予甘肃联合大学荣誉教授。2010 年起担任澳门科技大学人文艺术学院院长。

一

我们这些人，对清代总有一种复杂的情感阻隔。记得很小的时候，历史老师讲到“扬州十日”“嘉定三屠”时眼含泪花，这是清代的开始；而讲到“火烧圆明园”“戊戌变法”时又有泪花了，这是清代的尾声。年迈的老师一哭，孩子们也跟着哭，清代历史，是小学中唯一用眼泪浸润的课程。从小种下的怨恨，很难化解得开。

老人的眼泪和孩子们的眼泪拌和在一起，使这种历史情绪有了一种最世俗的力量。我小学的同学全是汉族，没有满族，因此很容易在课堂里获得一种共同语言。好像汉族理所当然是中国的主宰，你满族为什么要来抢夺呢？抢夺去了能够弄好倒也罢了，偏偏越弄越糟，最后几乎让外国人给瓜分了。于是，在闪闪泪光中，我们懂得了什么是汉奸，什么是卖国贼，什么是民族大义，什么是气节。我们似乎也知道了中国之所以落后于世界列强，关键就在于清代，而辛亥革命的启蒙者们重新点燃汉人对清人的仇恨，提出“驱除鞑虏，恢复中化”的口号，又是多么有必要，多么让人解气。清朝终于被推翻了，但至今在很多中国人心里，它仍然是一种冤孽般的存在。

年长以后，我开始对这种情绪产生警惕。因为无数事实证明，在我们中国，许多情绪化的社会评判规范，虽然堂而皇之地传之久远，却包含着极大的不公正。我们缺少人类普遍意义上的价值启蒙，因此这些情绪化的社会评判规范大多是从封建正统观念逐渐引申出来的，带有很多盲目性。先是姓氏正统论，刘汉、李唐、赵宋、朱明……在同一姓氏的传代系列中所出现的继承人，哪怕是昏君、懦夫、色鬼、守财奴、精神失常者，都是合法而合理的，而外姓人氏若有觊觎，即便有一千条一万条道理，也站不住脚，真伪、正邪、忠奸全由此划分。由姓氏正统论扩而大之，就是民族正统论。这种观念要比姓氏正统论复杂得多，你看辛亥革命的闯将们与封建主义的姓氏正统论势不两立，却也需要大声宣扬民族正统论，便是例证。民族正统论涉及到几乎一切中国人都耳熟能详的许多著名人物和著名事件，是一个在今后仍然要不断争论的麻烦问题。在这儿请允许我稍稍回避一下，我需要肯定的仅仅是这样一点：满族是中国的满族，清朝的历史是中国历史的一部分；统观全部中国古代史，清朝的皇帝在总体上还算比较好的，而其中的康熙皇帝甚至可说是中国历史上最好的皇帝之一，他与唐太宗李世民一样使我这个现代汉族中国人感到骄傲。

既然说到了唐太宗，我们又不能不指出，据现代历史学家考证，他更可能是鲜卑族而不是汉族之后。

如果说先后在巨大的社会灾难中迅速开创了“贞观之治”和“康雍乾盛世”的两位中国历史上最杰出帝王都不是汉族，如果我们还愿意想一想那位至今还在被全世界历史学家惊叹的建立了赫赫战功的元太祖成吉思汗，那么我们的中华历史观一定会比小学里的历史课开阔得多。

汉族当然非常伟大，汉族当然没有理由要受到外族的屠杀和欺凌，当自己的民族遭受危难时当然要挺身而出进行无畏的抗争，为了个人的私利不惜出卖民族利益的无耻之徒当然要受到永久的唾弃，这些都是没有异议的。问题是，不能由此而把汉族等同于中华，把中华历史的正义、光亮、希望，全都押在汉族一边。与其他民族一样，汉族也有大量的污浊、昏聩和丑恶，它的统治者常常一再地把整个中国历史推入死胡同。在这种情况下历史有可能作出超越汉族正统论的选择，而这种选择又未必是倒退。

《桃花扇》中那位秦淮名妓李香君，身份低贱而品格高洁，在清兵浩荡南下、大明江山风雨飘摇时节保持着多大的民族气节！但是，她万万没有想到，就在她和她的恋人侯朝宗为抗清扶明不惜赴汤蹈火、奔命呼号的时候，恰恰正是苟延残喘而仍然荒淫无度的南明小朝廷，作践了他们。那个在当时当地看来既是明朝也是汉族的最后代表的弘光政权，根本不要她和她的姐妹们的忠君泪、报国心，而只要她们作为一个女人最可怜的色相。李香君真想与恋人一起为大明捐躯流血，但叫她恶心的是，竟然是大明的官僚来强逼她成婚，而使她血溅纸扇，染成“桃花”。“桃花扇底送南朝”，这样的朝廷就让它去了吧，长叹一声，气节、操守、抗争、奔走，全都成了荒诞和自嘲。《桃花扇》的作者孔尚任是孔老夫子的后裔，连他，也对历史转捩时期那种盲目的正统观念产生了深深的怀疑。他把这种怀疑，转化成了笔底的灭寂和苍凉。

对李香君和侯朝宗来说，明末的一切，看够了，清代会怎么样呢，不想看了。文学作品总要结束，但历史还在往前走，事实上，清代还是很可看看的。为此，我要写写承德的避暑山庄。清代的史料成捆成扎，把这些留给历史学家吧，我们，只要轻手轻脚地绕到这个消夏的别墅里去偷看几眼也就够了。这种偷看其实也是偷看自己，偷看自己心底从小埋下的历史情绪和民族情绪，有多少可以留存，有多少需要校正。

二

承德的避暑山庄是清代皇家园林，又称热河行宫、承德离宫，虽然闻名史册，但久为禁苑，又地处塞外，历来光顾的人不多，直到这几年才被旅游者搅得有点热闹。我原先并不知道能在那里获得一点什么，只是今年夏天中央电视台在承组织了一次国内优秀电视编剧和导演的聚会，要我给他们讲点课，就被他们接去了。住所正在避暑山庄背后，刚到那天的薄暮时分，我独个儿走出住所大门，对着眼前黑黝黝的山岭发呆。查过地图，这山岭便是避暑山庄北部的最后屏障，就像一张罗圈椅的椅背。在这张罗圈椅上，休息过一个疲惫的王朝。奇怪的是，整个中华版图都已归属了这个王朝，为什么还要把这张休息的罗圈椅放到长城之外呢？清代的帝王们在这张椅子上面南而坐的时候在想一些什么呢？月亮升起来了，眼前的山壁显得更加巍然怆然。北京的故宫把几个不同的朝代混杂在一起，谁的形象也看不真切，而在这里，远远的，静静的，纯纯的，悄悄的，躲开了中原王气，藏下了一个不羼杂的清代。它实在对我产生了一种巨大的诱惑，于是匆匆讲完几次课，便一头埋到了山庄里边。

山庄很大，本来觉得北京的颐和园已经大得令人咋舌，它竟比颐和园还大整整一倍，据说装下八九个北海公园是没有问题的。我想不出国内还有哪个古典园林能望其项背。

山庄外面还有一圈被称之为“外八庙”的寺庙群，这暂不去说它，光说山庄里面，除了前半部有层层叠叠的宫殿外，主要是开阔的湖区、平原区和山区。尤其是山区，几乎占了整个山庄的八成左右，这让游惯了别的园林的人很不习惯。园林是用来休闲的，何况是皇家园林大多追求方便平适，有的也会堆几座小山装点一下，哪有像这儿的，硬是圈进莽莽苍苍一大片真正的山岭来消遣？这个格局，包含着一种需要我们抬头仰望、低头思索的审美观念和人生观念。

山庄里有很多楹联和石碑，上面的文字大多由皇帝们亲自撰写，他们当然想不到多少年后会有我们这些陌生人闯入他们的私家园林，来读这些文字，这些文字是写给他们后辈继承人看的。朝廷给别人看的东西很多，有大量刻印广颁的官样文章，而写在这里的文字，尽管有时也咬文嚼字，但总的来说是说给儿孙们听的体己话，比较真实可信。我踏着青苔和蔓草，辨识和解读着一切能找到的文字，连藏在山间树林中的石碑都不放过，读完一篇，便舒松开筋骨四周看看。一路走去，终于可以有把握地说，山庄的营造完全出自一代政治家在精神上的强健。

首先是康熙，山庄正宫午门上悬挂着的“避暑山庄”四个字就是他写的，这四个汉字写得很好，撇捺间透露出一个胜利者的从容和安祥，可以想见他首次踏进山庄时的步履也是这样的。他一定会这样，因为他是走了一条艰难而又成功的长途才走进山庄的，到这里来喘口气，应该。

他一生的艰难都是自找的。他的父辈本来已经给他打下了一个很完整的华夏江山，他八岁即位，十四岁亲政，年轻轻一个孩子，坐享其成就是了，能在如此辽阔的疆土、如此兴盛的运势前做些什么呢？他稚气未脱的眼睛，竟然疑惑地盯上了两个庞然大物，一个是朝廷中最有权势的辅政大臣鳌拜，一个自恃当初做汉奸领清兵入关有功、拥兵自重于南方的吴三桂。平心而论，对于这样与自己的祖辈、父辈都有密切关系的重要政治势力，即便是德高望重的一代雄主也未免下得了决心去动手，但康熙却向他们、也向自己挑战了，十六岁上干脆利落地除了鳌拜集团，二十岁开始向吴三桂开战，花八年时间的征战取得彻底胜利。他等于把到手的江山重新打理了一遍，使自己从一个继承者变成了创业者。他成熟了，眼前几乎已经找不到什么对手，但他还是经常骑着马，在中国北方山林草泽间徘徊，这是他祖辈崛起的所在，他在寻找着自己的生命和事业的依托点。

他每次都要经过长城，长城多年失修，已经破败。对着这堵受到历代帝王切切关心的城墙，他想了很多。他的祖辈是破长城进来的，没有吴三桂也绝对进得了，那么长城究竟有什么用呢？堂堂一个朝廷，难道就靠这些砖块去保卫？但是如果没有长城，我们的防线又在哪里呢？他思考的结果，可以从 1691 年他的一份上谕中看出个大概。那年五月，古北口总兵官蔡元向朝廷提出，他所管辖的那一带长城“倾塌甚多，请行修筑”，康熙竟然完全不同意，他的上谕是：

秦筑长城以来，汉、唐、宋亦常修理，其时岂无边患？明末我太祖统大兵长驱直入，诸路瓦解，皆莫能当。可见守国之道，惟在修得民心。民心悦则邦本得，而边境自固，所谓“众志成城”者是也。如古北、喜峰口一带，朕皆巡阅，概多损坏，今欲修之，兴工劳役，岂能无害百姓？且长城延袤数千里，养兵几何方能分守？

说得实在是很有道理。我对埋在我们民族心底的“长城情结”一直不敢恭维，读了康熙这段话，简直是找到了一个远年知音。由于康熙这样说，清代成了中国古代基本上不修长城的一个朝代，对此我也觉得不无痛快。当然，我们今天从保护文物的意义上修理长城是完全另外一回事了，只要不把长城永远作为中华文明的最高象征就好。

康熙希望能筑起一座无形的长城。“修得安民”云云说得过于堂皇而蹈空，实际上他有硬的一手和软的一手。硬的一手是在长城外设立“木兰围场”，每年秋天，由皇帝亲自率领王公大臣、各级官兵一万余人去进行大规模的“围猎”，实际上是一种声势浩大的军事演习，这既可以使王公大臣们保持住勇猛、强悍的人生风范，又可顺便对北方边境起一个威慑作用。“木兰围场”既然设在长城之外的边远地带，离北京就很有一点距离，如此众多的朝廷要员前去秋猎，当然要建造一些大大小小的行宫，而热河行宫，就是其中最大的一座；软的一手是与北方边疆的各少数民族建立起一种常来常往的友好关系，他们的首领不必长途进京也有与清廷彼此交谊的机会和场所，而且还为他们准备下各自的宗教场所，这也就需要有热河行宫和它周围的寺庙群了。总之，软硬两手最后都汇集到这一座行宫、这一个山庄里来了，说是避暑，说是休息，意义却又远远不止于此。把复杂的政治目的和军事意义转化为一片幽静闲适的园林，一圈香火缭绕的寺庙，这不能不说是康熙的大本事。然而，眼前又是道道地地的园林和寺庙，道道地地的休息和祈祷，军事和政治，消解得那样烟水葱茏、慈眉善目，如果不是那些石碑提醒，我们甚至连可以疑惑的痕迹都找不到。

避暑山庄是康熙的“长城”，与蜿蜒千里的秦始皇长城相比，哪个更高明些呢？

康熙几乎每年立秋之后都要到“木兰围场”参加一次为期二十天的秋猎，一生参加了四十八次。每次围猎，情景都极为壮观。先由康熙选定逐年轮换的狩猎区域（逐年轮换是为了生态保护），然后就搭建一百七十多座大帐篷为“内城”，二百五十多座大帐篷为“外城”，城外再设警卫。第二天拂晓，八旗官兵在皇帝的统一督导下集结围拢，在上万官兵齐声呐喊下，康熙首先一马当先，引弓射猎，每有所中便引来一片欢呼，然后扈从大臣和各级将士也紧随康熙射猎。康熙身强力壮，骑术高明，围猎时智勇双全，弓箭上的功夫更让王公大臣由衷惊服，因而他本人的猎获就很多。晚上，营地上篝火处处，肉香飘荡，人笑马嘶，而康熙还必须回帐篷里批阅每天疾驰送来的奏章文书。康熙一生身先士卒打过许多著名的仗，但在晚年，他最得意的还是自己打猎的成绩，因为这纯粹是他个人生命力的验证。1719 年康熙自“木兰围场”行猎后返回避暑山庄时曾兴致勃勃地告谕御前侍卫：

朕自幼至今已用鸟枪弓矢获虎一百五十三只，熊十二只，豹二十五只，猞二十只，麋鹿十四只，狼九十六只，野猪一百三十三口，哨获之鹿已数百，其余围场内随便射获诸兽不胜记矣。朕于一日内射兔三百一十八只，若庸常人毕世亦不能及此一日之数也。

这笔流水账，他说得很得意，我们读得也很高兴。身体的强健和精神的强健往往是连在一起的，须知中国历史上多的是有气无力病恹恹的皇帝，他们即便再“内秀”，也何以面对如此庞大的国家。

由于强健，他有足够的精力处理挺复杂的西藏事务和蒙古事务，解决治理黄河、淮河和疏通漕支等大问题，而且大多很有成效，功泽后世。由于强健，他还愿意勤奋地学习，结果不仅武功一流，“内秀”也十分了得，成为中国历代皇帝中特别有学问、也特别重视学问的一位，这一点一直很使我震动，而且我可以肯定，当时也把一大群冷眼旁观的汉族知识分子震动了。

谁能想得到呢，这位清朝帝王竟然比明代历朝皇帝更热爱和精通汉族传统文化！大凡经、史、子、集、诗、书、音律，他都下过一番功夫，其中对朱熹哲学钻研最深。他亲自批点《资治通鉴纲目大全》，与一批著名的理学家进行水平不低的学术探讨，并命他们编纂了《朱子大全》《理性精义》等著作。他下令访求遗散在民间的善本珍籍加以整理，并且大规模地组织人力编辑出版了卷帙浩繁的《古今图书集成》《康熙字典》《佩文韵府》《大清会典》，文化气魄铺地盖天，直到今天，我们研究中国古代文化还离不开这些极其重要的工具书。他派人通过对全国土地的实际测量，编成了全国地图《皇舆全览图》。在他倡导的文化气氛下，涌现了一大批在整个中国文化史上都可以称得上第一流大师的人文科学家，在这一点上，几乎很少有朝代能与康熙朝相比肩。

以上讲的还只是我们所说的“国学”，可能更让现代读者惊异的是他的“西学”。因为即使到了现代，在我们印象中，国学和西学虽然可以沟通但在同一个人身上深潜两边的毕竟不多，尤其对一些官员来说更是如此。然而早在三百年前，康熙皇帝竟然在北京故宫和承德避暑山庄认真研究了欧几里得几何学，经常演算习题，又学习了法国数学家巴蒂的《实用和理论几何学》，并比较它与欧几里得几何学的差别。他的老师是当时来中国的一批西方传教士，但后来他的演算比传教士还快，他亲自审校译成汉文和满文的西方数学著作，而且一有机会就向大臣们讲授西方数学。以数学为基础，康熙又进而学习了西方的天文、历法、物理、医学、化学，与中国原有的这方面知识比较，取长补短。在自然科学问题上，中国官僚和外国传教士经常发生矛盾，康熙不袒护中国官僚，也不主观臆断，而是靠自己发愤学习，真正弄通西方学说，几乎每次都作出了公正的裁断。他任命一名外国人担任钦天监监副，并命令礼部挑选一批学生去钦天监学习自然科学，学好了就选拔为博士官。西方的自然科学著作《验气图说》《仪像志》《赤道南北星图》《穷理学》《坤舆图说》等等被一一翻译过来，有的已经译成汉文的西方自然科学著作如《几何原理》前六卷他又命人译成满文。

这一切，居然与他所醉心的“国学”互不排斥，居然与他一天射猎三百一十八只野兔互不排斥，居然与他一连串重大的政治行为、军事行为、经济行为互不排斥！我并不认为康熙给中国带来了根本性的希望，他的政权也做过不少坏事，如臭名昭著的“文字狱”之类；我想说的只是，在中国历代帝王中，这位少数民族出身的帝王具有超乎寻常的生命力，他的人格比较健全。有时，个人的生命力和人格，会给历史留下重重的印记。与他相比，明代的许多皇帝都活得太不像样了，鲁迅说他们是“无赖儿郎”，确有点像。尤其让人生气的是明代万历皇帝(神宗)朱翊钧，在位四十八年，亲政三十八年，竟有二十五年时间躲在深宫之内不见外人的面，完全不理国事，连内阁首辅也见不到他，不知在干什么。没见他玩过什么，似乎也没有好色的嫌疑，历史学家们只能推断他躺在烟榻上抽了二十多年的鸦片烟！他聚敛的金银如山似海，但当清军起事，朝廷束手无策时问他要钱，他也死不肯拿出来，最后拿出一个无济于事的小零头，竟然都是因窖藏太久变黑发霉、腐蚀得不能见天日的银子！这完全是一个失去任何人格支撑的心理变态者，但他又集权于一身，明朝怎能不垮？他死后还有儿子朱常洛（光宗）、孙子朱由校（熹宗）和朱由检（思宗）先后继位，但明朝已在他的手里败定了，他的儿孙们非常可怜。康熙与他正相反，把生命从深宫里释放出来，在旷野、猎场和各个知识领域挥洒，避暑山庄就是他这种生命方式的一个重要吐纳口站，因此也是当时中国历史的一所“吉宅”。

三

康熙与晚明帝王的对比，避暑山庄与万历深宫的对比，当时的汉族知识分子当然也感受到了，心情比较复杂。

开始大多数汉族知识分子都是抗清复明，甚至在纠纠武夫们纷纷掉头转向之后，一群柔弱的文人还宁死不折。文人中也有一些著名的变节者，但他们往往也承受着深刻的心理矛盾和精神痛苦。我想这便是文化的力量。一切军事争逐都是浮面的，而事情到了要摇撼某个文化生态系统的时候才会真正变得严重起来。一个民族，一个国家，一个人种，其最终意义不是军事的、地域的、政治的，而是文化的。当时江南地区好几次重大的抗清事件，都起之于“削发”之争，即汉人历来束发而清人强令削发，甚至到了“留头不留发，留发不留头”的地步。头发的样式看来事小却关及文化生态，结果，是否“毁我衣冠”的问题成了“夷夏抗争”的最高爆发点。这中间，最能把事情与整个文化系统联系起来的是文化人，最懂得文明和野蛮的差别，并把“鞑虏”与野蛮连在一起的也是文化人。老百姓的头发终于被削掉了，而不少文人还在拼死坚持。著名大学者刘宗周住在杭州，自清兵进杭州后便绝食，二十天后死亡；他的门生，另一位著名大学者黄宗羲投身于武装抗清行列，失败后回余姚家乡事母著述；又一位著名大学者顾炎武比黄宗羲更进一步，武装抗清失败后还走遍全国许多地方图谋复明，最后终老陕西……这些一代宗师如此强硬，他们的门生和崇拜者们当然也多有追随。

但是，事情到康熙那儿却发生了一些微妙的变化。文人们依然像朱耷笔下的秃鹫，以“天地为之一寒”的冷眼看着朝廷，而朝廷却奇怪地流泻出一种压抑不住的对汉文化的热忱。开始大家以为是一种笼络人心的策略，但从康熙身上看好像不完全是。他在讨伐吴三桂的战争还没有结束的时候，就迫不及待把下令各级官员以“崇儒重道”为目的，朝廷推荐“学问兼优、文词卓越”的士子，由他亲自主考录用，称作“博学鸿词科”。这次被保荐、征召的共一百四十三人，后来录取了五十人。其中有傅山、李颙等人被推荐了却宁死不应考。傅山被人推荐后又被强抬进北京，他见到“大清门”三字便滚倒在地，两泪直流，如此行动康熙不仅不怪罪反而免他考试，任命他为“中书舍人”。他回乡后不准别人以“中书舍人”称他，但这个时候说他对康熙本人还有多大仇恨，大概谈不上了。

李颙也是如此，受到推荐后称病拒考，被人抬到省城后竟以绝食相抗，别人只得作罢。这事发生在康熙十七年，康熙本人二十六岁，没想到二十五年后，五十余岁的康熙西巡时还记得这位强硬的学人，召见他，他没有应召，但心里毕竟已经很过意不去了，派儿子李慎言作代表应召，并送自己的两部著作《四书反身录》和《二曲集》给康熙。这件事带有一定的象征性，表示最有抵触的汉族知识分子也开始与康熙和解了。

与李颙相比，黄宗羲是大人物了，康熙更是礼仪有加，多次请黄宗羲出山未能如愿，便命令当地巡抚到黄宗羲家里，把黄宗羲写的书认真抄来，送入宫内以供自己拜读。这一来，黄宗羲也不能不有所感动，与李颙一样，自己出面终究不便，由儿子代理，黄宗羲让自己的儿子黄百家进入皇家修史局，帮助完成康熙交下的修《明史》的任务。你看，即便是原先与清廷不共戴天黄宗羲、李颙他们，也觉得儿子一辈可以在康熙手下好生过日子了。这不是变节，也不是妥协，而是一种文化生态意义上的开始认同。既然康熙对汉文化认同的那么诚恳，汉族文人为什么就完全不能与他认同呢？政治军事，不过是文化的外表罢了。

黄宗羲不是让儿子参加康熙下令编写的《明史》吗？编《明史》这事给汉族知识界震动不小。康熙任命了大历史学家徐元文、万斯同、张玉书、王鸿绪等负责此事，要他们根据《明实录》如实编定，说“他书或以文章见长，独修史宜直书实事”，他还多次要大家仔细研究明代晚期破败的教训，引以为戒。汉族知识化界要反清复明，而清廷君主竟然亲自领导着汉族的历史学家在冷静研究明代了，这种研究又高于反清复明者的思考水平，那么，对峙也就不能不渐渐化解了。《明史》后来成为整个二十四史中写得较好的一部，这是直到今天还要承认的事实。

当然，也还余留着几个坚持不肯认同的文人。例如康熙时代浙江有个学者叫吕留良的，在著书和讲学中还一再强调孔子思想的精义是“尊王攘夷”，这个提法，在他死后被湖南一个叫曾静的落第书生看到了，很是激动，赶到浙江找到吕留良的儿子和学生几人，策划反清。这时康熙也早已过世，已是雍正年间，这群文人手下无一兵一卒，能干成什么事呢？他们打听到川陕总督岳钟琪是岳飞的后代，想来肯定能继承岳飞遗志来抗击外夷，就派人带给他一封策反的信，眼巴巴地请他起事。这事说起来已经有点近乎笑话，岳飞抗金到那时已隔着整整一个元朝、整整一个明朝，清朝也已过了八九十年，算到岳钟琪身上都是多少代的事情啦，还想着让他凭着一个“岳”字拍案而起，中国书生的昏愚和天真就在这里。岳钟琪是清朝大官，做梦也没想到过要反清，接信后虚假的应付了一下，却理所当然地报告了雍正皇帝。

雍正下令逮捕了这个谋反集团，又亲自阅读了书信、著作，觉得其中有好些观念需要自己写文章来与汉族知识分子辩论，而且认为有过康熙一代，朝廷已有足够的事实和勇气证明清代统治者并不差，为什么还要对抗清廷？于是这位皇帝亲自编了一部《大义觉迷录》颁发各地，而且特免肇事者曾静等人的死罪，让他们专到江浙一带去宣讲。

雍正的《大义觉迷录》写得颇为诚恳。他的大意是：不错，我们是夷人，我们是“外国”人，但这是籍贯而已，天命要我们来抚育中原生民，被抚育者为什么还要把华、夷分开来看？你们所尊重的舜是东夷之人，文王是西夷之人，这难道有损于他们的圣德吗？吕留良这样著书立说的人，连前朝康熙皇帝的文治武功、赫赫盛德都加以隐匿和诬蔑，实在是不顾民生国运只泄私愤了。外族入主中原，可以反而勇于为善，如果著书立说的人只认为生在中原的君主不必修德行仁也可享有名份，而外族君主即便精励图治也得不到褒扬，外族君主为善之心也会因之而懈怠，受苦的不还是中原的百姓吗？

雍正的这番话，带着明显的委屈情绪，而且是给父亲康熙打抱不平，也真有一些动人的地方。但他的整体思维能力显然比不上康熙，口口声声说自己是“外国”人，“夷人”，尽管他所说的“外国”只是指外族，而且也仅指中原地区之外的几个少数民族，与我们今天所说的外国不同，但无论如何在一些前提性的概念上把事情搞复杂了，反而不利。他的儿子乾隆看出了这个毛病，即位后把《大义觉迷录》全部收回，列为禁书，杀了被雍正赦免了的曾静等人，开始大兴文字狱。康熙、雍正年间也有丑恶的文字狱，但来得特别厉害的是乾隆，他不许汉族知识分子把清廷看成是“夷人”，连一般文字中也不让出现“虏”“胡”之类字样，不小心写出来了很可能被砍头。他想用暴力抹去这种对立，然后一心一意做个好皇帝。除了华夷之分的敏感点外，其他地方他倒是比较宽容，有度量，听得进忠臣贤士们的尖锐意见和建议，因此在他执政的前期，做了很多好事，国运可称昌盛。这样一来，即便存有异念的少数汉族知识分子也不敢有什么想头，到后来也真没有什么想头了。其实本来这样的人已不可多觅，雍正和乾隆都把文章做过了头。真正第一流的大学者，在乾隆时代已不想作反清复明的事了。乾隆，靠着人才济济的智力优势，靠着康熙、雍正给他奠定丰厚基业，也靠着他本人的韬略雄才，做起了中国历史上福气最好的大皇帝。承德避暑山庄，他来得最多，总共逗留的时间很长，因此他的踪迹更是随处可见。乾隆也经常参加“木兰秋狝”，亲自射获的猎物也极为可观，但他的主要心思却放在边疆征战上，避暑山庄和周围的外八庙内，记载这种征战成果的碑文极多。这种征战与汉族的利益没有冲突，反而弘扬了中国的国威，连汉族知识界也引以为荣，甚至可以把乾隆看成是华夏圣君了，但我细看碑文之后却产生一个强烈的感觉：有的仗迫不得已，打打也可以，但多数边境战争的必要性深可怀疑。需要打得这么大吗？需要反复那么多次吗？需要这样强横地来对待邻居们吗？需要杀得如此残酷吗？

好大喜功的乾隆把他的所谓“十全武功”镌刻在避暑山庄里乐滋滋地自我品尝，这使山庄回荡出一些燥热而又不详的气氛。在满、汉文化对峙基本上结束之后，这里洋溢着的中华帝国的自得情绪。江南塞北的风景名胜在这里聚会，上天的唯一骄子在这里安驻，再下令编一部综览全部典籍的《四库全书》在这里存放，几乎什么也不缺了。乾隆不断地写诗，说避暑山庄里的意境已远远超过唐宋诗词里的描绘，而他则一直等着到时间卸任成为“林下人”，在此间度过余生。在山庄内松云峡的同一座石碑上，乾隆一生竟先后刻下了六首御诗表述这种自得情怀。

是的，乾隆一朝确实不算窝囊，但须知这已是十八世纪(乾隆正好死于十八世纪最后一年)，十九世纪已经迎面而来，世界发生了多大的变化！乾隆打了那么多仗，耗资该有多少？他重用的大贪官和珅，又把国力糟蹋到了何等地步？事实上，清朝乃至中国的整体历史悲剧，就在乾隆这个貌似全盛期的皇帝身上，在山水宜人的避暑山庄内，已经酿就。但此时的避暑山庄，还完全沉湎在中华帝国的梦幻中，而全国的文化良知，也都在这个梦幻边沿口或陶醉，或喑哑。

1793 年 9 月 14 日，一个英国使团来到避暑山庄，乾隆以盛宴欢迎，还在山庄的万树园内以大型歌舞和焰火晚会招待，避暑山庄一片热闹。英方的目的是希望乾隆同意他们派使臣常驻北京，在北京设立洋行，希望中国开放天津、宁波、舟山为贸易口岸，在广州附近拨一些地方让英商居住，又希望英国货物在广州至澳门的内河流通时能获免税和减税的优惠。本来，这是可以谈判的事，但对居住在避暑山庄、一生喜欢用武力炫耀华夏威仪的乾隆来说却不存在任何谈判的可能。他给英国国王写了信，信的标题是《赐英吉利国王敕书》，信内对一切要求全部拒绝，说“天朝尺土俱归版籍，疆址森然，即使岛屿沙洲，亦必划界分疆各有专属”“从无外人等在北京城开设货行之事”“此与天朝体制不合，断不可行”，也许至今有人认为这几句话充满了爱国主义的凛然大义，与以后清廷签订的卖国条约不可同日而语，对此我实在不敢苟同。本来康熙早在 1684 年就已开放海禁，在广东、福建、浙江、江苏分设四个海关欢迎外商来贸易，过了七十多年乾隆反而关闭其他海关只许外商在广州贸易，外商在广州也有许多可笑的限制，例如不准学说中国话、买中国书，不许坐轿，更不许把妇女带来，等等。我们闭目就能想象朝廷对外国人的这些限制是出于何种心理规定出来的。康熙向传教士学西方自然科学，关系不错，而乾隆却把天主教给禁了。自高自大，无视外部世界，满脑天朝意识，这与以后的受辱挨打有着必然的逻辑联系。乾隆在避暑山庄训斥外国帝王的朗声言词，就连历史老人也会听得不太顺耳。这座园林，已孱杂进某种凶兆。

四

我在山庄松云峡细读乾隆写了六首诗的那座石碑时，在碑的西侧又读到他儿子嘉庆的一首。嘉庆即位后经过这里，读了父亲那些得意洋洋的诗后不禁长叹一声：父亲的诗真是深奥，而我这个做儿子的却实在觉得肩上的担子太重了！(“瞻题蕴精奥，守位重仔肩”)嘉庆为人比较懦弱宽厚，在父亲留下的这副担子前不知如何是好，他一生都在面对内忧外患，最后不明不白地死在避暑山庄。

道光皇帝继嘉庆之位时已四十来岁，没有什么才能，只知艰苦朴素，穿的裤子还打过补丁。这对一国元首来说可不是什么佳话。朝中大臣竞相摹仿，穿了破旧衣服上朝，一眼看去，这个朝廷已经没有多少气数了。父亲死在避暑山庄，畏怯的道光也就不愿意去那里了，让它空关了几十年，他有时想想也该像祖宗一样去打一次猎，打听能不能不经过避暑山庄就可以到“木兰围场”，回答说没有别的道路，他也就不去打猎了。像他这么个可怜巴巴的皇帝，似乎本来就与山庄和打猎没有缘分的，鸦片战争已经爆发，他忧愁的目光只能一直注视着南方。

避暑山庄一直关到 1860 年 9 月，突然接到命令，咸丰皇帝要来，赶快打扫。咸丰这次来时带的银两特别多，原来是来逃难的，英法联军正威胁着北京。咸丰这一来就不走了，东走走西看看，庆幸祖辈留下这么个好地方让他躲避。他在这里又批准了好几份丧权辱国的条约，但签约后还是不走，直到 1861 年 8 月 22 日死在这儿，差不多住了近一年。

咸丰一死，避暑山庄热闹了好些天，各种政治势力围着遗体进行着明明暗暗的较量。一场被历史学家称之为“辛酉政变”的行动方案在山庄的几间屋子里制定，然后，咸丰的棺木向北京启运了，刚继位的小皇帝也出发了，浩浩荡荡。避暑山庄的大门又一次紧紧地关住了，而就在这支浩浩荡荡的队伍中间，很快站出来一个二十七岁的青年女子，她将统治中国数十年。

她就是慈禧，离开了山庄后再也没有回来。不久又下了一道命令，说热河避暑山庄已经几十年不用，殿亭各宫多已倾圮，只是咸丰皇帝去时稍稍修治了一下，现在咸丰已逝，众人已走，“所有热河一切工程，著即停止。”

这个命令，与康熙不修长城的谕旨前后辉映。康熙的“长城”也终于倾坍了，荒草凄迷，暮鸦回翔，旧墙斑剥，霉苔处处，而大门却紧紧地关着。关住了那些宫殿房舍倒也罢了，还关住了那么些苍郁的山，那么些晶亮的水。在康熙看来，这儿就是他心目中的清代，但清代把它丢弃了，于是自己也就成了一个丧魂落魄的朝代。慈禧在北京修了一个颐和园，与避暑山庄对抗，塞外溯北的园林不会再有对抗的能力和兴趣，它似乎已属于另外一个时代。康熙连同他的园林一起失败了，败在一个没有读过什么书，没有建立过什么功业的女人手里。热河的雄风早已吹散，清朝从此阴气重重、劣迹斑斑。

当新的一个世纪来到的时候，一大群汉族知识分子向这个政权发出了毁灭性声讨，民族仇恨重新在心底燃起，三百年前抗清志士的事迹重新被发掘和播扬。避暑山庄，在这个时候是一个邪恶的象征，老老实实躲在远处，尽量不要叫人发现。

五

清朝的灭亡后，社会震荡，世事忙乱，人们也没有心思去品咂一下这次历史变更的苦涩厚味，匆匆忙忙赶路去了。直到 1927 年 6 月 1 日，大学者王国维先生在颐和园投水而死，才让全国的有心人肃然深思。

王国维先生的死因众说纷纭，我们且不管它，只知道这位汉族文化大师拖着清代的一条辫子，自尽在清代的皇家园林里，遗嘱为“五十之年，只欠一死；经此事变，义无再辱”。他不会不知道明末清初为汉族人是束发还是留辫之争曾发生过惊人的血案，他不会不知道刘宗周、黄宗羲、顾炎武这些大学者的慷慨行迹，他更不会不知道按照世界历史的进程，社会巨变乃属必然，但是他还是死了。我赞成陈寅恪先生的说法，王国维先生并不死于政治斗争、人事纠葛，或仅仅为清廷尽忠，而是死于一种文化：

凡一种文化值衰落之时，为此文化所化之人，必感苦痛，其表现此文化之程量愈宏，则其所受之苦痛亦愈甚；迨既达极深之度，殆非出于自杀无以求一己之心安而义尽也。(《王观堂先生挽词并序》)

王国维先生实在又无法把自己为之而死的文化与清廷分割开来。在他的书架里，《古今图书集成》《康熙字典》《四库全书》《红楼梦》《桃花扇》《长生殿》、乾嘉学派、纳兰性德等等都把两者连在一起了，于是对他来说衣冠举止，生态心态，也莫不两相混同。我们记得，在康熙手下，汉族高层知识分子经过剧烈的心理挣扎已开始与朝廷产生某种文化认同，没有想到的是，当康熙的政治事业和军事事业已经破败之后，文化认同竟还未消散。为此，宏才多学的王国维先生要以生命来祭奠它。他没有从心理挣扎中找到希望，死得可惜又死得必然。知识分子总是不同寻常，他们总要在政治军事的折腾之后表现出长久的文化韧性，文化变成了生命，只有靠生命来拥抱文化了，别无他途；明末以后是这样，清末以后也是这样。但清末又是整个中国封建制度的末尾，因此王国维先生祭奠的该是整个中国传统文化。清代只是他的落脚点。

王国维先生到颐和园这也还是第一次，是从一个同事处借了五元钱才去的，颐和园门票六角，死后口袋中尚余四元四角，他去不了承德，也推不开山庄紧闭的大门。

今天，我们面对着避暑山庄的清澈湖水，却不能不想起王国维先生的面容和身影。我轻轻地叹息一声，一个风云数百年的朝代，总是以一群强者英武的雄姿开头，而打下最后一个句点的，却常常是一些文质彬彬的凄怨灵魂。

【注释】

[1]选自《山居笔记》，文汇出版社 1998 年版。作者透过承德避暑山庄来写清朝，把承德避暑山庄看成了一个王朝的背影。作者描绘山庄北部的山岭像一张罗圈椅的椅背，“在这张罗圈椅上，休息过一个疲惫的王朝。”作者感叹历史在其局部乃至整体的呈现上，竟是经常以统治者个人的胸怀气度和人格魅力为转移。

【思考与练习】

1. 从本文中找出精彩凝练的语句，体会作者的感情色彩与写作风格。
2. 如何看待著名文人王国维先生的死？
3. 清王朝的兴亡留下哪些让人回味的问题？

单元知识　汉字的来源——汉字造字法

一、象形字和指事字

汉字造字方法有象形、指事、会意、形声。

1. 象形字

(1)什么是象形字

象形字是描摹实物形状的。象形字都必须有实物形状，没有实物形状的不是象形字。

(2)象形字的特点

①像那个所表达的物体外形，能表现物体的外形特点，所谓“山有山形水有水貌”。

②大部分是独体字。

③只能表示具体事物，不能表示抽象事物，因为抽象事物无法画出来。

④本义都是名词，表示事物的名称。

(3)象形字的类型

象形字大体可分为三种类型：

①画实物的全体

创造这类象形字时一般是画物体的轮廓或骨架。

描摹自然景物的如日、月、山、川、水、气、雨、京、高、兀、凸、凹、阜(没有石头的高地)。

表现动物的如鱼、马、鸟、虎、虫、鹿、兔、象、燕、龟、蛇、黾(青蛙)、燕、蟒、卵、犬、豕、豸。

表现各种器物的如壶、几、衣、刀、豆、斗、网、门、舟、车、戈、斤(斧子)、角、火、井、矛、弓、瓦、厶、幺、糸、系、玄、丝、索、册、互、舍。

表现人的如人、大、女、尸。

表现人体器官的如目、耳、心、口、面、爪、手、而(胡须)、自(鼻的古字)。

表现植物的如木、禾、韭、草。

②画物体的局部

创造这类象形字时，为了简便，也为了和其他字相区别，就只抓住物体最有特征的部分进行描画，以局部代全体。如羊、牛、又(本义是右手)。

③连带有关的物体一起画出

有些物体的形状很难单独画出来或者画出来也容易与其他字混淆，所以创造这类象形字时，需要把有关的事物一起画出来。这类字也称为复杂象形字。如瓜、州、果、束、身、眉、天、牢、家、时、桑、窗、向。《说文解字》中象形字有 264 个，约占 4%。

2. 指事字

(1)指事字的含义

①指事字是针对不能用实物表示的意思的表达方法。指事字表现的都是比较抽象的概念，但人们凭直觉就能认识。如上、下，画一条平线，点在上面的是“上”字，点在下面的是“下”字；母，画一个女人，特别指明她的两乳。

②指事字一般是象形与指事相结合。如刀是象形字，上边加一点就是“刃”。

(2)指事字的类型

指事字大体有两种类型：

①纯粹是表示意义的符号。如一、二、三，这些字不表示具体像什么，只表示抽象的数字概念。但它们也是借助象形而形成的。

②在象形字上增加一个指事符号。例如，“、”和“—”而造成的，如母、刃、本、末、叉、内、旦、早、曰、甘、串、夭、交、太、八、哭、笑、斥。在《说文解字》中这类字有 129 个，约占 1.1%。

二、会意字

1. 会意字的含义

会意字就是把两个或两个以上的独体汉字组合在一起，使人悟出一个新的意义。“形神兼备”的会意字具有很强的意会性。例如，明，就把太阳和月亮放在一起；休，是人靠在树旁；采，是一只手心朝下的手放在树上；射，是把箭放在弓上。

2. 会意字的类型

会意字有两大类型：

(1)同体会意字

几个偏旁是同一个字。按偏旁的组合形式可分为四类：

①并列式。一般是两体结构。如林、从、比、北、赫、珏、棘。

②重叠式。一般也是两体结构。如友、炎、多、哥、步、爻、棗(枣)、圭。

③品字式。只限于三体结构。如众、卉、品、晶、森、焱、淼、磊、轰、矗、犇、羴(shān)、麤(cū)、垚(yáo)、骉(biāo)猋(biāo)。

④并列重叠式。只限四体结构，这类字很少。如燚(yì)。

(2) 异体会意字

根据不同的会意方法大体可分为四类：

①图形会意式

这类字是由图像性很强的象形字组合而成的，可以通过几个偏旁之间的图画性关系使人悟出字的意思。例如，寇，像一个人手持武器在房子里打人；焚，像火烧林木；相，用眼睛看树木；析，用斧子砍木头；家，房子里有猪，猪的生育能力强，象征人丁兴旺；拿，合起手表示拿东西；耍，用胡子挑逗女性。其他的如取、及、丞(人落井被救上来)、牧、宿、伐、包、尾、夹、男、掰、拾、友、及(一只手抓住前边的人)、支(手拿竹竿)、有(手拿一块肉)。

②意象会意式

通过偏旁字义之间的相互关系产生某种意象，从而领会字的意义。例如，尖，上小下大的形象使人悟出字义；忐忑，一个人的心在上上下下地跳动，其字义是表示人的心情极度不安；卡，不上不下卡住了；掰，用两手分开。

③偏旁字义连接会意式

这类字是偏旁字义连接起来得出的。例如，奄，字义为大耳；嵩，字义是山高；籴，字义是买米；粜，字义是卖米；俩，字义是两个人。其他如美、羊(大)、孬(不好)、觅(不见)、拿(合手楞四方木)、好(女有子为好)、夯、劣、里、埋、墨、雀、蚕、睡、烛、峪、岩、炭、艳、帛、跌。

④指事性会意式

这类字是以表示整个人或动物的象形字为基础添加表示身体某一器官的字组成。如见、鸣、吠、臭、信、咩。其他甩(把用完的东西扔掉)、片(“木”的一半)、叵(“可”的反写，义为“不可”)。

3. 会意字的特点

会意字是必须是由象形字组成的。象形字大都表现具体的实在的客观事物，属于名词。有一则笑话形象地说明了会意字的特点：有个秀才，家里一贫如洗，他思来想去找不出原因。一天他看着院中一棵槐树似有所悟：“四四方方一个院子里面长着一棵树，这不是困难的‘困’字吗？难怪我这样贫困潦倒。”他叫来儿子要他赶快把树砍了。儿子看那棵树根深叶茂不忍心砍掉，却又拗不过父亲。当他举起斧头要砍时，忽然心生一计，赶忙对父亲说：“砍了树我们人还在院子里不成了囚犯的‘囚’字吗？那就更不吉利了。”“困”和“囚”都是会意字，“困”由“口”和“木”两个象形偏旁组成，“口”是围墙，“木”是树。整个字表示树木被围墙包围着不得伸展，后来引申为穷困、困难等。“囚”表示人被拘禁在围墙里。

在《说文解字》中会意字共有1254个，约占12.4%。直到近现代，会意法造字还在使用，如尘、甭、歪、泪、灶、体、灭、触、礼、从、宝、孙、画等就是近现代新造的会意字。

三、形声字

1. 形声字的含义

形声字是在象形字、指事字、会意字的基础上产生的。形声字一定是合体字，由“形旁”（现代汉字叫“意符”）和“声旁”（现代汉字叫“音符”）组成。形旁有着表意功能，多数是表示事物所属类别，声旁是读音。如桐左边的“木”是形旁，表示“桐”是树木；右边的“同”是声旁，表示“桐”字的读音。象形字、指事字、会意字都不带表音成分，声旁是形声字的标志，“声在何方”是分析形声字的要诀。

2. 形声字的类型

形声字按形旁和声旁的组合结构可分为八种类型：形左声右——桐、湖；形右声左——功、鸠；形上声下——笙、蕉；形下声上——裳、想；形外声内——园、裹；形内声外——闷、辩；形旁占一角——疆、载、岛；声旁占一角——旗、病、房。

3. 形声字的特点

形声字不论形旁或声旁都是从前三种类型的汉字演变来的，具有以下特点：

（1）具有同一形旁的形声字在意义上（不包括假借义）都有不同程度的联系。

（2）具有同一声旁的形声字在读音上都相同、相近或相关。

①读音相同的字有的在意义上完全不相干甚至相反，但也有不少同音字意义是互相关联的，即所谓“同音同意音近意联”。如伟、危、桅、巍都有“长、高”的意思，古汉语中“危”也是高耸的意思；枝、肢、指、趾都有“枝杈”的意思；裕、馀、腴都有“多”的意思。

②同一声旁的形声字意义也有联系，它们的意义同声旁相关。如蔓、漫、慢、墁、馒、鳗都有“长”的意思。

（3）就某一个形声字来说，它的形旁和声旁的位置是相对固定的，如果任意调换位置就会成为另一个字或者造成错字。如吟和含，晖和晕，纹和紊，忡和忠，怡和怠，叨和召，旭、旮和旯。

（4）形声字字形的演变——省形省声。形声字的形旁和声旁都由现成的字组成，有的形声字造出来以后或形体过大或结构不平衡、不合理，于是人们就把形旁或声旁的一部分省略掉。这就是所谓“省形”“省声”。省形的如：星，原来形旁为“晶”，被省略为“日”；晨，形旁“日”也是“晶”的省略；亭，形旁是“高”的省略。省声的如：疫，声旁是“役”的省略；炊，声旁是“吹”的省略；徽，声旁是“微”的省略。省形和省声一般是以基本不影响表义表音为原则。

四、练习题

1. 选择题

（1）选出全是形声字的一组。（　　）

A. 怒、警、氛、休、贡、骑　　B. 郊、游、扉、传、束、爸

C. 闻、故、铜、火、鸣、妈　　D. 芳、芬、恐、阀、歪、劲

(2)选出全是会意字的一组(　　)。

A. 休、手、血、寸　　B. 笔、杨、刃、户

C. 尘、从、苗、牧　　D. 耳、北、河、中

(3)从造字法角度看，下列说法完全正确的一项是(　　)。

A.“人、目、采、衣”是独体字　　B.“休、晶、江、火”是合体字

C.“材、攻、芳、旗”是形声字　　D.“炙、射、步、月”是会意字

(4)下列汉字属于形声字的一组是(　　)。

A. 相、尘、峰、界　　B. 歌、杆、田、菜

C. 瞪、剁、露、袋　　D. 苗、供、旷、河

(5)下列全是象形字的一组是(　　)。

A. 川、马、上、伐　　B. 炙、摸、战、甘

C. 虫、巾、舟、禾　　D. 旦、盲、瓦、心

(6)下列各组中全是会意字的一组是(　　)。

A. 且、甜、焚、亦　　B. 鸣、囚、坐、炎

C. 尾、灾、岗、删　　D. 泉、闲、间、阁

(7)下列各组全是指示字的一组是(　　)。

A. 上、本、曰、十　　B. 七、羽、木、井

C. 下、末、弓、面　　D. 朱、刀、丁、丹

(8)下列各组全是形声字的一组是(　　)。

A. 灭、众、册、灸　　B. 爸、晨、理、娶

C. 腾、寞、眠、鼓　　D. 利、财、街、行

(9)下列选项中全是形声字的一组是(　　)。

A. 街、战、肌、郊　　B. 林、琳、问、爬

C. 舟、上、江、妈　　D. 面、父、雨、铃

(10)下列选项中全是形声字的一组是(　　)。

A. 乎、鸣、囚、园　　B. 理、抱、溜、爸

C. 眉、雨、焊、溢　　D. 困、间、闻、推

(11)下列选项中全都不是形声字的一组是(　　)。

A. 暇、梨、男、牵　　B. 网、牢、铜、房

C. 苗、晶、甜、井　　D. 草、案、河、拼

(12)下列选项中有两个会意字的是(　　)。

A. 戍、戌、孙、娶　　B. 步、村、桦、徨

C. 矿、削、鹉、景　　D. 尘、相、彩、茵

(13) 下列选项中全是形声字的一组是(　　)。

A. 库、伐、本、浩　　B. 锤、磊、炎、弓

C. 册、删、扭、拧　　D. 访、盛、唤、莲

(14) 下列选项中全是会意字的是(　　)。

A. 炎、露、氧、目　　B. 竹、焚、汗、沙

C. 弄、贫、卉、明　　D. 甜、戈、晾、拎

(15) 下列选项中有两个指示字的是(　　)。

A. 寸、母、拜、庭　　B. 中、三、车、采

C. 米、井、幕、忿　　D. 廿、山、舞、闲

(16) 下列选项中有两个会意字的是(　　)。

A. 奋、美、鼎、航　　B. 抗、桑、牢、财

C. 买、卖、年、死　　D. 控、灾、戒、安

(17) 下列选项中造字法全都不同的是(　　)。

A. 垄、眉、刃、田　　B. 炙、扇、摸、赠

C. 途、炖、故、弹　　D. 宫、马、火、狼

(18) 下列选项中有两个会意字的是(　　)。

A. 草、围、露、疤　　B. 莽、苍、祥、尖

C. 明、牛、水、极　　D. 尘、俏、漂、涨

2. 辨别下列造字法

毛、燕、竹、甘、出、武、采、材、闻、颖、五、晶、朱、毙、瓜、气、步、尾、衷、戮、肱、羊、水、果、舞、美、子、车、驭、看、好、初、男、取、江、河、柏、按、集、贝、日、田、雨、四、九、管、攻、吠、解、磊、女、人

象形字：

指示字：

会意字：

形声字：

第二单元　立身养德

导语

“以德立身，以能立足。”德是立身之基，能是立身之本，无德无立身，无能无以立足。所以，每个人都要学会求知．学会做事．学会共处和学会做人。

以学立德，以俭养德，以廉立身。英国著名哲学家培根曾说：“读书足以怡情，足以博彩，足以长才。”我国北宋史学家欧阳修说：“立身以立学为先，立学以读书为本。”读书使人开茅塞，除鄙见，得新知，养性灵。

俭以养德，以静修身。“俭，德之共也；侈，恶之大也。”勤俭，是一种操守、一种品行，是一种素养、一种美德。纵览古今，成由勤俭败由奢。俭可以养德，可以助人成就事业，人只有在勤奋的工作和俭朴的生活中，才能滋养人的品德，反之，奢靡则会败德，会使人滑向罪恶的深渊。

“清如秋菊何妨瘦，廉如梅花不畏寒。”

立德、立身、立人！三者有紧密的逻辑关系，立身先立德。立德，立功，立言，是中国人所追求的“三不朽”。这是春秋时期鲁国人叔孙豹提出来的，他说：“太上有立德，其次有立功，其次有立言，虽久不废，此之谓不朽。”把“立德”摆在“太上”也就是最高的位置上，就因为德为人之所以在这个社会上安身立命的根本，无德则无本，人无本则身败，国无德则国衰。“立身一败，万事瓦裂。身残家破，为世大僇。”立德为人，人有德乃立，无德便无本。有德之人以善为本，有德之人有所为，有所不为，无德之人无所不为。因而一个人有良好的道德品质是在社会生活中的立身之本，事业有成之根基。有了道德修养，有了工作与事业，才能为国家、社会、家庭作贡献，才能成为社会需要的“人”，才能实现自身的人生价值，最终收获成功的人生。

为弘扬立身养德的精神品质，本单元将学习《张衡传》《谏太宗十思疏》《报任安书》《富有的是精神》《获得教养的途径》《热爱生命》等6篇课文，用古今名人名著名篇，化以榜样的力量，摆事实讲道理说方法，加深对“立身养德”的理解。

立德、立身、立人！做一个光明磊落的人，做一个大写大气的人！

张衡传[1]

范 晔

【课文导读】

《张衡传》为传统名篇，是一篇精彩的人物传记，作者范晔(398—445年)。张衡(78—139年)，字平子。中国东汉科学家、文学家、政治家。河南南阳西鄂(今河南南阳)人。出身望族，汉安帝永初五年(111年)在洛阳任郎中，元初元年(114年)迁升尚书侍郎。元初二年(115年)起，曾两度担任太史令，前后共14年。本文以时间为叙事线索，描述了张衡在科学、政治、文学等领域的诸多才能。张衡，字平子，南阳郡西鄂县人。张衡年轻时就擅长写文章，曾到“三辅”一带游学，趁机进了洛阳，在太学学习，通晓五经，贯通六艺，虽然才华比一般人高，但并不因此而骄傲自大。

传：传记，记叙的内容是一个人的生平事迹。传记要突出传的特点，除了介绍人物姓名．籍贯外，还必须选择人物一生中最具代表性的事件，叙述其为人及对社会的影响。传记基本特点：翔实而典型的文字记录和朴实而形象的文学色彩。

传记种类：自传、传、小传、评传、别传、外传等。本文属评传(既记叙人物事迹，有评介与探讨人物思想状况．所处时代背景、思想发展过程和对人类的贡献)。

二十四史正史之一，到唐代，范晔《后汉书》取代《东观汉记》，与《史记》《汉书》并称“三史”，盛行于世。后世将其与《史记》《汉书》《三国志》合称“前四史”。

全书主要记述了上起东汉的汉光武帝建武元年(25年)，下至汉献帝建安二十五年(220年)，共195年的史事。《后汉书》纪十卷和列传八十卷的作者是范晔，章怀太子李贤注，此书综合当时流传的七部后汉史料，并参考袁宏所著的《后汉纪》，简明周详，叙事生动，故取代以前各家的后汉史。北宋时，有人把晋朝司马彪《续汉书》志三十卷，刘昭注，与之合刊，成今天《后汉书》。

范晔(398—445年)，南朝宋史学家，字蔚宗，顺阳(今河南南阳淅川县)人。官至左卫将军，太子詹事。宋文帝元嘉九年(432年)，范晔因为“左迁宣城太守，不得志，乃删众家《后汉书》为一家之作”，开始撰写《后汉书》，至元嘉二十二年(445年)以谋反罪被杀止，写成了十纪，八十列传。原计划作的十志，未及完成。今本《后汉书》中的八志三十卷，是南朝梁刘昭从司马彪的《续汉书》中抽出来补进去的。

南朝刘宋时代，范晔始出仕，历任宋武帝相国掾．彭城王刘义康府冠军参军转右军参军，出为荆州别驾从事史，寻召为秘书丞。宋文帝元嘉五年(428年)，父范泰去世，去官守制。后出为征南大将军檀道济司马，领新蔡太守，迁为司徒从事中郎，不久，又升迁为吏部尚书郎。可谓官运亨通。

范晔一生狂狷不羁，意志颇不满于朝廷，晚年终于发作到了顶点，加入了彭城王谋反阵营。元嘉二十二年(445年)十一月，同党徐湛之上表首告，供出了所有谋反同党及往来檄书信札，谋反失败。不久，范晔等被处死，连坐从诛的还有其弟广渊、其子范蔼等。

张衡字平子，南阳西鄂[2]人也。衡少善属[3]文，游于三辅[4]，因入京师[5]，观太学[6]，遂[7]通[8]五经[9]，贯[10]六艺[11]。虽才高于世[12]，而无骄尚之情[13]。常从容淡静[14]，不好交接俗人。永元中[15]，举孝廉不行，连辟公府不就[16]。时天下承平日久[17]，自王侯[18]以下，莫[19]不逾侈[20]。衡乃[21]拟[22]班固[23]《两都》[24]作《二京赋》[25]，因[26]以[27]讽谏[28]。精思傅会[29]，十年乃[30]成。大将军邓骘[31]奇其才[32]，累召不应[33]。

衡善机巧[34]，尤致思[35]于[36]天文阴阳[37]历算[38]。安帝雅闻[39]衡善术学[40]，公车[41]特征拜[42]郎中[43]，再迁[44]为太史令[45]。遂乃[46]研核[47]阴阳[48]，妙尽[49]璇机[50]之正[51]，作浑天仪[52]，著《灵宪》[53]、《算罔论》[54]，言甚详明[55]。

顺帝初，再转[56]，复[57]为太史令。衡不慕当世[58]，所居之官辄[59]积年不徙[60]。自[61]去史职，五载复还。

阳嘉[62]元年，复造候风地动仪[63]。以[64]精铜铸成，员径八尺[65]，合盖隆起[66]，形似酒尊[67]，饰[68]以[69]篆文山龟鸟兽之形。中有都柱[70]，傍行八道，施关发机[71]。外有八龙，首衔铜丸[72]，下[73]有蟾蜍，张口承之。其牙机巧制[74]，皆隐在尊中[75]，覆盖周密无际[76]。如有地动[77]，尊则振龙，机发[78]吐丸，而[79]蟾蜍衔之。振声激扬，伺者因此觉知[80]。虽一龙发机[81]，而七首[82]不动，寻其方面，乃知震之所在。验之以事[83]，合契若神。自[84]书典所记，未之有也。尝一龙机发而地不觉动，京师学者咸怪其无征[85]。后数日驿[86]至[87]，果[88]地震陇西[89]，于是皆服其妙[90]。自此以后，乃[91]令史官记地动[92]所从方起[93]。

时政事渐损[94]，权移于下，衡因[95]上疏陈事。后迁[96]侍中，帝引在帷幄[97]，讽议[98]左右[99]。尝问天下所疾恶者[100]。宦官惧其毁己，皆共目之[101]，衡乃诡对[102]而出。阉竖[103]恐终为其患，遂共谗[104]之。衡常思图身之事[105]，以为吉凶倚伏[106]，幽微难明[107]。乃作《思玄赋》以宣寄情志[108]。

永和[109]初，出为河间相。时国王骄奢，不遵典宪[110]；又多豪右[111]，共为不轨[112]。衡下车[113]，治威严[114]，整法度[115]，阴知[116]奸党名姓，一时收禽，上下肃然[117]，称为政理[118]。视事[119]三年，上书乞骸骨[120]，征拜尚书[121]。年六十二，永和四年卒[122]。

【注释】

[1]选自《后汉书·张衡传》，中华书局1965版。范晔，字蔚宗，南朝宋顺阳(在今河南淅川东)人，历史学家。

[2]南阳西鄂：南阳郡的西鄂县，在今河南南阳。

[3]属(zhǔ)文：写文章。属：连缀。

[4]游于三辅：在三辅一带游学。游：游历，游学，指考察、学习。

[5]京师：指东汉首都洛阳(今河南省洛阳市)。

[6]太学：古代设在京城的全国最高学府，西汉武帝开始设立。

[7]遂：于是。

[8]通：通晓，全面透彻地理解。

[9]五经：《诗》(诗经)、《书》(尚书)、《礼》(礼记)、《易》(易经)、《春秋》五部经书。

[10]贯：贯通，与“通”为近义词。

[11]六艺：指礼、乐、射、御、书、数六种学问和技艺。

[12]高于世：比世上的人高明。于：比。

[13]骄尚之情：骄傲自大的情绪。尚：矜夸自大。

[14]从容：从容稳重，不急躁。淡静：恬淡宁静，不追慕名利。

[15]永元：东汉和帝刘肇的年号(89—105年)。

[16]连：屡次。辟：(被)召请(去做官)。公府：三公的官署，东汉以太尉、司徒、司空为三公。不就：不去就职。以上几句的主语为“衡”，承前省略。

[17]时：当时。承平：太平，指国家持续地太平安定。日久：时间长。

[18]王侯：封王封侯的达官贵族。

[19]莫：无指代词，表示“没有谁”的意思。

[20]逾侈：过度奢侈。

[21]乃：于是，就。

[22]拟：模仿。

[23]班固：32—92年，字孟坚，东汉著名的史学家和文学家。

[24]《两都》：指《两都赋》，分《西都赋》《东都赋》。

[25]《二京赋》：指《西京赋》《东京赋》。

[26]因：介词，通过。后省宾语“之”。

[27]以：连词。

[28]讽谏：用委婉的语言进行规劝而不直言其事。

[29]精思傅会：精心创作的意思。

[30]乃：才。

[31]邓骘(zhì)：东汉和帝邓皇后的哥哥，立安帝，以大将军的身份辅佐安帝管理政事。

[32]奇其才：认为他的才能出众。奇：认为……奇，形容词的意动用法。

[33]累召：多次召请。应：接受。

[34]机巧：设计制造机械的技艺。巧：技巧、技艺。

[35]致思：极力钻研。致：极，尽。

[36]于：对于，介宾短语后置，译时提前作状语。

[37]阴阳：指日月运行规律。

[38]历算：指推算年月日和节气。

[39]雅闻：常听说。雅：副词，素来，常。

[40]术学：关于术数方面的学问，指天文、历算等。

[41]公车：汉代官署名称，设公车令。

[42]征拜：对有特殊才德的人指名征召，为与平常的乡举里选相区别，故称征拜。拜：任命，授给官职。

[43]郎中：官名。

[44]再迁：再，两次。迁：调动官职。

[45]太史令：东汉时掌管天文、历数的官(西汉以前太史令掌管天象历法兼有修史之责)。

[46]遂乃：于是就。

[47]研核：研究考验。

[48]阴阳：哲学名词，指两种对立的事物，如日月、寒暑等，这里指天象、历算。

[49]妙尽：精妙地研究透了。

[50]璇玑：玉饰的测天仪器。

[51]正：道理。

[52]浑天仪：一种用来表示天象的仪器，类似天球仪。

[53]《灵宪》：一部历法书。

[54]《算罔》：一部算术书。

[55]详明：详悉明确。

[56]再转：两次调动官职。第一次由太史令调任公车司马令，第二次由公车司马令调任太史令。

[57]复：又。

[58]当世：指权臣大官。

[59]辄：常常，总是。

[60]积年：多年。徙：指调动官职。

[61]自：自从，表时间。

[62]阳嘉：东汉顺帝刘保的年号(132—135 年)。

[63]候风地动仪：测验地震的仪器。也有人说，这是两种仪器，一是测验风向的候风仪，一是测验地震的地动仪。

[64]以：用。

[65]员径：圆的直径。员：通“圆”。

[66]合盖隆起：上下两部分相合盖住，中央凸起。隆：高。

[67]尊：通“樽”，古代盛酒器。

[68]饰：装饰。“饰”后省宾语“之”，“之”代候风地动仪。

[69]以：用。据研究，候风地动仪外部八方书写不同的篆文以表明方位，脚部装饰山

形，东南西北分别绘画代表四方的龙、朱雀、虎、玄武(龟蛇)。

[70]中有都柱，傍行八道：都柱：大铜柱。都，大。“傍”，同“旁”，旁边。

[71]施关发机：设置关键(用来)拨动机件，意思是每组杠杆都装上关键，关键可以拨动机件(指下句所说的“龙”)。

[72]龙：指龙形的机件。首：头。

[73]下：指龙首下面。

[74]牙机巧制：互相咬合制作精巧的部件。

[75]尊中：酒樽形的仪器里面。

[76]覆盖周密无际：指仪器盖子与樽形仪器相接处没有缝隙。

[77]地动：地震。则：就。振：振动。

[78]机发：机件拨动。

[79]而：顺承连词，不必译出。

[80]激扬：这里指声音响亮。伺者：守候观察候风地动仪的人。

[81]发机：拨动了机件。

[82]七首：指其余七龙之首。龙、首，互文，都指龙首。

[83]验：检验，验证。

[84]自：在，可译为“在……中”。

[85]尝：曾经，曾有一次。而：可是。无征：没有应验。

[86]驿：驿使，古时驿站上传递文书的人。

[87]至：指来到京师。

[88]果：果然。

[89]陇西：汉朝郡名，在今甘肃省兰州市、临洮县、陇西县一带。“陇西”前省介词“于”(在)。

[90]其：它，代候风地动仪。妙：巧妙，神奇。

[91]乃：便。

[92]地动：地震。

[93]所从方起：从哪个方位发生。

[94]时：当时。损：腐败。

[95]因：于是。

[96]迁：升迁。

[97]帷幄：指帝王。天子居处必设帷幄，故称。

[98]讽议：讽谏议论，婉转地发表议论。

[99]左右：身边。

[100]尝：曾经。疾：憎恨。恶：指坏人坏事。

[101]目之：给他递眼色。目：名词活用为动词。

[102]诡对：不用实话对答。

[103]阉竖：对宦官的蔑称。
[104]谗：毁谤。
[105]图身之事：图谋自身安全的事。
[106]吉凶倚伏：祸福相因。出自《老子》：祸兮福所倚，福兮祸所伏。
[107]幽微难明：幽深微妙，难以看清。
[108]乃：于是，就。宣寄情志：表达和寄托自己的情意。
[109]永和：也是东汉顺帝的年号(136—141 年)。
[110]时国王骄奢，不遵典宪：时，当时。国王，即河间王刘政。典宪，制度法令。
[111]豪右：豪族大户，指权势盛大的家族。
[112]不轨：指行动越出常轨的事，即违反法纪的事。
[113]下车：官员初到任。
[114]治威严：树立威信。治：整治。
[115]整法度：整顿法纪制度。
[116]阴知：暗中察知。
[117]肃然：这里是敬畏恭顺不敢为非作歹的意思。
[118]政理：政治清明。
[119]视事：这里指官员到职工作。
[120]乞骸(hái)骨：古代官吏因年老请求退职的一种说法。
[121]征拜：征召任命。尚书：官名，不同朝代的尚书职权不一样，东汉时是在宫廷中协助皇帝处理政务的官。
[122]卒(zú)：死。

【思考与练习】

1. 张衡的高尚品德和杰出才能表现在什么地方？
2. 人物传记的写作有何特点？在本文有何体现？
3. 本文在写作方法上的特点是什么？
4. 这篇文章是从哪几个方面来写张衡的？文章的记叙重点是什么？

谏太宗十思疏[1]

魏　征

【课文导读】

《谏太宗十思疏》是魏徵于贞观十一年(637 年)写给唐太宗的奏章，意在劝谏太宗居安思危，戒奢以俭，积其德义。太宗，即李世民，唐朝第二个皇帝，是中国历史上最有成就的开明君主之一，在他的统治时期，出现了安定富强的政治局面，史称“贞观之治”。“十思”是奏章的主要内容，即十条值得深思的情况。“疏”即“奏疏”，是古代臣下向君主议事进言的一种文体，属于议论文。

唐太宗李世民跟随其父亲李渊反隋时作战勇敢，生活俭朴，颇有作为。公元 627 年李世民即位，改元贞观。在贞观初年，他借鉴隋炀帝覆亡的教训，进一步保持了节俭、谨慎的作风，实行了不少有利于国计民生的政策。经过十几年的治理，经济得到发展，百姓生活也富裕起来，加上边防巩固，内外无事，唐太宗逐渐骄奢忘本，大修庙宇宫殿，广求珍宝，四处巡游，劳民伤财。魏征对此极为忧虑，他清醒地看到了繁荣昌盛的后面隐藏着危机，在贞观十一年(637 年)的三月到七月，“频上四疏，以陈得失”，《谏太宗十思疏》就是其中第二疏，因此也称“论时政第二疏”。唐太宗看了猛然警醒，写了《答魏征手诏》，表示从谏改过。这篇文章被太宗置于案头，奉为座右铭。贞观十三年(639 年)，魏征又上《十渐不克终疏》，直指太宗十个方面行为不如初期谨慎，被太宗书于屏风之上。

魏征(580—643 年)，字玄成，巨鹿曲阳人，唐朝政治家、思想家、文学家和史学家，因直言进谏，辅佐唐太宗共同创建“贞观之治”的大业，被后人称为“一代名相”。著有《隋书》序论，《梁书》《陈书》《齐书》的总论等，其言论多见《贞观政要》。其中最著名并流传下来的是谏文表《谏太宗十思疏》。贞观十七年(643 年)，魏征病死。官至光禄大夫，封郑国公，谥号“文贞”。同年入凌烟阁。魏征陵墓位于陕西省礼泉县。

臣闻求木之长[2]者，必固其根本[3]；欲流之远者，必浚[4]其泉源；思国之安者，必积其德义。源不深而岂望流之远，根不固而何求木之长。德不厚而思国之治，虽在下愚[5]，知其不可，而况于明哲[6]乎！人君当神器之重[7]，居域中[8]之大，将崇极天之峻，永保无疆之休[9]。不念居安思危，戒奢以俭，德不处其厚，情不胜其欲，斯亦伐根以求木茂，塞源而欲流长者也。

凡百元首[10]，承天景命[11]，莫不殷忧[12]而道著，功成而德衰。有善始者实[13]繁，能克终者盖寡[14]，岂其取之易而守之难乎？昔取之而有余，今守之而不足，何也？夫在殷忧，必竭诚以待下，既得志则纵情以傲物[15]。竭诚则吴越为一体[16]，傲物则骨肉为行路[17]。虽董[18]之以严刑，振[19]之以威怒，终苟免而不怀仁[20]，貌恭而不心服。怨不在大[21]，可畏惟人[22]；载舟覆舟[23]，所宜深慎。奔车朽索，其可忽乎？

君人者，诚能见可欲[24]则思知足以自戒，将有所作[25]则思知止以安人[26]，念高危[27]则思谦冲而自牧[28]，惧满溢则思江海下而百川[29]，乐盘游[30]则思三驱[31]以为度，忧懈怠则思慎始而敬终[32]，虑壅蔽[33]则思虚心以纳下，想谗邪[34]则思正身以黜恶[35]，恩所加则思无因喜以谬赏，罚所及则思无以怒而滥刑。总此十思，宏兹九德[36]，简[37]能而任之，择善而从之。则智者尽其谋，勇者竭其力，仁者播其惠，信者效[38]其忠。文武争驰，君臣无事，可以尽豫游之乐，可以养松乔[39]之寿，鸣琴垂拱[40]，不言而化。何必劳神苦思，代下司职，役聪明之耳目，亏无为[41]之大道哉！

【注释】

[1]节选自关永礼编著《古文观止·续古文观止鉴赏辞典》，上海同济大学出版社1990年版。

[2]长(zhǎng)：生长。

[3]固其根本：使它的根本牢固。本：树根。

[4]浚(jùn)：疏通，挖深。

[5]在下愚：处于地位低见识浅的人。

[6]明哲：聪明睿智(的人)。

[7]当神器之重：处于皇帝的重要位置。神器：指帝位。古时认为“君权神授”，所以称帝位为“神器”。

[8]域中：指天地之间。

[9]休：美，这里指政权的平和美好。

[10]凡百元首：所有的元首，泛指古代的帝王。

[11]承天景命：承受了上天赋予的重大使命。景：大。

[12]殷忧：深忧。

[13]实：的确。

[14]克终者盖寡：能够坚持到底的大概不多。克：能。盖：表推测语气。

[15]傲物：傲视别人。物：这里指人。

[16]吴越为一体：(只要彼此竭诚相待)虽然一在北方，一在南方，也能结成一家。吴：指北方。越：指南方。

[17]骨肉为行路：亲骨肉之间也会变得像陌生人一样。骨肉：有血缘关系的人。行路：路人，比喻毫无关系的人。

[18]董：督责。

[19]振：通“震”，震慑。

[20]苟免而不怀仁：(臣民)只求苟且免于刑罚而不怀念感激国君的仁德。

[21]怨不在大：(臣民)对国君的怨恨不在大小。

[22]可畏惟人：可怕的只是百姓。人：本应写作“民”，因避皇上李世民之名讳而写作“人”。

[23]载舟覆舟：这里比喻百姓能拥戴皇帝，也能推翻他的统治。出自《荀子·王制》：“君者，舟也；庶人者，水也。水则载舟，水则覆舟。”

[24]见可欲：见到能引起(自己)喜好的东西。出自《老子》第三章“不见可欲，使民心不乱”。下文的“知足”“知止”(知道适可而止)，出自《老子》第四十四章“知足不辱”“知止不殆”。

[25]将有所作：将要兴建某建筑物。作：兴作，建筑。

[26]安人：安民，使百姓安宁。

[27]念高危：想到帝位高高在上。危：高。

[28]则思谦冲而自牧：就想到要谦虚并加强自我修养。冲：虚。牧：约束。

[29]江海下而百川：江海处于众多河流的下游。下：居……之下。

[30]盘游：打猎取乐。

[31]三驱：据说古代圣贤之君在打猎布网时只拦住三面而有意网开一面，从而体现圣人的“好生之仁”。另一种解释为田猎活动以一年三次为度。

[32]敬终：谨慎地把事情做完。

[33]虑壅(yōng)蔽：担心(言路)不通受蒙蔽。壅：堵塞。

[34]想谗邪：考虑到(朝中可能会出现)谗佞奸邪。谗：说人坏话，造谣中伤。邪：不正派。

[35]正身以黜(chù)恶：使自身端正(才能)罢黜奸邪。黜：排斥，罢免。

[36]宏兹九德：弘扬这九种美德。九德：指忠、信、敬、刚、柔、和、固、贞、顺。

[37]简：选拔。

[38]效：献出。

[39]松乔：赤松子和王子乔，古代传说中的仙人。

[40]垂拱：垂衣拱手，比喻很轻易地天下就实现大治了。

[41]无为：道家主张清静虚无，顺其自然。

【思考与练习】

本文的写作特点是什么？有些什么特别的文言文现象？请举例。

报任安书[1]

司马迁

【课文导读】

司马迁(公元前145—前90年)，字子长，夏阳(今陕西韩城南)人，一说龙门(今山西河津)人。中国西汉伟大的史学家、文学家、思想家。司马谈之子，任太史令，因替李陵败降之事辩解而受宫刑，后任中书令。发奋继续完成所著史籍，被后世尊称为史迁、太史公、历史之父。

司马迁早年受学于孔安国、董仲舒，漫游各地，了解风俗，采集传闻。初任郎中，奉使西南。元封三年(前108年)任太史令，继承父业，著述历史。他以其“究天人之际，通古今之变，成一家之言”的史识创作了中国第一部纪传体通史《史记》(原名《太史公书》)。该书被公认为是中国史书的典范，记载了从上古传说中的黄帝时期，到汉武帝元狩元年，长达3000多年的历史，为“二十六史”之首，被鲁迅誉为“史家之绝唱，无韵之离骚”。

《报任安书》是司马迁写给其友人任安的一封回信。司马迁以激愤的心情，陈述了自己的不幸遭遇，抒发了内心的痛苦，说明因为《史记》未完，他决心放下个人得失，相比“死节”之士，体现出一种进步的生死观。行文大量运用典故，用排比的句式一气呵成，对偶、引用、夸张的修辞手法穿插其中，气势宏伟。这篇文章对后世了解司马迁的生活，理解他的思想具有不可替代的作用。

任安是司马迁的朋友，字少卿，早年在大将军卫青门下。当霍去病渐渐受到汉武帝的宠信，逐渐凌驾在卫青之上的时候，卫青的故人、门下都投靠霍去病了，并因而获得官爵，只有任安不肯，仍效命于卫青。

在巫蛊之祸中，任安担任护北军使者，握有兵权，戾太子派人持节到他那里要求发兵助战，他受了节，但仍闭城门，不肯接应太子。

事件平息后，汉武帝赏赐了那些系捕太子的人，而把那些跟随太子和为太子助战的人都治以重罪。关于任安，汉武帝对他的做法认为还可以，没有责怪他。可是后来有人进言，说太子在“进则不得见上，退则困于乱臣”的情形下，不得已而“子盗父兵”，其实并无造反之心，使汉武帝感悟到太子是冤枉的。于是，对于先前所做的处置，又重新检讨，变成了与太子战、反太子的人全部有罪。而当汉武帝心理转变的时候，便对任安对待太子的态度产生了根本的怀疑，他怪任安不帮太子，却坐持两端，准备看谁胜了就依附谁，于是就判他腰斩。

任安自认为是冤枉的，十二月就要行刑了，他写信给经常可以见到皇帝的司马迁，请他设法援救。司马迁接到这封信时，他的心里相当为难。他了解汉武帝，自己就曾尝过汉武帝暴怒之下的痛苦，他实在不愿意再遭受第二个“李陵之祸”。论交情，李陵与他“素非相善”，而任安是他的老朋友，双方的家庭彼此都很熟悉。司马迁也非常明白汉武帝一心为太子报仇，任安的死判，绝无平反的可能。他要把自己见死不救的苦衷，向老朋友说明，并请求他原谅。于是，在征和二年十一月，五十五岁的司马迁写了一封长信给任安。

任安终于被腰斩了，司马迁也在感叹中度完了他的余生。

太史公牛马走司马迁，再拜言[2]。

少卿足下：曩者[3]辱赐书，教以慎于接物，推贤进士为务，意气勤勤恳恳。若望[4]仆不相师，而用流俗人[5]之言，仆非敢如此也。仆虽罢[6]驽，亦尝侧闻[7]长者之遗风矣。顾自以为身残处秽[8]，动而见尤，欲益反损，是以独郁悒而无谁语。谚曰：“谁为为之？孰令听之？”盖钟子期死，伯牙终身不复鼓琴[9]。何则？士为知己者用，女为悦己者容。若仆大质已亏缺矣，虽材怀随和[10]，行若由夷[11]，终不可以为荣，适足以见笑而自点[12]耳。

书辞宜答，会东从上来[13]，又迫贱事，相见日浅，卒卒[14]无须臾之间，得竭指意。今少卿抱不测之罪，涉旬月，迫季冬[15]，仆又薄从上雍[16]，恐卒然不可为讳[17]，是仆终已不得舒愤懑以晓左右，则长逝者魂魄私恨无穷。请略陈固陋。阙然久不报，幸勿为过。

仆闻之：修身者，智之符也；爱施者，仁之端也；取予者，义之表也；耻辱者，勇之决也；立名者，行之极也。士有此五者，然后可以托于世，列于君子之林矣。故祸莫憯于欲利，悲莫痛于伤心，行莫丑于辱先，诟莫大于宫刑[18]。刑余之人，无所比数，非一世也，所从来远矣。昔卫灵公与雍渠同载，孔子适陈[19]；商鞅因景监见，赵良寒心[20]；同子参乘，爰丝变色：自古而耻之！[21]夫中材之人，事有关于宦竖[22]，莫不伤气，而况于忼慨[23]之士乎！如今朝廷虽乏人，奈何令刀锯之余，荐天下之豪俊哉！仆赖先人绪业，得待罪辇毂下[24]，二十余年矣。所以自惟[25]：上之，不能纳忠效信，有奇策材力之誉，自结明主；次之，又不能拾遗补阙，招贤进能，显岩穴之士；外之，不能备行伍，攻城野战，有斩将搴[26]旗之功；下之，不能积日累劳，取尊官厚禄，以为宗族交游光宠。四者无一遂，苟合取容，无所短长之效，可见于此矣。乡[27]者，仆亦尝厕下大夫之列[28]，陪外廷末议[29]。不以此时引维纲[30]，尽思虑，今已亏形为扫除之隶，在阘茸[31]之中，乃欲卬首信眉[32]，论列是非，不亦轻朝廷、羞当世之士邪？嗟乎！嗟乎！如仆尚何言哉！尚何言哉！

且事本末未易明也。仆少负不羁之才，长无乡曲之誉[33]，主上幸以先人之故，使得奉薄伎，出入周卫[34]之中。仆以为戴盆何以望天[35]，故绝宾客之知，忘室家之业，日夜思竭其不肖之材力，务一心营职，以求亲媚于主上。而事乃有大谬不然者！

夫仆与李陵俱居门下[36]，素非能相善也。趣舍[37]异路，未尝衔杯酒[38]，接殷勤之余欢。然仆观其为人，自守奇士，事亲孝，与士信，临财廉，取予义，分别有让，恭俭下人，常思奋不顾身，以殉国家之急。其素所蓄积也，仆以为有国士之风。夫人臣出万死不顾一生之计，赴公家之难，斯已奇矣。今举事一不当，而全躯保妻子之臣随而媒孽[39]其短，仆诚私心痛之。且李陵提步卒不满五千，深践戎马之地，足历王庭[40]，垂饵虎口，横挑彊胡[41]，仰[42]亿万之师，与单于连战十有余日，所杀过当。虏救死扶伤不给，旃[43]裘之君长咸震怖，乃悉征其左、右贤王[44]，举引弓之民，一国共攻而围之。转斗千里，矢尽道穷，救兵不至，士卒死伤如积。然陵一呼劳军，士无不起，躬自流涕，沫[45]自饮泣，更张空弮[46]，冒白刃，北首争死敌者。陵未没时，使有来报，汉公卿王侯皆奉觞上寿[47]。后数日，陵败书闻，主上为之食不甘味，听朝不怡。大臣忧惧，不知所出。仆窃不自料其卑贱，见主上惨凄怛[48]悼，诚欲效其款款[49]之愚，以为李陵素与士大夫绝甘分少[50]，能得人之死力，虽古之名将，不能过也。身虽陷败，彼观其意，且欲得其当而报于汉。事已无可奈何，其所摧败，功亦足以暴于天下矣。仆怀欲陈之，而未有路，适会召问，即以此指，推言陵之功，欲以广主上之意，塞睚眦[51]之辞。未能尽明，明主不晓，以为仆沮贰师[52]，而为李陵游说，遂下于理[53]。拳拳之忠，终不能自列。因为诬上，卒从吏议。家贫，货赂不足以自赎，交游莫救，左右亲近不为一言。身非木石，独与法吏为伍，深幽囹圄[54]之中，谁可告愬者！此真少卿所亲见，仆行事岂不然乎？李陵既生降，隤[55]其家声，而仆又茸之蚕室[56]，重为天下观笑。悲夫！悲夫！事未易一二为俗人言也。

仆之先人非有剖符丹书之功[57]，文史星历[58]，近乎卜祝之间，固主上所戏弄，倡优畜之，流俗之所轻也。假令仆伏法受诛，若九牛亡一毛，与蝼蚁[59]何以异？而世又不与能死节者比，特以为智穷罪极，不为自免，卒就死耳。何也？素所自树立使然也。人固有一死，或重于泰山，或轻于鸿毛，用之所趋异也。太上，不辱先，其次不辱身，其次不辱理色，其次不辱辞令，其次诎体受辱，其次易服[60]受辱，其次关木索[61]、被箠[62]楚受辱，其次剔毛发、婴金铁受辱，其次毁肌肤、断肢体受辱，最下腐刑[63]极矣！传曰“刑不上大夫[64]”。此言士节不可不勉厉也。猛虎在深山，百兽震恐，及在穽槛[65]之中，摇尾而求食，积威约之渐也。故士有画地为牢，势不入；削木为吏，议不对，定计于鲜[66]也。今交手足，受木索，暴肌肤，受榜箠[67]，幽于圜墙之中。当此之时，见狱吏则头枪[68]地，视徒隶则心惕息[69]。何者？积威约之势也。及以至是，言不辱者，所谓强颜耳，曷足贵乎！且西伯[70]，伯也[71]，拘于牖里[72]；李斯[73]，相也，具于五刑[74]；淮阴[75]，王也，受械于陈[76]；彭越[77]、张敖[78]，南面称孤，系狱抵罪；绛侯[79]诛诸吕，权倾五伯[80]，囚于请室[81]；魏其[82]，大将也，衣赭衣，关三木[83]；季布[84]为朱家钳奴；灌夫受辱于居室[85]。此人皆身至王侯将相，声闻邻国，及罪至罔[86]加，不能引决自裁，在尘埃之中。古今一体，安在其不辱也？由此言之，勇怯，势也；强弱，形也。审矣，何足怪乎？夫人不能早自裁绳墨之外，以稍陵迟，至于鞭箠之间，乃欲引节，斯不亦远乎！古人所以重施刑于大夫者，殆为此也。

夫人情莫不贪生恶死，念父母，顾妻子，至激于义理者不然，乃有所不得已也。今仆不幸，早失父母，无兄弟之亲，独身孤立，少卿视仆于妻子何如哉？且勇者不必死节，怯夫慕义，何处不勉焉！仆虽怯懦，欲苟活，亦颇识去就之分矣，何至自湛[87]溺缧绁之辱哉！且夫臧获[88]婢妾，犹能引决，况仆之不得已乎？所以隐忍苟活，幽于粪土之中而不辞者，恨私心有所不尽，鄙陋没世，而文采不表于后也。

古者富贵而名摩灭，不可胜记，唯倜傥[89]非常之人称焉。盖文王拘而演《周易》[90]；仲尼厄而作《春秋》[91]；屈原[92]放逐，乃赋《离骚》；左丘[93]失明，厥有《国语》[94]；孙子膑脚[95]，《兵法》修列；不韦[96]迁蜀，世传《吕览》；韩非[97]囚秦，《说难》《孤愤》；《诗》三百篇[98]，大抵圣贤发愤之所为作也。此人皆意有所郁结，不得通其道，故述往事、思来者。乃如左丘无目，孙子断足，终不可用，退而论书策，以舒其愤，思垂空文以自见。

仆窃不逊，近自托于无能之辞，网罗天下放失[99]旧闻，略考其行事，综其终始，稽其成败兴坏之纪，上计轩辕，下至于兹，为十表，本纪十二，书八章，世家三十，列传七十，凡百三十篇。亦欲以究天人之际，通古今之变，成一家之言。草创未就，会遭此祸，惜其不成，是以就极刑而无愠[100]色。仆诚以著此书，藏之名山，传之其人，通邑大都，则仆偿前辱之责，虽万被戮，岂有悔哉！然此可为智者道，难为俗人言也！

且负下未易居，下流多谤议。仆以口语遇遭此祸，重为乡党戮笑[101]，以污辱先人，亦何面目复上父母之丘墓乎？虽累百世，垢弥甚耳！是以肠一日而九回[102]，居则忽忽若有所亡，出则不知其所往。每念斯耻，汗未尝不发背沾衣也！身直为闺阁之臣[103]，宁得自引深藏于岩穴邪？故且从俗浮沉，与时俯仰，以通其狂惑。今少卿乃教以推贤进士，无乃与仆私心剌谬乎？今虽欲自雕琢[104]，曼辞以自饰，无益，于俗不信，适足取辱耳。要之，死日然后是非乃定。书不能悉意，故略陈固陋。谨再拜。

【注释】

[1]节选自《汉书·司马迁传》，吉林文史出版社2014年版。

[2]“太史公”两句：此十二字《汉书·司马迁传》无，据《文选》补。意思是司马迁为了《史记》一书像当牛做马一样活着。太史公：太史公不是自称，也不是公职，汉代只有太史令一职，且古人写信不可能自称公。钱穆认为，《史记》原名是《太史公书》。牛马走：谦词，意为像牛马一样以供奔走。走：意同“仆”。

[3]曩(nǎng)者：从前。

[4]望：埋怨。

[5]流俗人：世俗之人。

[6]罢：通“疲”。驽：劣马，疲驽，比喻才能低下。

[7]侧闻：从旁听说。犹言“伏闻”，自谦之词。

[8]身残处秽：指因受宫刑而身体残缺，兼与宦官贱役杂处。

[9]“盖钟子期死”两句：钟子期死后，伯牙破琴绝弦，终身不复鼓琴。事见《吕氏春秋·本味篇》。钟子期、伯牙：春秋时楚人。伯牙善鼓琴，钟子期知音。

[10]随和：随侯之珠和和氏之璧，是战国时的珍贵宝物。

[11]由夷：许由和伯夷，两人都是西周早期被推为品德高尚的人。

[12]点：玷污。

[13]会东从上来：太始四年(前93年)三月，汉武帝东巡泰山，四月，又到海边的不

其山，五月间返回长安，司马迁从驾而行。

[14]卒卒：通“猝猝”，匆匆忙忙的样子。

[15]季冬：冬季的第三个月，即十二月。汉律中，每年十二月处决囚犯。

[16]薄：通“迫”。雍：地名，在今陕西凤翔县南，设有祭祀五帝的神坛五畤。据《汉书·武帝纪》：“太始四年冬十二月，行幸雍，祠五畤。”本文当即作于是年，司马迁五十三岁。

[17]不可为讳：死的委婉说法。任安这次下狱，后被汉武帝赦免。但两年之后，任安又因戾太子事件被处腰斩。

[18]宫刑：一种破坏男性生殖器的刑罚，也称“腐刑”。

[19]昔“卫灵公”二句：春秋时，卫灵公和夫人乘车出游，让宦官雍渠同车，而让孔子坐后面一辆车。孔子深以为耻辱，就离开了卫国。事见《孔子家语》。这里说“适陈”，未详。

[20]“商鞅”二句：商鞅得到秦孝公的支持变法革新。景监：是秦孝公宠信的宦官，曾向秦孝公推荐商鞅。赵良：是秦孝公的臣子，与商鞅政见不同。事见《史记·商君列传》：“赵良谓商君曰：……今君之相秦也，因嬖人景监以为主，非所以为名也。”

[21]“同子”二句：同子指汉文帝的宦官赵谈，因为与司马迁的父亲司马谈同名，避讳而称“同子”。爰：通“袁”。爰丝：即袁丝，亦即袁盎，汉文帝时任郎中。据载，文帝坐车去看他母亲时，宦官陪乘，袁盎伏在车前说：“臣闻天子所与共六尺舆者，皆天下豪英，今汉虽乏人，奈何与刀锯之余共载?”于是文帝只得依言令赵谈下车。事见《汉书·袁盎列传》。

[22]竖：供役使的小臣。后泛指卑贱者。

[23]忼慨：慷慨。

[24]待罪：做官的谦词。辇毂下：皇帝的车驾之下，代指京城长安。

[25]惟：思考。

[26]搴(qiān)：拔取。

[27]乡：通“向”。

[28]厕：参加。下大夫：太史令官位较低，属下大夫。

[29]外廷：汉制，凡遇疑难不决之事，则令群臣在外廷讨论。末议：微不足道的意见。“陪外廷末议”是谦词。

[30]维纲：国家的法令。

[31]阘茸(tǎróng)：下贱，低劣。

[32]卬：通“昂”。信：通“伸”：

[33]乡曲：乡里。汉文帝为了询访自己治理天下的得失，诏令各地“举贤良方正能直言切谏者”，亦即有乡曲之誉者，选以授官。“仆少负不羁之才”二句言司马迁未能由此途径入仕。

[34]周卫：周密的护卫，即宫禁。

[35]戴盆何以望天：当时谚语，形容忙于职守，识见浅陋，无暇他顾。

[36]李陵：字少卿，生活在汉武帝在位年间，西汉名将李广之孙，善骑射，官至骑都尉，率兵出击匈奴贵族，战败投降，封右校王，后病死匈奴。俱居门下：司马迁曾与李陵同在侍中曹(官署名)内任侍中。

[37]趣舍：向往和废弃。趣：通“趋”。

[38]衔杯酒：在一起喝酒。指私人交往。

[39]媒孽：也作“蘖”，酵母。这里是夸大的意思。

[40]王庭：匈奴单于的居处。

[41]彊：通“强”。胡：指匈奴。

[42]卬：即“仰”，仰攻。当时李陵军被围困谷地。

[43]旃：毛织品。《史记·匈奴列传》：“自君王以下，咸食肉，衣其皮革。披旃裘。”

[44]左、右贤王：左贤王和右贤王，匈奴封号最高的贵族。

[45]沬：以手掬水洗脸。

[46]拳：强硬的弓弩。

[47]上寿：这里指祝捷。

[48]怛：悲痛。

[49]款款：忠诚的样子。

[50]士大夫：此指李陵的部下将士。绝甘：舍弃甘美的食品。分少：即使所得甚少也平分给众人。

[51]睚眦：怒目相视。

[52]沮：毁坏。贰师：贰师将军李广利，汉武帝宠妃李夫人之兄。李陵被围时，李广利并未率主力救援，致使李陵兵败。其后司马迁为李陵辩解，武帝以为他有意诋毁李广利。

[53]理：掌司法之官。

[54]囹圄：监狱。

[55]隤：坠毁。李陵是名将之后，据《史记·李将军列传》记载：“单于既得陵，素闻其家声，以女妻陵而贵之。自是之后，李氏名败。”

[56]茸：推置其中。蚕室：温暖密封的房子。言其像养蚕的房子。初受腐刑的人怕风，故须住此。

[57]剖符：把竹做的契约一剖为二，皇帝与大臣各执一块，上面写着同样的誓词，说永远不改变立功大臣的爵位。丹书：把誓词用丹砂写在铁制的契券上。凡持有剖符、丹书的大臣，其子孙犯罪可获赦免。

[58]文史星历：史籍和天文历法，都属太史令掌管。

[59]蝼螘：蝼蚁。螘：通“蚁”。

[60]易服：换上罪犯的服装。古代罪犯穿赭(深红)色的衣服。

[61]木索：木枷和绳索。

[62]剔：通“剃”，把头发剃光，即髡刑。婴：环绕。颈上带着铁链服苦役，即钳刑。

[63]腐刑：即宫刑。

[64]刑不上大夫：《礼记·曲礼》中语。

[65]穽：捕兽的陷坑。槛：关兽的笼子。

[66]鲜：态度鲜明。即自杀，以示不受辱。

[67]榜：鞭打。箠：竹棒。此处用作动词。

[68]枪：通“抢”。

[69]惕息：胆战心惊。

[70]西伯：即周文王，为西方诸侯之长。

[71]伯也：伯通“霸”。

[72]牖里：又作“羑里”，在今河南汤阴县。周文王曾被殷纣王囚禁于此。

[73]李斯：秦始皇时任为丞相，后因秦二世听信赵高谗言，被受五刑，腰斩于咸阳。

[74]五刑：秦汉时五种刑罚，见《汉书·刑法志》：“当三族者，皆先黥劓，斩左右趾，笞杀之，枭其首，菹其骨肉于市。”

[75]淮阴：指淮阴侯韩信。

[76]受械于陈：汉立，淮阴侯韩信被刘邦封为楚王，都下邳(今江苏邳县)。后高祖疑其谋反，用陈平之计，在陈(楚地)逮捕了他。械：拘禁手足的木制刑具。

[77]彭越：汉高祖的功臣。

[78]张敖：汉高祖功臣张耳的儿子，袭父爵为赵王。彭越和张敖都因被人诬告称孤谋反，下狱定罪。

[79]绛侯：汉初功臣周勃，封绛侯。惠帝和吕后死后，吕后家族中吕产、吕禄等人谋夺汉室，周勃和陈平一起定计诛诸吕，迎立刘邦中子刘恒为文帝。

[80]五伯：即“五霸”。

[81]请室：大臣犯罪等待判决的地方。周勃后被人诬告谋反，囚于狱中。

[82]魏其：大将军窦婴，汉景帝时被封为魏其侯。武帝时，营救灌夫，被人诬告，下狱判处死罪。

[83]三木：头枷、手铐、脚镣。

[84]季布：楚霸王项羽的大将，曾多次打击刘邦。项羽败死，刘邦出重金缉捕季布。季布改名换姓，受髡刑和钳刑，卖身给鲁人朱家为奴。

[85]灌夫：汉景帝时为中郎将，武帝时官太仆。因得罪了丞相田蚡，被囚于居室，后受诛。居室：少府所属的官署。

[86]耎：“软”的古字。

[87]湛：通“沉”，累绁捆绑犯人的绳子，引申为捆绑、牢狱。

[88]臧获：奴曰臧，婢曰获。

[89]倜傥：豪迈不受拘束。

[90]文王拘而演《周易》：传说周文王被殷纣王拘禁在牖里时，把古代的八卦推演为六十四卦，成为《周易》的骨干。

[91]仲尼厄而作《春秋》：孔丘字仲尼，周游列国宣传儒道，在陈地和蔡地受到围攻和绝粮之苦，返回鲁国作《春秋》一书。

[92]屈原：曾两次被楚王放逐，幽愤而作《离骚》。

[93]左丘：春秋时鲁国史官左丘明。

[94]《国语》：史书，相传为左丘明撰著。

[95]孙子：春秋战国时著名军事家孙膑。膑脚：孙膑曾与庞涓一起从鬼谷子习兵法。后庞涓为魏惠王将军，骗膑入魏，割去了他的膑骨(膝盖骨)。孙膑有《孙膑兵法》传世。

[96]"不韦"两句：吕不韦，战国末年大商人，秦初为相国。曾命门客著《吕氏春秋》(一名《吕览》)。始皇十年，令吕不韦举家迁蜀，吕不韦自杀。

[97]韩非：战国后期韩国公子，曾从荀卿学，入秦被李斯所谗，下狱死。著有《韩非子》，《说难》《孤愤》是其中的两篇。

[98]《诗》三百篇：今本《诗经》共有三百零五篇，此举其成数。

[99]失：读为"佚"。

[100]愠：怒。

[101]戮笑：辱笑。

[102]九回：九转。形容痛苦之极。

[103]闺閤之臣：指宦官。闺、閤：都是宫中小门，代指禁宫。

[104]雕琢：修饰，美化。这里指自我装饰。

【思考与练习】

一、请重点翻译下面句子

1.《诗》三百篇，大氐圣贤发愤之所为作也。

2. 亦欲以究天人之际，通古今之变，成一家之言。

3. 虽万被戮，岂有悔哉！

4. 假令仆伏法受诛，若九牛亡一毛，与蝼蚁何异？

5. 故士有画地为牢，势不可入；削木为吏，议不可对，定计于鲜也。

6. 仆虽怯懦，欲苟活，亦颇识去就之分矣，何至自湛溺缧绁之辱哉！

7. 今虽欲自雕琢，曼辞以自饰，无益于俗，不信，祗取辱耳。

二、请指出下面每句的通假字，并说出用法与字义。

1. 其次诎体受辱。

2. 其次剔毛发。

3. 其次关木索，被箠楚受辱。

4. 见狱吏则头枪地。

5. 及以至是。

6. 及罪至罔加。

7. 大底圣贤发愤之所为作也。
8. 思垂空文以自见。
9. 放失旧闻。
10. 则仆偿前世之责。
11. 古者富贵而名摩灭。
12. 权倾五伯。
13. 具于五刑。
14. 关足贵乎。
15. 幽于圜墙之中。

富有的是精神[1]

谢 冕

【课文导读】

本文是谢冕先生在北大中文系1997年迎新会上的演讲。面对刚刚踏上北大这块圣地的莘莘学子，谢先生谆谆告诫，语重心长。真情从他的演讲中自然流露，既高屋建瓴，又自然亲切，体现了老一代学者对年轻一代的深切关怀。

北京大学是我国历史最悠久的大学，建于1898年，当时为京师大学堂。1912年后改为北京大学。在辛亥革命前，京师大学堂已办了310余年，却没有培养出多少人才。后蔡元培到北大任校长，并聘请了许多学有专长和具有革新思想的人物，如陈独秀、李大钊、鲁迅等人到北大任教。北大这个名词常和爱国运动联系在一起。我们都知道五四运动是在北大首先发起的，后来北大以5月4日为校庆纪念日。北大也是新文化运动的中心之一。

谢冕(1932—)，福建省福州人，著名文艺评论家、诗人、作家，博士生导师，中国语言文学研究所所长。中国作家协会全国委员会名誉委员，北京文艺评论家协会主席，中共党员。毕业于北京大学中文系。代表作品有《湖岸诗评》《北京书简》《共和国的星光》《谢冕文学评论选》等。

演讲又叫讲演或演说，是指在公众场所，以有声语言为主要手段，以体态语言为辅助手段，针对某个具体问题，鲜明、完整地发表自己的见解和主张，阐明事理或抒发情感，进行宣传鼓动的一种语言交际活动。演讲大体可分为照读式演讲、背诵式演讲、提纲式演讲、即兴式演讲四类。演讲是一门语言的艺术，它旨在调动起听众情绪，并引起听众的共鸣，从而传达出所要传达的思想、观点、感悟。

热烈祝贺你们来到北大。你们将在这里度过20世纪仅剩的最后几年。在这几年中，你们无疑将接受本世纪全部伟大的精神财富，以及这一世纪无边无际的民族忧患的洗礼。你们将以此为营养，充实并塑造自己，并以你们的聪明才智在这里迎接21世纪的第一线曙光。你们是名副其实的跨世纪的一代人。你们要珍惜这百年不遇的机会。

发生在距今99年前的戊戌变法是失败了，但京师大学堂却奇迹般地被保留了下来，成为那次失败的变法仅存的成果。你们正是在这个流产的变法失败100年、也是京师大学堂成立100年的前夕来到这里的。当你们来到这到处都在建筑和整修的学校时，百年的沧桑，百年的奋斗，百年的期待，一下子也都拥到了你们的面前，我设想此时此刻的你们，一定是在巨大的欢欣之中感到了某种沉重。

你们是未来世纪中国的建设者。你们将在未来的岁月中做出平凡的或是杰出的贡献，你们中有的人可能还会成为未来世纪非常出色的人物。但不论如何，1997年9月的今天，对于你们中的每一个人，都是决定自己一生命运的、不可替代的、非常重要的日子。那就是因为你们的名字和这所伟大的学校产生了联系。中国有 12 亿人，你们的同龄人也应该以千万为单位来计算，但只有极少数的人有幸能把自己的名字与这所学校联系起来。同学们，请以负重感来代替你们高考胜利的欢欣吧！你们从各地来到北大，从现在开始，你们已结束了中学学习的阶段，开始了大学学习的阶段，在人的一生中，这是非常重要的时刻。虽然都是学习，中学只是普通教育，大学则是专业教育，这才是真正打基础的阶段，你们将来为社会服务的许多本事，是在这个阶段学到的。

去年也是这个时候，我在欢迎本系博士生和硕士生的迎新会上，也发表过一个讲话。那时我讲北大是做学问的地方，但是就重要性讲，还是做人第一、做学问第二。做人的问题很复杂，但也很简单，就是在人的质量和品德方面有高的标准和要求。只有人做好了，学问才能有好的发挥。

北大这所学校出过许多学者，也出过许多革命者。这些学者中的出色的人物，往往是人的品行高洁，而学问也是前瞻和开创的。如李大钊，他最早把马克思主义引到中国来，他呼唤并参与了中国青春的创造；又如鲁迅——北大校徽的设计者，他在这里的身份只是讲师，但却是中国文化的伟人。不论是李大钊，还是鲁迅，他们都是伟大的爱国者。所以，在这里，我想强调的是，做人和做学问的统一，爱国和敬业精神的统一。

一个人成就有大小，水平有高低，决定这一切的因素很多，但最根本的，是学习。学习是不能偷巧的，一靠积累，二靠思考，综合起来，才有了创造。但是第一步是积累。积累说白了，就是抓紧时间读书，一边读书，一边思考，让自己的大脑活跃起来。用前人的经验来充实自己，先学习前人，而后发展前人，而后才有自己的发现和创造。

但无论怎么说，首先是学习，抓紧一切时间学习。我的经验是，不要抱怨，更不要拒绝老师提供的那一串长长的书单，那里边有的道理，你们现在并不理解，但是要接受它，按照那个参考书目或必读书目，一本一本地读，古今中外都读，分门别类地读。有的书要反复读，细读；有的书可以走马观花，快读；但是一定要读。

这叫机不可失，时不再来。

我想告诉大家，我现在从事的工作，应付着方方面面工作的，不论是写文章、说话、论证、做判断，靠的就是北大本科几年的读书的积累。那时还有很多的政治运动，用到学习上的时间并不多，但也就是那些有限的时间里读到的那些中国文学、外国文学、历史、哲学、语言学等方面的积累，支撑着我现时的繁重的工作。虽然时感知识不足，所知者少，但使我有能力去应付那千头万绪的局面的，还是北大当学生那几年打下的基础。

事实上，人一旦走上了工作岗位，现在这样专注的、系统的、全力以赴的学习机会也就随之失去了。等到工作临头，你发现罗曼·罗兰没有读过，高尔基没有读过，《离骚》没有读过，《故事新编》没有读过，但丁和普希金也没有读过，那时工作逼着你发言，你只好手忙脚乱地临时乱翻。那是应急，不是学习。匆忙中谁能把《约翰·克利斯朵夫》一口吞了下来？即使吞了下来，你又能发表出什么意见呢？离开了大学，可以说，你基本上失去了大学学习的条件，那时想起那一串长长的书单，你真是悔之莫及了。

所以，你们到北大来，我第一要劝你们的，是做书呆子。只有先做呆子，然后才能做聪明人。一开始就想做聪明人，什么都没有，而要装天才，做神童，那才是真正的呆子。聪明绝顶，目空一切，这是北大学生容易犯的毛病。我们要杜绝这种小聪明，争取将来的大智慧。

此外，要学好语言。不仅本国语言要学好，外国语也要学好。那种认为中文系学生不必学好外语的观念，是一种短见，是很浅薄的。现在国门开放，不是闭关锁国的时代了，中国要了解世界，世界也要了解中国，要靠语言这座桥梁。

除了外国语，还有本国语。现代汉语要掌握好，写文章要用语法，不要写错别字，文字要漂亮。更重要的，是要掌握好古代汉语，中文系学生不会直接阅读古文，是耻辱。不要读白话《史记》或《论语》今译之类的书，不是那些书不好，而是中文系学生应当掌握好古汉语，直接和庄子和李白用他们当年的语言对话。还有，也许已超出了教学大纲的范围了，但是我还要讲，那就是中文系学生应当学毛笔字，还要识别繁体字。以上所说，对别人可能是苛求，而对中文系学生而言，则是必要的和起码的。

因为文学是你们的专业，所以我还要谈谈文学，在我的心目中，文学是非常神圣的。我们讲敬业，就是要对文学怀有敬畏之心。文学，有人说起源于劳动，有人说起源于游戏。在文学的功能中，是有游戏的成分，有让人愉快让人轻松的作用。

但文学从根本上说不能等同于游戏，因此，我们不能游戏文学。

文学中的优秀部分，最有价值的部分，是人类崇高精神的诗化。文学是一种让人变得高雅、变得充实、变得聪明、变得有情趣的精神劳作。我们学习文学，是要把文学当做事业去创造、去发展、去发扬光大，而不是把它当做手中的玩物。我讲这些话不是无的放矢，而是有感于当前文学的某种缺陷和某种失落。

号称全国最高学府的北大，物质条件很差，有的方面如学生宿舍则是超乎寻常的差。物质的贫乏并不等于精神的贫乏。在精神方面，北大是富有的，是强者，北大的这种富有，足以抵抗那物质的贫乏而引以自豪。走在我们前面的，有我们一代又一代的老师，他们一介布衣，终生清贫，但却是我们永远敬重的精神的强者。

【注释】

[1]本文为谢冕先生在北京大学中文系 1997 年迎新会上的演讲，选自《小作家选刊》，2003(1)。

【思考与练习】

1. 本文主要分为三个部分，第一部分主要表达了谢先生对年轻一代的激励与厚望；最后一段是文章的第三部分，总结点题，在指出北大物质条件很差的同时，强调其精神的富有，用一个“精神富有”把前面的内容统摄为一个整体，收束全文，点明题旨；第二部分内容则着重体现了他对学子们的关怀和教诲，是这篇演讲稿的主体，作者先后阐述了哪几个问题？

2. 作为演讲，本文有什么特点？

获得教养的途径[1]

赫尔曼·黑塞

【课文导读】

赫尔曼·黑塞(Hermann Hesse，1877—1962 年)德国作家。1923 年 46 岁入瑞士籍，诗人、小说家。1946 年获诺贝尔文学奖。1962 年于瑞士家中去世。爱好音乐与绘画，是一位漂泊、孤独、隐逸的诗人。黑塞的诗有很多充满了浪漫的气息，从他的最初诗集《浪漫之歌》的书名，也可以看出他深受德国浪漫主义诗人的影响，以致后来被称为“德国浪漫派最后的一个骑士”。主要作品有《彼得·卡门青》《荒原狼》《东方之旅》《玻璃球游戏》《黑塞说书》等。《荒原狼》曾轰动欧美，被托马斯·曼誉为德国的《尤利西斯》。

该文认为读书是获得教养的主要途径，重视读书的作用。劝说人们多多拜读经典著作，在思考自我中完善自己，获得更好的教养。

真正的修养不追求任何具体的目的，一如所有为了自我完善而作出的努力，本身便有意义。对于“教养”也即精神和心灵的完善的追求，并非是向某些狭隘目标的艰难跋涉，而是我们的自我的意识的增强和扩展，使我们的生活更加丰富多彩，享受更多更大的幸福。因此，真正的修养一如真正的体育，同时既是完成又是激励，随处都可到达终点却从不停歇，永远都在半道上，都与宇宙共振，生存于永恒之中。它的目的不在于提高这种或那种能力和本领，而在于帮助我们找到生活的意义，正确认识过去，以大无畏的精神迎接未来。

为获得真正的教养可以走不同的道路。最重要的途径之一，就是研读世界文学，就是逐渐地熟悉掌握各国的作家和思想家的作品，以及他们在作品中留给我们的思想、经验、象征、幻象和理想的巨大财富。这条路永无止境，任何人也不可能在什么时候将它走到头；任何人也不可能在什么时候将哪怕仅仅只是一个文化发达的民族的全部文学通通读完并有所了解，更别提整个人类的文学了。然而，对每一部思想家或作家的杰作的深入理解，却都会使你感到满足和幸福——不是因为获得了僵死的知识，而是有了鲜活的意识和理解。对于我们来说，问题不在于尽可能地多读和多知道，而在于自由地选择我们个人闲暇时能完全沉溺其中的杰作，领略人类所思、所求的广阔和丰盈，从而在自己与整个人类之间，建立起息息相通的生动联系，使自己的心脏随着人类心脏的跳动而跳动。这，归根到底是一切生活所赋予的意义，如果活着不仅仅为了满足那些赤裸裸的需要的话。读书绝不是要使我们“散心消遣”，而是要使我们集中心智；不是要用虚假的慰藉来麻痹我们，使我们对无意义的人生视而不见，而是正好相反，要帮助我们将自己的人生变得越来越充实、高尚，越来越有意义。

世界文学的辉煌殿堂对每一位有志者都敞开着，谁也不必对它收藏之丰富望洋兴叹，因为问题不在于数量。有的人一生中只读过十来本书，却仍然不失为真正的读书人。还有人见书便生吞下去，对什么都能说上几句，然而一切努力全都白费。因为教养得有一个可教养的客体作前提，那就是个性或人格。没有这个前提，教养在一定意义上便落了空，纵然能积累某些知识，却不会产生爱和生命。没有爱的阅读，没有敬重的知识，没有心的教养，是戕害性灵的最严重的罪过之一。

当今之世，对书籍已经有些轻视了。为数甚多的年轻人，似乎觉得舍弃愉快的生活而埋头读书，是既可笑又不值得的；他们认为人生太短促、太宝贵，却又挤得出时间一星期去泡六次咖啡馆，在舞池中消磨许多时光。是啊，“现实世界”的大学、工场、交易所和游乐地不管多么生气蓬勃，可整天呆在这些地方，难道就比我们一天留一两个小时去读古代哲人和诗人的作品，更能接近真正的生活么？不错，读得太多可能有害，书籍可能成为生活的竞争对手。但尽管如此，我仍然不反对任何人倾心于书。让我们每个人都从自己能够理解和喜爱的作品开始阅读吧！

但单靠报纸和偶然得到的流行文学，是学不会真正意义上的阅读的，而必须读杰作。杰作常常不像时髦读物那么适口，那么富于刺激性。杰作需要我们认真对待，需要我们在读的时候花力气、下功夫……

我们先得向杰作表明自己的价值，才会发现杰作的真正价值。

每一年，我们都看见成千上万的儿童走进学校，开始学写字母，拼读音节。我们总发现多数儿童很快就把会阅读当成自然而无足轻重的事，只有少数儿童才年复一年，十年又十年地对学校给予自己的这把金钥匙感到惊讶和痴迷，并不断加以使用。他们为新学会的字母而骄傲，继而又克服困难，读懂一句诗或一句格言，又读懂第一则故事，第一篇童话。当多数缺少天赋的人将自己的阅读能力很快就只用来读报上的新闻或商业版时，少数人仍然为字母和文字的特殊魅力所风魔(因为它们古时候都曾经是富有魔力的符箓和咒语)。这少数人就将成为读书家。他们儿时便在课本里发现了诗和故事。但在学会阅读技巧之后并不背弃它们，而是继续深入书的世界，一步一步地发现这个世界是何等广大恢宏，何等气象万千和令人幸福神往！最初，他们把这个世界当成一所小小的美丽幼儿园，园内有种着郁金香的花坛和金鱼池；后来，幼儿园变成了城里的大公园，变成了城市和国家。变成了一个洲乃至全世界，变成了天上的乐园和地上的象牙海岸，永远以新的魅力吸引着他们，永远放射着异彩。昨天的花园、公园或原始密林，今天或明天将变为一座庙堂，一座有着无数的殿宇和院落的庙堂；一切民族和时代的精神都聚集其中，都等待着新的召唤和复苏。对于每一位真正的阅读者来说，这无尽的书籍世界都会是不同的样子，每一个人还将在其中寻觅并且体验到他自己。这个从童话和印第安人故事出发，继续摸索着走向莎士比亚和但丁；那个从课本里第一篇描写星空的短文开始，走向开普勒或者爱因斯坦……通过原始密林的路有成千上万条，要达到的目的也有成千上万个，可没有一个是最后的终点，在眼前的终点后面，又将展现出一片片新的广阔的原野……

这儿还根本未考虑世界上的书籍在不断地增多！不，每一个真正的读书家都能将现有的宝藏再研究苦读几十年和几百年，并为之欣悦无比，即使世界上不再增加任何一本书。我们每学会一种新的语言，都会增长新的体验——而世界上的语言何其多啊！……可就算一个读者不再学任何新的语言，甚至不再去接触他以前不知道的作品，他仍然可以将他的阅读无休止地进行下去，使之更精、更深。每一位思想家的每一部著作，每一位诗人的每一个诗篇，过一些年都会对读者呈现出新的、变化了新的面貌，都将得到新的理解，在他心中唤起新的共鸣。我年轻时初次读歌德的《亲和力》只是似懂非懂，现在我大约第五次重读它了，它完全成了另一本书！这类经验的神秘和伟大之处在于：我们越是懂得精细、深入和举一反三地阅读，就越能看出每一个思想和每一部作品的独特性、个性和局限性，看出它全部的美和魅力正是基于这种独特性和个性——与此同时，我们却相信自己越来越清楚看到，世界各民族的成千上万种声音都追求同一个目标，都以不同的名称呼唤着同一些神灵，怀着同一些梦想，忍受着同样的痛苦。在数千年来不计其数的语言和书籍交织成的斑斓锦缎中，在一些个突然彻悟的瞬间，真正的读者会看见一个极其崇高的超现实的幻象，看见那由千百种矛盾的表情神奇地统一起来的人类的容颜。

【注释】

[1]选自《黑塞说书》，杨武能译，《读书》1990 年第四期、1991 年第三期。标题是作者翻译而来。

【思考与练习】

一、阅读课文，回答以下问题：

1. 作者认为获得教养最重要的途径是什么？

2. 深入研读世界文学对于我们有哪些作用？

3. 作者提出获得教养必须以什么为前提？

4. 如何理解黑塞认为“我们先得向杰作表明自己的价值，才会发现杰作的价值”？

5. 作者在第 6 段中阐述了哪两类人的阅读方式？

6. 作者说：“每一位思想家的每一部著作，每一位诗人的每一个诗篇，过一些年都会对读者呈现出新的、变化了的面貌，都将得到新的理解，在他心中唤起新的争鸣。”你有过这样的体验吗？这些体验说明了什么？

二、通读全文，找出一句你最喜欢或最能引起你共鸣的句子，并说说你的理由，只要言之有理即可。

热爱生命[1]

汪国真

【课文导读】

汪国真(1956—2015 年)，诗人，祖籍福建厦门，1956 年生于北京。初中毕业后进入北京第三光学仪器厂做工人，1982 年毕业于暨南大学中文系，后到中国艺术研究院工作。1990 年出版首本诗集《年轻的潮》，其后陆续出版《年轻的风》《年轻的思绪》《年轻的潇洒》等诗集，并出版多种《汪国真诗文集》，掀起流行阅读风潮，其诗集发行量创有新诗以来诗集发行量之最，时称“汪国真现象”。汪国真的诗作，强调意象和个人理想的追求，对安抚痴迷者的心灵起过很大的作用。

《热爱生命》整首诗表达了对生命、生活以及一切有意义的事的热爱，以及对于生命的一种不屈服、不退缩、勇敢面对的精神。

《热爱生命》，也是一首非常适合朗读的抒情诗歌，可以作为励志的诗歌来读。我们相信，只要心中有爱，有着对生命的一种热爱，一切美好的结果也就在意料之中了。

我不去想，
是否能够成功，
既然选择了远方，
便只顾风雨兼程。

我不去想，
能否赢得爱情，
既然钟情于玫瑰，
就勇敢地吐露真诚。

我不去想，
身后会不会袭来寒风冷雨，
既然目标是地平线，
留给世界的只能是背影。

我不去想，
未来是平坦还是泥泞，
只要热爱生命，

一切，都在意料之中。

【注释】

[1]选自张珍编《世界最美的诗歌》，立信会计出版社2012年版。

【思考与练习】

1. 谈谈这首诗给了我们怎样的启示？

2. 作者在每一节诗的开头都说“我不去想”，他真的不去想那些问题吗？为什么？

3. 联系自己的生活，谈一谈怎样面对生命中的成功、崎岖、幸福、不幸。

4. 这首诗借选定____________、____________、____________等事物，抒发了作者____________的思想感情。

单元知识　词汇

一、词汇与词义

词汇又称语汇，是一切语言文字学习的基础，是一种语言里所有的(或特定范围的)词和固定短语的总和。词汇是语言的三大要素之一，是语言的建筑材料，它在语言中占有重要的地位。只有夯实了词汇基础，才能真正掌握一门语言。

1. 词的意义

(1)单义词

顾名思义，是指只有一个词义的词。

再根据词的指向范围和对象来分，词可以分为以下几类：

专有名词：鲁迅、北京、中国等。

一般名词：人、自行车、椅子等。

人称代词、数量词：她、一、二等。

专有名词的指示对象是唯一的，而一般名词可以指示的对象范围很广，所揭示的也只是这类事物的一般特征，这是两者的区别。

(2)多义词

多义词是指具有两个或两个以上词义的词。

一般来讲，一种语言发展的历史越悠久，文化积淀越深厚，它所拥有的一些词的内涵，使用范围也就越广。因此多义词是语言发展变化的必然产物，汉语中的大多数词都是多义词。

比如在我们说到“脸”，刚开始的时候，只是指人的头的前部，从前额到下巴这一部分。后来随着语言的发展，就慢慢发展出了“情面、面子”这样一些意思。再如“打”，打仗、打架、打气、打水、打酱油、打官司等。

要识别这些多义词的具体含义，需要在具体的语境中体会。

按照一般的规律，多义词的各种义项的产生，都是围绕着一个最基本、最主要的意义为核心来进行的。大体来讲是首先有基本意义，然后才产生转义。

①本义

多义词的基本意义是指一个词最主要、最常见的意义。我们一般学习某一种语言最容易掌握的是一个词的最基本意义，这个基本意义是不要特别的语境提示，也能清晰地辨别出来的。

例如，以“火候”为例，它最基本的词义是：“火力的大小和时间的长短”，发展到后来才用来比喻“人的修养程度的深浅”，或“一个最关键的时刻”。

原义是指原初本义。大多数情况下，一个多义词最基本的意义，往往是它的原初意义；但是，随着语言的发展，一个词的基本意义可能会偏离它的原初意义。

以“兵”为例，其原义为兵器、武器，即古代的长矛、大刀。其基本义为士兵。

②转义

转义是指从本义发展而来的意义。它们的形成方式有两种：一是本义的引申；二是以本义做比喻的方式形成。

引申义：由词的本义推广、扩大产生的词义。

例如，“冷场”，本义指：戏曲演出时，因演员空缺，或者忘记台词造成的一种没有话说的尴尬局面。后来，表演戏曲的场合少了，领导开会的场合增加了。因此“这种没话说的尴尬局面”就引申为一种“开会时没人发言的沉默场面”。

比喻义：通过使用本义的某些形象特征来打比方而形成的意义。

一个词的本义本身往往指一些确切的、实实在在存在的事物，这些事物也往往有它们自己的某些方面的特征和特点，因此，比喻义就是用本义的某些方面的特征和特点，去形象地描述另外的一些事物，在使自身形象生动的同时，也使另外这些事物具有形象生动的特点。

例如，“包袱”，本义指：用布包裹一团东西，压在自己背上。有些时候东西很重，是一个负担，压在身上很不舒服，妨碍人走路，这就是包裹的一个特点和特征。这一点与阻碍人向前发展的一些因素很有相似性。所以发展到后来就用来形容人的一些“思想和行动方面的负担”。

(3)同音词

同音词指语音相同而意义不同的词。

从字的形体构成来看，可分为两类：

书写形式相同的，叫同形同音词。如制服(名词：穿在身上的职业服装)——制服(动词：制服敌人)。

书写形式不同或部分不同的，叫异形同音词。如寓言(指某个故事所揭示出来的意义)——预言(指对未来发展趋势的预测性言语)。

同音词与多义词的区别在于：多义词虽然有很多种意义，但是各个意义之间有相同点或者类似的地方；但同音词，它们相互之间是很少有联系的。

(4)同义词

同义词是意义相同或者基本相同的一组词。

比如“可惜”与“惋惜”，都表示同情、遗憾的感情，基本意义相同，所以是同义词。

同义词，虽然表面看来，它们的意义大体是一致的，但是它们还是有各自不同的侧重点和使用的环境，所以具体使用的时候，要根据当时的上下文的语境而定。对同义词的使用也大多要辨析它们之间的细小差别。

从构成的语素(构成词的最小的单位)来看，同义词可分为以下三类：

①语素相同，顺序不同

如士兵(侧重于表示一群人)——兵士(多指单个的个体)。

②语素部分相同

如守卫(侧重于保卫)——守护(侧重于关心、照顾)。

③语素完全不同

如错误(使用范围广)——缺点(落实到具体的个体，多指人)。

同义词的作用：

a. 准确细腻地传情达意；

b. 丰富构词手段。

(5)反义词

反义词是指意思相对或者相反的词。

要注意的是：在汉语中，虽然反义词的意义相反，但是词性是相同的，形容词一定要与形容词相对，动词与动词相对，名词与名词相对。另外，并不是每一个词都有反义词。

根据意义的对照，反义词可分为：绝对反义词和相对反义词。

①绝对反义词

在性质上完全相互排斥，没有中间的状态。否定了一方，必然肯定了另一方。如战争——和平；男——女。

②相对反义词

有中间状态，否定一方，并不一定肯定另一方。如先进——落后。在这中间有一种，既不先进也不落后的中间状态存在。

多义词的各个义项由于意义的侧重点不同，往往有不同的反义词。如“淡”：

菜淡(说明盐不够)——咸；

味淡(说明味道比较清淡)——浓；

颜色淡(说明颜色比较浅)——深；

淡季(说明商店里的买东西的人不够多，人气不够旺盛)——旺季。

反义词的作用：

a. 有助于揭示事物的矛盾，深入展现事物特点；

b. 构成概括性、鲜明生动的词、成语。

例如，进退两难，进退两字反映了人所处于的一种困难、尴尬、没有出路，没有解决方法的状态；不相上下，反映了两人之间的差距不同。

2. 熟语

熟语指人们经常使用的、有固定搭配的词组。包括成语、谚语、惯用语、歇后语。

(1)成语

成语是指人们长期沿用、具有书面色彩、多为四字格式的一种固定词组。

①特点

a. 结构上的定型性。

一是四个字的构成形式、顺序不能改变；二是其中的字不能用其他字代替。

成语四个字的结构一般可分为二二两端，就是这个成语可以从中间分作两半。基本的结构关系有以下几种：

联合式：如众叛亲离——众叛和亲离都是讲一件事，就是这些亲友都离开了某个人。

偏正式：如世外桃源——重点是桃花源这个地方。

支配式：解放思想、震撼人心。

陈述式：如叶公好龙——讲述了叶公好龙，然后被真的龙吓到了这个故事。

补充式：如退避三舍——古代“一舍”是三十里，把军队往后撤退多远呢？后面补充具体的距离，九十里。

连动式：如打草惊蛇——首先有打草这个动作，然后蛇才会被惊吓到。后一个动作和前一个动作是相关联的。

兼语式：以邻为壑、令人生畏。

b. 表意上的整体性。

这是指大部分成语的意义不是字面意义的简单组合，而是统一地整体表达。

例如，“凤毛麟角”从字面义来解释是“凤凰的毛，麒麟的角”，就是两个动物的身上的某个物件，而且相互间没有任何联系。但是，从整体来理解，凤凰的羽毛、麒麟的角是很稀少，可遇而不可求，古人把这两个东西放到一块，其实是想说明这两个东西的珍贵。因此这个时候才能得到“凤毛麟角”的实际含义，是用来比喻“稀少而可贵的人才和食物”。

表意的几种类型如下：

形容义：以描写事物的情状来表情达意。

引申义：在原义的基础上推广、扩大而来。

比喻义：以打比方的方式表达意义。

直言义：成语意义与字面意义一致。

前面三种意义与字面意义都有一定的区别。

c. 成语的掌握。

利用文化背景知识：通俗来讲，汉语中的成语，大部分源于古代的寓言故事，然后从这个故事中提炼出寓意。比如说一些熟悉的寓言故事：守株待兔、刻舟求剑、愚公移山。看完这个故事后，故事里面大致的含义，也就可以基本把握住。

利用成语间的同义、反义、近义的关系：比如意义相同、相近的成语：外强中干/色厉内荏——说的都是外表看起来很强大，实际很虚弱；阮囊羞涩/一贫如洗——说的都是非常穷困，穷得叮叮响。

借助固定格式：有些成语有固定的框架、格式，如天罗地网、天南地北、天经地义、天昏地暗——天×地×。

d. 正确使用成语。

对于一个词汇的掌握，包括词义、字形、语音三方面，对成语的正确掌握也包括这三方面。

词义方面——不望文生义：要正确地理解成语的实际意义。例如，把“不刊之论”理解为贬义的“不能刊登的文章”——实际含义是“一个字也不能改动的无懈可击的言论，是一个褒义词。

字形方面——不写错成语：这其实是关于一个错别字的问题，在实际写的过程中多注意即可。

语音方面——不读错成语：如深恶痛绝——“恶”应读“wù”而不是“è”；乳臭未干——“臭”应读“xiù”而不是“chòu”。

(2)谚语

谚语是人们在长期的生产、生活实践过程中，对自然、社会规律，生产、生活经验的总结，从而形成的一种固定语句。

谚语与成语都有深刻的寓意，但谚语更适合口头表达，成语则是书面语；谚语对字数没有固定的限制，而成语基本是四个字的固定结构。

谚语特点如下：

①鲜明的经验性

由定义可知道：谚语往往是人们生产、生活经验的概括和总结。因此，谚语中必然要反映出人们的生活方式、自然地理环境、风土人情和文化心理等。

所以，谚语往往反映出一个特定地域中，居民的各种相关的情况。通过谚语，我们可以了解到一些历史故事或事件，如“只许州官放火，不许百姓点灯”，以及生产经验“谷雨前后，点瓜种豆”，等等。

②特定的思想性

很多谚语往往是前人智慧的结晶，具有发人深省的哲理性。

比如长辈一说到要珍惜时光、好好读书的时候，就会说道“一寸光阴一寸金、寸金难买寸光阴”。

但是，由于谚语产生于特定的时代、特定的地域、特定的文化背景，所以谚语本身也免不了有其局限性和糟粕。如“生死有命，富贵在天”，这一句就完全否定了人本身的努力和奋斗，使人安于现状，其实是一种负面倾向。这一点，是我们在学习和使用谚语的过程中，要格外注意的。所以说古人留下的东西，也不可以不加思考地全盘相信。时代在发展、社会在进步，我们要以科学发展的眼光辩证地看待。

③通俗生动的艺术审美性

谚语是一种口头表达的语言，口头表达具有灵活、生动、自然、表现力强的特征。所以，谚语的表达也非常形象生动，如“穷在闹市无人问，富在深山有远亲”。

还有一些比较幽默风趣，如“不管白猫黑猫，抓到耗子的就是好猫”(著名的“猫论”，邓小平曾在深圳说过)。

(3)惯用语

惯用语是指在表意上具有整体性、结构上具有定型性的习用词组。

在形式上大多呈三音节，比如：吃小灶——表示额外的照顾；背黑锅——别人干的坏事，最后追究到自己头上。

惯用语特点如下：

①其意义大多是通过引申、比喻产生的，而不是词的意义的简单相加。比如：他学习得正起劲，不要给他泼冷水——实际的意义是说“不要打击他的学习积极性”。

②形式相对固定，但又较灵活多变。可以根据具体的使用环境，适当地改变字数。比如：“敲竹杠——敲他的竹杠”。加入“他的”，更有针对性，可以直接在具体的场合中使用。

③多带有贬义的情感色彩。比如上面讲的“敲竹杠”，以不合法的手段和方式去夺取别人的劳动成果，这就带有贬义的色彩。

④语言生动形象，通俗易懂。这是口头语言的共性。

(4)歇后语

歇后语是由“具体事物——说话解释语”前后两部分组成的俏皮话。这一点，从它的结构上很容易看出来。

①歇后语的类型

喻意型。前一部分用一个具体事物打比方，后一部分从字面或者字外对前一部分进行解释、说明。

比如：大水冲了龙王庙——一家人不认一家人。

谐音双关型。后一部分利用同音、近音，构成表面和字外两层意思，并以字外的意思为主。这是充分利用了汉语的同音异义字，从而获得了两种意思。

比如：外甥打灯笼——照舅(旧)。这个歇后语本来是用来嘲讽当舅舅的把一些不好的习惯和方式都教给了外甥，所以它看似是在说做外甥的品行不好、行为不端正，其实是这个人的舅舅也好不到哪去，指责的是当舅舅的这个人。它一般用于这样的情况：舅舅不干好事，外甥也不干好事。用了“旧”之后，说明以前这个事情是怎干的，现在继续这么干，没有一点改变，很古板，很僵硬。

②歇后语的作用

使表达幽默风趣，形象生动，更有力地表达嘲弄讥讽的情感态度。

二、词语的运用方法

1. 辨析词语的意义

虽然从表面看来，同义词的意义大体一致，但是还是有各自不同的侧重点，相互之间还是有细微的差别。这些细微的差别主要体现在以下几个方面：义项的侧重点、语意的轻重、适用的范围、特定的对象等。

(1)义项的侧重点

以珍惜、珍爱、珍视、珍重为例。

珍惜：一般是指对某个东西特别爱惜，长久保存作为留念。珍惜的对象可以是友情，也可以是物。

珍爱：表示特别喜爱的意思，主要针对某个物品。

珍视：是指从态度上对某段情感、某个东西非常看重。

珍重：主要对某个人的身体健康状况、人生经历而言，有保重的意思。

(2)语意的轻重

同义词在意义的表达上分量有轻重。

以轻视、鄙视为例。

轻视：表示一般程度，对某个人的言语、行为、身份地位不以为意。

鄙视：带有强烈的看不起、不屑一顾的味道。

(3)适用的范围

主要指有些词的词义范围比较广，而另外一些同义词使用对象和范围比较狭窄。

以战争、战役为例。

战争：持续的时间长，影响的地域比较大。

战役：持续的时间比较短，一般发生于比较小的区域内。

一场战争往往包括很多场战役，一般而言，一次战役就解决战争问题的情况很少；战役又可以由很多次、发生在同一地点的小型战役组成。

因此，“第二次世界大战”的“战”，指的是“战争”；第二次世界大战中，盟军的“诺曼底登陆之战”中的“战”，指的是战役。

(4)特定的对象

有些同义词，它的对象是特定的，有固定的搭配。

以摧残、摧毁为例。

摧残：只针对生物体，多针对人的肢体和心灵，如“摧残某人的心灵”。

摧毁：多用于非生物体，包括建筑、文化典籍等，如“导弹精确地摧毁了一座建筑物”。

2. 区分词语的色彩

(1)情感色彩

同义词，就情感色彩来讲，可以分为褒义词、贬义词、中性词三种。

以果断、武断为例。

果断：是指在关键的时刻，正确地作出判断，从而引导事情往好的方面发展。这肯定是一种赞赏，也就是褒义词。

武断：是指对事情的发展没有大体地掌握，就草率地作出错误的决定，因此对事情的发展起到了不好的作用。对这种判断方式，肯定是执批评的态度，所以它是一个贬义词。

中性词是几乎看不出情感色彩的词。比如，“名誉”有好有坏，没有具体的语言环境，看不出它的情感色彩。

(2)语体色彩

所谓“语体色彩”，主要指词是用于口头表达，还是用于书面语，还是口语和书面语都可以使用。

一般而言，口语比较通俗易懂，书面语则显得比较正规严谨。如溜达、散步。

(3)情景色彩

“情景色彩”指有些词在特定的语言环境中，会感染上特定的情感色彩，甚至改变自己原来的情感色彩。可分为二种情况：

①原本没有情感色彩，在特定语境中产生情感色彩。其实是说某些中性词会变成有积极色彩的褒义词，或者消极色彩的贬义词。

前一些日子，有一口白母猪，一胎下了 12 个猪娃，像一团白绒球，好看极了，谁见了都喜欢(马峰《韩梅梅》)。把“刚生下的猪娃”比喻为“白绒球”，透露出作者强烈的喜爱之情，为褒义。

②原来情感色彩的改变。又可分为：褒义词变贬义词，贬义词变褒义词。

例如：鲁迅说，八国联军的罪行很“伟大”，很“文明”。

其实说的是“反语”，表达了作者的一种嘲讽的态度。他主要是告诉读者，八国联军的烧杀抢掠的行为，很可耻，很卑鄙。因此“伟大”和“文明”两个词，在这个语境中就变成了贬义词。

在褒义词变为贬义词的时候，我们会发现，这些词在使用的时候会加上引号，因此，以后看到这种加引号的词的时候多注意一下。

再如，身边的朋友和女朋友，在谈恋爱、约会回来以后。我们想和他幽默一下，就会说：哎——老大，今天又出去干什么“坏事”了？

这个“坏事”不是说干了真正的坏事。其实是说他谈恋爱的时候，一般喜欢私底下活动，不太想让其他人看到。因此，朋友之间使用，就含有一种幽默的成分在里面。

3. 注意词语的音节

(1)音节的搭配

任何语言的语音都是必不可少的，为什么法国人觉得他们的法语是最高贵的语言，其中一个原因，是他们觉得自己的母语，音韵和谐优美。因此音节的搭配主要是讲，怎样使词语听起来和谐优美。

①音节匀称

这里讲的是音节对称的问题。具体而言，是说在词语的搭配上，单音节词与单音节词、双音节词与双音节词、多音节词与多音节词互相搭配使用。

比如：形容天空——“蔚蓝的天空”。

蔚蓝，是双音节词，天空也是双音节词，相互对称。而“蔚蓝的天”或者“蓝的天空”，前后的词语没有对称，念起来就会感觉语音失衡，不对称了。

②多使用双音节和四音节的词语

汉语词语的发展，大体来讲是由单音节词，慢慢趋向双音节词和四音节词。

双音节词：是现在最常见的。比如“我们”“大家”“新疆”等。而有些原来是三音节的词，也慢慢变为了双音节词，如外国语——外语，龙井茶——龙井。而且约定俗成之后，大家都明白这些意义。

四音节词：最点典型的就是汉语中大量成语的出现。如仁者见仁，智者见智——见仁见智。

(2)平仄相谐

主要是音调的问题。

(3)押韵

在每句或者隔句的句末的音节上，使用韵母相同或相近的字，使整段话朗朗上口。

一般来讲，押韵使用得最多的是古体诗，现代诗歌也比较讲究。

但现在押韵使用得最多的是流行歌曲的歌词。比如方文山给周杰伦写的歌词，就非常讲究押韵。

龙　拳

以敦煌为圆心的东北东
这民族的海岸线像一支弓
那长城像五千年来待射的梦
我用手臂拉开这整个土地的重

蒙古高原南下的风写些什么内容
汉字到底懂不懂一样肤色和面孔
跨越黄河东登上泰山顶峰
我向西引北风晒成一身古铜
渴望着血脉相通无限个千万弟兄
我把天地拆封 将长江水掏空
人在古老河床蜕变中

4. 规范词语

对汉语词语进行规范，便于在统一的标准下自由地进行交流。

(1)古语词的规范

古语词的规范要注意以下两种情况：

①与现代汉语相对应的古语词的使用

根据表达的需要，从整体上把握意义，然后对译。如诞辰——生日，盘桓——逗留、停留。

值得注意的是，古语的使用，尤其是用于书面语的时候，显得比较庄重、典雅。在一些具有重大意义的正式场合也会使用。如毛泽东一百周年诞辰。用“诞辰”表示对伟人的敬仰。在韩国，一些有教养的家庭，在正式的场合也会使用一些汉语的古文辞，显示自己的文化修养。

②与现代汉语不对应的古语词的使用

在我们充分了解这些古文辞的情况下，可以直接使用。如逍遥——表示不受约束、自由自在的状态。

碰到这种情况的时候，也可以直接使用，别人也会懂。

(2)方言词的规范

现代汉语在发展的过程中，会适当吸收一些表现力很强的方言词汇，用来丰富它的内涵，加强表现力。

这些方言词汇，本身也以口头语居多，通行的范围比较小，因此在使用的时候，要慎重的用。尽量用大多数人都能理解的方言词。

(3)外来词的规范

外来词也叫借词，是指在从本民族以外的其他语言中吸收过来的词。

①外来词的引进方式

音译式：直接用汉字中与这个外来词发音大致相近的词去对译。如沙发(sofa)、扑克(poke)等。

在汉语吸收英语词汇的早期，因为中国本身没有这些东西，无法用原有的词汇来对译，这种直接音译的词比较多。

半音半译式：一部分是直接音译；另一部分是用汉字来对译。如法兰绒，虽然人们不知道“法兰”是什么意思，但是看到这个“绒”字，就知道这原来是种布料。

②外来词的接受

只有符合汉字音、形、义的外来词，才能最终成为汉语词汇的一部分。

历史上，西域与中原地区交流频繁。原本产生于西域的一些词，如葡萄、玻璃、菩萨等词，传到中原地区，直接使用将近两千年了，已经被各个民族所接受和认同。所以说它们符合汉语的要求，已经成为了汉语词汇的一部分。

(4)新词的规范

随着社会发展，各种新的词汇大量出现。一个词能够被社会所接受，是需要经受时间的考验的。有些词现在风靡一时，但是之后的一年、三年、五年或者十年，我们还能不能使用，还是问题。如超男、超女、快男、快女。

如上面提到的，“葡萄、玻璃、菩萨”等词，它们最终被各个民族接受，时间跨度将近两千年。而且可以说，就算再过两千年，只要葡萄这个物种不消失，葡萄一词还会使用，而不会因为英语风靡全世界，就把“葡萄”改为“grape”。

三、练习题

一、填空题

1. 词汇是语言的________，是________的总汇。

2. 词汇包括词和语两部分，其中“语”是指________，它主要包括________、________、________、________等。

3. 词汇学是________的科学，狭义的词汇学研究________、________、________、________等；广义的词汇学还包括了________、________、________、________等。

4. 研究语言词汇的一般理论的学科叫________，研究词汇的起源和发展演变的学科叫________，研究某一时期词汇系统现象和特点的学科叫________，研究某一具体语言或方言的词汇现象和规律的学科叫________。

5. 词汇大致可以分为________、________、________三个层级。

6. 词和词汇是________的关系。

7. 按词在词汇系统中的地位和作用，可以把词汇分成________和________两类。

8. 基本词汇具有________性、________性、________性三个主要特点。

9. 一般词汇具有很强的________性特点，几乎处在经常的变动之中。

10. 现代汉语一般词汇的构成成分，从来源上看可包括________、________、________、________等。

11. 新造词是____________________，它有一个相对的时间界限，就是________以来的________多年时间内根据汉语原有的语言材料创造出来的和由短语简缩而来的一般用词。

12. 古语词包括________和________两类。

13. 方言词的地方性限制很强，它是______________________。

14. 外来词是________，现代汉语中外来词的类型有：①________，如________；②________，如________；③________，如________；④________，如________；⑤________，如________。

15. 借形外来词是指______________________。

16. 行业词是______________________。

17. 熟语是汉语中的特殊词汇，它是________。它主要包括________、________、________、________等。

18. 成语是______________，它具有________、________、________等主要特点。

19. 从来源上看，成语主要有以下几种类型：①________；②________；③________；④________；⑤________。

20. 惯用语是____________________。

21. 谚语是____________________。

22. 歇后语是____________________，它有________和________两种类型。

23. 任何词都包括________和________两个方面，其中________是词的形式，________是词的内容。

24. 词义具有________性、________性、________等基本特性。

25. 严格而言，词义除词汇意义外，还包括________意义和________意义。

26. 造成词义变化的外部原因主要是________，内部原因是________。

27. 词义的变化通常有词义的________、________和________三种类型。

28. “观礼”一词原义为“参加典礼”，现在指________，从词义发展的角度看，属于词义的________。

29. “领袖”一词曾经有以下意义：①衣领和衣袖；②为人表率的人；③某种行为的带头人。现在“领袖”的意义是________。从词义发展的角度看，“领袖”现在的意义与意义①属词义的________，与意义②③属于词义的________。

30. “腿”原指脚上至膝盖下一截肢体，现在指________，从词义变化的角度看，属于词义的________。

31. 成语“明目张胆”原义是“敢说敢干，有胆有识，不畏权势”的意思，现在的意思是________，从词义发展的角度看，属于词义的________。

32. 单义词是指________________；多义词是指________________的词。

33. 多义词的几个意义主要是在________义或________义的基础上，通过________方式产生出来的。

34. 词的本义一般是一个词________意义。

35. 多义词的几个意义并不都是并列存在的，其中有一个最常用最基本的意义称________。

36. 在本义或基本义的基础上引申发展出来的意义称________。

37. 词的修辞义是指__________________。常见的修辞义有________、________和________等。

38. “红”的基本义是“像鲜血或石榴花那样的颜色”，后来又发展出了象征________等意义，其中后边的意义都是在基本义的基础上通过________方式而产生的，属于修辞义中的________义。

39. “标兵”一词的本义是“阅兵场上用来表示界限的士兵”，现在的意思是________。其中现在的意思是在本义的基础上通过________方式产生出来的，属于________义中的________义。

40. “这段话还没有经过标点，请你给它加上标点”中的两个“标点”的意思分别是________和________，其中基本义是________，转化义是在基本义的基础上通过________方式而产生出来的。

41. “我突然从睡梦中惊醒”和“你别惊醒了孩子”中两个“惊醒”的意思分别是________和________，其中本义是________，后起义是在本义的基础上通过________方式产生出来的。

42. “岗哨”有两个意思：①站岗放哨的处所；②站岗放哨的人。其中第二个意思是在本义的基础上通过①②方式而产生出来的，属于________义中的________义。

43. 同音词是指____________________的一组词。

44. 同音词按书写形式一般分为________和________两类。

45. 造成同音词的直接原因主要有：①________；②________；③________；④________。

46. 同音词在语言表达中可以构成________的修辞手法，增强表达效果。

47. 在口语表达中，对容易混淆的同音词，可以采取________、________、________和________等方法加以区分。

48. 同义词是____________________的一组词，包括________和________两类。

49. 同义词产生的直接原因主要有：①________；②________；③________；④________；⑤________；⑥________。

50. 同义词在意义上的不同主要表现为________的不同、________的不同及________的不同。

51. 同义词在用法上的不同主要表现为________的不同和________的不同两种情况。

52. 反义词是表示意义________或________的一组词。

53. 从所表达的概念内容看，反义词主要有两种：一种是没有________的，是________关系的，叫________，如“死”和“活”；另一种是有________的，不是完全________的，叫________，如“黑”和“白”。

54. 反义词的形成，是有其客观物质基础的，它是事物间________、________的联系，在语言词汇中的反映。

二、改错题

1. 这本词典大约收入现代汉语四万个词汇。

2. 克拉玛依特大火灾成为中华人民共和国成立后国内火灾史上伤亡最沉重的火灾之一。

3. 王兵同学经常主动帮助他人，班主任老师在全班表彰了他。

4. 一场大冰雹，使村里的庄稼受到程度不同的摧毁。

5. 大气污染已使西方不少工业高度发展的城市产生严重的结果。

6. 妹妹期望自己师大毕业后能当一名合格的人类灵魂工程师。

7. 歌颂社会主义，诽谤资本主义。

8. 但愿我们能成为您永远的朋友。

9. 干部要深入群众，遇事要多跟群众协量。

10. 信封上的字迹含糊不清，使邮递员无法辨认。

三、问答题

1. 词汇学的主要研究对象是什么?

2. 词汇有哪些主要性质?

3. 你认为学习词汇有什么重要性?

4. 你打算怎样学习词汇?

5. 请你简述基本词汇和一般词汇的区别和联系?

6. 新造词具有什么特点? 请举例说明。

7. 古语词有哪些主要表达作用?

8. 普通话词汇为什么要吸收方言词?

9. 普通话吸收外来词应注意哪几点?

10. 举例说明专业词有哪些特点。

11. 成语有哪些主要表达作用?

12. 运用成语应注意哪些问题?

13. 惯用语同成语有什么区别? 请举例说明。

14. 歇后语有哪些类型? 使用歇后语和谚语各应注意哪些问题?

15. 试举例说明词义的各种特征。
16. 简要回答词义和概念的关系。
17. 词义为什么会发展变化？
18. 举例说明词义发展变化的类型。
19. 为什么会产生多义词？
20. 举例说明多义词各意义之间的关系。
21. 举例说明多义词的作用。
22. 同音词产生的原因有哪些？
23. 同音词在语言运用中有哪些作用？
24. 怎样区分同形同音词与多义词？
25. 举例说明怎样辨析同义词？
26. 同义词在语言中有什么作用？
27. 反义词在语言运用中有哪些作用？

第三单元　社会价值

导语

党的十八大提出，倡导富强、民主、文明、和谐，倡导自由、平等、公正、法治，倡导爱国、敬业、诚信、友善，积极培育和践行社会主义核心价值观。富强、民主、文明、和谐是国家层面的价值目标，自由、平等、公正、法治是社会层面的价值取向，爱国、敬业、诚信、友善是公民个人层面的价值准则。在践行社会主义核心价值观的过程中，翻山越岭，还是涉水乘舟，一切全凭自己。走在实现社会价值的阡陌中，不必让自己背负太多，淡淡听风，才能走得轻松。一些得到，不一定长久；一些失去，未必不会再有。重要的是：在历史的洪流中实现个人的社会价值，让心在阳光下学会舞蹈；让灵魂在平淡中学会微笑。

每个人在社会发展中都有其存在的价值。正如山有山的高度，水有水的深度，没必要攀比，每个人都有自己的长处；风有风的自由，云有云的温柔，没必要模仿，每个人都有践行社会主义核心价值观的方式。

在践行社会主义核心价值观过程中，心态很重要。要学会微笑，才能云散风清，意纵天高；要学会适应，才能随遇而安，烦忧隐形；要学会理解，才能花好月圆，万般和谐；要学会宽容，才能天马行空，唯我纵情；要学会善良，才能左右逢源，随心所愿；要学会欣赏，才能志趣悠长，德兴芬芳；要学会忍耐，才能幸福花开，人生豪迈。

在践行社会主义核心价值观过程中需要坚守一颗有梦想的心。心若在，梦就在，有梦就有精彩；心若在，爱就在，有爱就有人生的澎湃，有爱就会创造天才；心在哪里，力量就在哪里；心在哪里，风景就在哪里；心在哪里，收获就在哪里。只要我们捧着一颗超越之心、进取之心、感恩之心和宽容之心，去拥抱社会，投身实践，就一定能够实现人生的光荣与梦想。只要我们能够做到像陶行知先生所倡导的“捧着一颗心来，不带半根草去”的人生豪迈，就一定能够创造无愧于时代、无愧于人民的精彩与辉煌。

大　同[1]

【课文导读】

“大同”的观念是战国诸子的社会理想，具有强烈的时代特征。在秩序分崩、异说纷呈、动荡不安的战国时代，墨家就曾提出过“尚同”的社会学说，要求社会各阶级处于同一的状态。道家也提出，圣人必须“合乎大同”，这里的“大同”是“大道”或“自然”的代名词。而《礼运》中孔子阐论的大同、大道，则是儒家最高的道德、和平、公正的社会政治状态。儒家不仅描绘了大同的理想，还指出了通过实行礼制来实现大同的途径，并提出了阶段性的目标。

在大同思想中，贯穿着一个道德递衰的史观，即三代以前称为“大同”，三代以后称为“小康”。但与道家不同的是，儒家的上古时代并非自然原始的时代，而是孔子称赞的尧舜时代。这个时代虽然也“无为而治”，却不是自然而为，而是道德自觉地运行，不再有强迫的礼义制约。“大同”与“小康”的概念对中国人的历史观念影响很大，近现代民主思想正是借用了“大同”的概念，如康有为撰写《大同书》，孙中山提倡“天下为公”。而“小康”今天也被我们用来代称阶段性的社会目标。

这篇作品的文字铺张扬厉，语句谐韵，视野开阔，气势充沛，流露出对人类历史的深刻思考和对人类命运的关爱之情，可谓情理并重，典雅崇高，很多文句已成为格言。

昔者仲尼与于蜡宾[2]，事毕，出游于观[3]之上，喟然而叹。仲尼之叹，盖[4]叹鲁[5]也。言偃[6]在侧曰：“君子[7]何叹?”孔子曰：“大道之行[8]也，与三代之英[9]，丘未之逮[10]也，而有志焉[11]。”

“大道之行也，天下为公[12]。选贤与能[13]，讲信修睦[14]，故人不独亲其亲，不独子其子[15]，使老有所终[16]，壮有所用[17]，幼有所长[18]，矜寡孤独废疾者，皆有所养[19]。男有分[20]，女有归[21]。货[22]，恶其弃[23]于地也，不必藏于己；力，恶其不出于身[24]也，不必为己。是故，谋闭而不兴[25]，盗窃乱贼而不作[26]，故外户而不闭[27]，是谓大同。”

“今大道既隐[28]，天下为家[29]，各亲其亲，各子其子，货力为己，大人世及以为礼[30]。城郭沟池以为固[31]，礼义以为纪[32]；以正君臣[33]，以笃父子，以睦兄弟，以和夫妇，以设[34]制度，以立田里[35]，以贤勇知[36]，以功为己[37]。故谋用是作[38]，而兵[39]由此起。禹汤文武成王周公，由此其选也[40]。此六君子者，未有不谨于礼者也。以著其义[41]，以考其信[42]，著有过[43]，刑仁讲让[44]，示民有常[45]。如有不由此者，在势者去[46]，众以为殃[47]，是谓小康[48]。”

【注释】

［1］节选自《礼记正义》（选自清·阮元校《十三经注疏》，中华书局1980年版）卷二十一。《礼记正义》是儒家十三经之一，是学习、研究古代文化遗产的重要文献。汉代有郑玄作注，唐代有孔颖达为之正义，都是古人对《礼记》的注释，是今人阅读研究《礼记》的重要版本。《礼记》是战国秦汉时期儒家思想文献的汇编，以对古代礼制的讨论与阐发为主要内容。其中保存了孔子及其弟子的许多思想，并被他们的后学传承或发挥。相传西汉经师戴德和其族子戴圣各自辑录了《礼记》。前者所辑通称《大戴礼记》，原有85篇，今存39篇。后者所辑即通行本《礼记》，计49篇，《礼运》是其中的第九篇。大同，这里指儒家思想中上古尧舜时代的和平状态。《礼记》是战国至秦汉年间儒家学者解释说明经书《仪礼》的文章选集，是一部儒家思想的资料汇编。《礼记》的作者不止一人，写作时间也有先有后，其中多数篇章可能是孔子的七十二弟子及其学生们的作品，还兼收先秦的其他典籍。

［2］昔者：从前，当初。仲尼：孔子。与（yù）于蜡宾：参与蜡祭，作为陪祭人员。与：参加。蜡（zhà）：古代天子诸侯举行的年终祭祀。宾：陪同祭祀的人。

［3］观（guàn）：宗庙正门外两侧相对的象征性建筑，又叫“阙”。

［4］盖：大概。

［5］叹鲁：叹息鲁国礼乐的衰败。鲁国是周公的封国，比其他诸侯国的礼制地位高。西周东迁之后，周礼尽在鲁。而以鲁国为代表的周礼的崩溃，引发孔子对上古理想社会的向往。

［6］言偃：姓言名偃，字子游，吴人。孔子弟子，比孔子小45岁。

［7］君子：言偃对孔子的称呼。

［8］大道之行：指广大无私的时代。这里指尧舜时代。

［9］三代之英：指夏、商、周三代的开创者，即禹、汤、文王和武王。英：英俊杰出的圣人。

［10］逮：及，赶上。

［11］有志焉：有志于此。即内心向往，有志实践。

［12］天下为公：天下的一切都是公共的。这里指君主的选举方法。天子选择贤人并将王位禅让给他，而不传给自己的子孙。

［13］选贤与能：推选贤能的人。与：繁体字做“舆”，通“举”，推荐。能：有才干的人。

［14］讲信修睦：讲求诚信，谐调和睦。

［15］人不独亲其亲，不独子其子：人们不只是把自己的父母当作父母来侍奉，不只是把自己的子女当作子女来抚养。两句中的第一个“亲”和“子”都作动词，意为“以……为

亲”“以……为子”。

[16]老：老人。有所终：有得以善终的条件。

[17]壮有所用：壮年人有被任用的机会。

[18]幼：儿童。有所长：得到抚养教育，健康成长。

[19]矜：通“鳏”，无妻之夫。寡：无夫之妇。孤：孤儿。独：无子女的老人。废：残废的人。疾：生病的人。有所养：得到供养和保障。

[20]男有分：男子都有自己的职分，安于自己的职业。

[21]女有归：女子都有自己的夫家，安于自己的家庭。

[22]货：财货。

[23]弃：抛弃，委弃。

[24]身：自身。

[25]谋闭而不兴：奸谋闭塞而不萌发。

[26]盗窃乱贼而不作：盗窃、叛乱、残害之事不发生。

[27]外户而不闭：出门不用上锁。外户：出门时从外面将门合上。外：从外面。闭：锁门。

[28]隐：消逝。

[29]天下为家：天下的一切都成了私家。这里指天子传位给自家的子孙而不禅让给贤人。

[30]大人：诸侯士大夫们。世及以为礼：即“以世及为礼”，把血缘世袭当作礼法制度。世：父传位给子。及：兄传位给弟。

[31]城郭沟地以为固：将城墙、壕沟作为坚固的防御工事。沟地：护城壕沟。固：坚固的军事工事。

[32]纪：纲纪。

[33]以正君臣：即“以之正君臣”，用来使君臣关系规范。省略了“之”，以下七句的句式相同。正：使动动词，使……规范。以下三句的“笃”“睦”“和”用法相同，意为使……关系淳厚、使……关系和睦、使……关系和谐。

[34]设：设置。

[35]立：规范。田里：乡里。

[36]以贤勇知：把有勇有谋的人当成贤能的人才。

[37]以功为己：把为自己做事当作建立公德。

[38]故谋用是作：所以奸谋因此而萌发。用：由。

[39]兵：战乱。

[40]禹汤文武成王周公，因此其选也：指（在这种大道既隐的时代），禹、汤、文、武、成王、周公因而能够成为超拔杰出的人物。选：选拔出来的杰出人物。

[41]以著其义：即“以之著其义”，用礼来表彰合乎道义的事。

[42]以考其信：用礼来成就合乎信义的事。

[43]著有过：用礼来揭露过失。

[44]刑仁：把仁义当作规范。刑：通“型”，规范，法则。讲让：提倡谦让。

[45]示民有常：用礼来向民众昭示一切都有常规。

[46]在势者去：在位的人将被罢黜。势，权势。

[47]众以为殃：人们以此（不用礼）为祸害。

[48]小康：小安。康：安康。

【思考与练习】

1. 阅读《墨子·尚同》，跟《大同》做比较研究，讨论或撰写一篇诸如《墨家尚同思想与儒家大同思想的比较》的文章。或选读《老子》《庄子》《韩非子》等先秦诸子的著作，归纳他们的社会理想。

2. 你认为大同思想在当今全球化的社会进程中是否还有价值？

3.《大同》篇的艺术感染力除来自儒家用世的感情之外，还来自于文字的表达，试总结其中最主要的修辞手法。

秋兴八首(其一)[1]

杜 甫

【课文导读】

杜甫(712—770年)，字子美，原籍湖北襄阳，生于河南巩县。初唐诗人杜审言之孙。唐肃宗时，官左拾遗。又任剑南节度府参谋，加检校工部员外郎，故后世又称杜拾遗、杜工部。有《杜工部集》。伟大的现实主义诗人，有“诗圣”的美誉。杜甫和李白齐名，世称“李杜”。

《秋兴》八首是大历元年(766年)杜甫五十五岁旅居夔州时的作品。选录的第一首是组诗的序曲，它体现了诗人晚年的思想感情和艺术成就。

在思想内容上，诗人形象描绘巫山巫峡的秋色，以“江间波浪兼天涌，塞上风云接地阴”烘托出动荡不安的环境气氛，又以“孤舟一系故园心”把诗人个人身世以及国家丧乱有机结合，抒发了诗人忧国之情和孤独抑郁之感。

在艺术特色上，抒情写景达到了情景的和谐统一，是抒情诗里的典范。如“巫山巫峡气萧森”把峡谷的深秋，诗人个人身世以及国家丧乱都包括在里面，达到了情景交融。此外，对仗工整，如“丛菊两开他日泪，孤舟一系故园心”，也是一大特色。

雨露凋伤枫树林[2]，巫山巫峡气萧森。
江间波浪兼天涌[3]，塞上[4]风云接地阴[5]。
丛菊两开他日泪[6]，孤舟一系故园心。
寒衣处处催刀尺[7]，白帝城[8]高急暮砧[9]。

【注释】

[1]本文选自《全唐诗》，编于清康熙四十四年(1705年)，共计900卷，目录12卷。

[2]“雨露”句：意谓枫树在深秋露水的侵蚀下逐渐凋零、伤残。雨露：白露。

[3]江间：此指巫峡。兼天涌：波浪滔天。

[4]塞上：边塞，关塞，此指形势险要的巫峡上空。塞：关隘险要之地。

[5]接地阴：天地一片阴沉沉。接：连接，迫近。

[6]“丛菊”句：流寓夔州(今四川奉节)已经两年，东归之愿仍未实现，每见菊花开绽就伤心落泪。

[7]寒衣：御寒的衣服，冬衣。催刀尺：赶制冬衣。刀尺：指制衣时用的工具。

[8]白帝城：在夔州城东之白帝山上，为汉代公孙述所筑。

[9]急暮砧(zhēn)：薄暮时分，捣制寒衣的砧声一阵紧似一阵。砧：捣衣的垫石。

【思考与练习】

1.《秋兴》是在什么背景下创作的?

2.“江间”“塞上”分别指什么?

3.《秋兴》思想内容和艺术特色各是什么?

鹧鸪天·刘思肯画史为余写小像虽不尽肖聊为题之[1]

王夫之

【课文导读】

王夫之(1619—1692年)，字而农，别号姜斋。明既亡，王夫之隐于湖南衡阳县的石船山，故学者称之为船山先生。王夫子是明末清初著名的学者，伟大的思想家、哲学家和杰出的诗人、词人。

该词选自《姜斋词集》，作于船山晚年，表现了船山诙谐达观的个性和壮志难酬的悲愤。

把镜相看认不来，问人云此是姜斋[2]。龟于朽后随人卜[3]，梦未圆时莫浪猜[4]。谁笔仗？此形骸。闲愁输汝两眉开。铅华[5]未落君还在，我自从天乞活埋[6]。

【注释】

[1]刘思肯：衡阳人，受业船山。其兄弟均擅六法。船山乙卯赠诗有“故园枝叶记家，兄弟风流竞笔华”之句。再为船山画像，船山赋赠七律二首，所谓“惜十年之别，来访山中，为画衰容”者(《七十四定稿》)。

[2]姜斋：船山晚年自号。

[3]龟：古代以龟甲为占卜之具。

[4]“梦未”句：“即言此身一日未死，尚是有明孤臣所续之梦一日未圆。”

[5]铅华：铅粉，化妆之用。《文选·曹植〈洛神赋〉》：“芳泽无加，铅华弗御。”李善注：“铅华，粉也。”有曹植《七启》：“玄眉驰兮铅华落，乱收发兮拂兰泽。”

[6]“我自”句：再欲早了此身，以完此梦。

【思考与练习】

1. 王夫之的梦是什么？

2. 这首词体现了王夫之什么样的人生价值观？

敬告青年[1]

陈独秀

【课文导读】

1915 年 9 月 15 日，陈独秀主编的《青年杂志》在上海创刊。从 1916 年 9 月起改名为《新青年》。陈独秀所写的发刊词《敬告青年》是该刊的纲领性文章。

在《敬告青年》这篇著名的文章中，陈独秀指出“人权说”“生物进化论”“社会主义”，这三事是近代文明的特征，要实现这社会变革的三事，关键在于新一代的自身觉悟和观念更新。他勉励青年崇尚自由、进步、科学，要有世界眼光，要讲求实行和进取。他总结近代欧洲强盛的原因，认为人权和科学是推动社会历史前进的两个车轮，从而首先在中国高举起科学与民主两面大旗。《新青年》的创刊是新文化运动兴起的标志，《敬告青年》一文则成为新文化运动的宣言书。

这篇文章发表于五四运动之前的四年。用近代史的观点来看，当时的中国革命还只是旧民主主义革命。所以，可以说这篇“檄文”在激励号召青年同过去决裂的时候，还未指明决裂之后的方向。摆脱了过去，又该何去何从，这个答案，则自然留给了其后的革命者来回答了。

作者在《敬告青年》一文中擂响了思想解放运动的战鼓。他旁征博引、“涕泣陈辞”，寄希望于活泼之青年，具有巨大的号召力和鼓动性。

窃以少年老成，中国称人之语也；年长而勿衰(Keep young while growing old)，英、美人相勖之辞也，此亦东西民族涉想不同、现象趋异之一端欤？青年如初春，如朝日，如百卉之萌动，如利刃之新发于硎，人生最可宝贵之时期也。青年之于社会，犹新鲜活泼细胞之在人身。新陈代谢，陈腐朽败者无时不在天然淘汰之途，与新鲜活泼者以空间之位置及时间之生命。人身遵新陈代谢之道则健康，陈腐朽败之细胞充塞人身则人身死；社会遵新陈代谢之道则隆盛，陈腐朽败之分子充塞社会则社会亡。

准斯以谈，吾国之社会，其隆盛耶？抑将亡耶？非予之所忍言者。彼陈腐朽败之分子，一听其天然之淘汰，雅不愿以如流之岁月，与之说短道长，希冀其脱胎换骨也。予所欲涕泣陈词者，惟属望于新鲜活泼之青年，有以自觉而奋斗耳！

自觉者何？自觉其新鲜活泼之价值与责任，而自视不可卑也。奋斗者何？奋其智能，力排陈腐朽败者以去，视之若仇敌，若洪水猛兽，而不可与为邻，而不为其菌毒所传染也。

呜呼！吾国之青年，其果能语于此乎！吾见夫青年其年龄，而老年其身体者十之五焉；青年其年龄或身体，而老年其脑神经者十之九焉。华其发，泽其容，直其腰，广其膈，非不俨然青年也；及叩其头脑中所涉想，所怀抱，无一不与彼陈腐朽败者为一丘之貉。其始也未尝不新鲜活泼，寖假而为陈腐朽败分子所同化者，有之；寖假而畏陈腐朽败分子势力之庞大，瞻顾依回，不敢明目张胆作顽狠之抗斗者，有之。充塞社会之空气，无往而非陈腐朽败焉，求些少之新鲜活泼者，以慰吾人窒息之绝望，亦杳不可得。

循斯现象，于人身则必死，于社会则必亡。欲救此病，非太息咨嗟之所能济，是在一二敏于自觉、勇于奋斗之青年，发挥人间固有之智能，决择人间种种之思想，——孰为新鲜活泼而适于今世之争存，孰为陈腐朽败而不容留置于脑里，——利刃断铁，快刀理麻，决不作牵就依违之想，自度度人，社会庶几其有清宁之日也。青年乎！其有以此自任者乎？若夫明其是非，以供决择，谨陈六义，幸平心察之。

(一)自主的而非奴隶的。

等一人也，各有自主之权，绝无奴隶他人之权利，亦绝无以奴自处之义务。奴隶云者，古之昏弱对于强暴之横夺，而失其自由权利者之称也。自人权平等之说兴，奴隶之名，非血气所忍受。世称近世欧洲历史为“解放历史”——破坏君权，求政治之解放也；否认教权，求宗教之解放也；均产说兴，求经济之解放也；女子参政运动，求男权之解放也。

解放云者，脱离夫奴隶之羁绊，以完其自主自由之人格之谓也。我有手足，自谋温饱；我有口舌，自陈好恶；我有心思，自崇所信；绝不认他人之越俎，亦不应主我而奴他人；盖自认为独立自主之人格以上，一切操行，一切权利，一切信仰，唯有听命各自固有之智能，断无盲从隶属他人之理。非然者，忠孝节义，奴隶之道德也(德国大哲尼采)别道德为二类：有独立心而勇敢者曰贵族道德(Morality of Noble)，谦逊而服从者曰奴隶道德(Morality of Slave)；轻刑薄赋，奴隶之幸福也；称颂功德，奴隶之文章也；拜爵赐第，奴隶之光荣也；丰碑高墓，奴隶之纪念物也；以其是非荣辱，听命他人，不以自身为本位，则个人独立平等之人格，消灭无存，其一切善恶行为，势不能诉之自身意志而课以功过；谓之奴隶，谁曰不宜？立德立功，首当辨此。

(二)进步的而非保守的。

人生如逆水行舟，不进则退，中国之恒言也。自宇宙之根本大法言之，森罗万象，无日不在演进之途，万无保守现状之理；特以俗见拘牵，谓有二境，此法兰西当代大哲柏格森(H. Bergson)之“创造进化论”(L’Evolution Creatrice)所以风靡一世也。以人事之进化言之，笃古不变之族，日就衰亡；日新求进之民，方兴未已；存亡之数，可以逆睹。矧在吾国，大梦未觉，故步自封，精之政教文章，粗之布帛水火，无一不相形丑曲拙，而可与当世争衡？

举凡残民害理之妖言，率能征之故训，而不可谓诬，谬种流传，岂自今始！固有之伦理、法律、学术、礼俗，无一非封建制度之遗，持较皙种之所为，以并世之人，而思想差迟，几及千载；尊重廿四朝之历史性，而不作改进之图，则驱吾民于二十世纪之世界以外，纳之奴隶牛马黑暗沟中而已，复何说哉！于此而言保守，诚不知为何项制度文物，可以适用生存于今世。吾宁忍过去国粹之消亡，而不忍现在及将来之民族，不适世界之生存而归削灭也。

呜呼！巴比伦人往矣，其文明尚有何等之效用耶？“皮之不存，毛将焉传？”世界进化，未有已焉。其不能善变而与之俱进者，将见其不适环境之争存，而退归天然淘汰已耳，保守云乎哉！

（三）进取的而非退隐的。

当此恶流奔进之时，得一二自好之士，洁身引退，岂非希世懿德。然欲以化民成俗，请于百尺竿头，再进一步。夫生存竞争，势所不免，一息尚存，即无守退安隐之余地。排万难而前行，乃人生之天职。以善意解之，退隐为高人出世之行；以恶意解之，退隐为弱者不适竞争之现象。欧俗以横厉无前为上德，亚洲以闲逸恬淡为美风，东西民族强弱之原因，斯其一矣。此退隐主义之根本缺点也。

若夫吾国之俗，习为委靡：苟取利禄者，不在论列之数；自好之士，希声隐沦，食粟衣帛，无益于世，世以雅人名士目之，实与游惰无择也。人心秽浊，不以此辈而有所补救，而国民抗往之风，植产之习，于焉以斩。人之生也，应战胜恶社会，而不可为恶社会所征服；应超出恶社会，进冒险苦斗之兵，而不可逃循恶社会，作退避安闲之想。呜呼！欧罗巴铁骑，入汝室矣，将高卧白云何处也？吾愿青年之为孔、墨，而不愿其为巢、由；吾愿青年之为托尔斯泰与达噶尔（R. Tagore，印度隐遁诗人），不若其为哥伦布与安重根！

（四）世界的而非锁国的。

并吾国而存立于大地者，大小凡四十余国，强半与吾有通商往来之谊。加之海陆交通，朝夕千里，古之所谓绝国，今视之若在户庭。举凡一国之经济政治状态有所变更，其影响率被于世界，不啻牵一发而动全身也。立国于今之世，其兴废存亡，视其国之内政者半，影响于国外者恒亦半焉。以吾国近事证之：日本勃兴，以促吾革命维新之局；欧洲战起，日本乃有对我之要求；此非其彰彰者耶？投一国于世界潮流之中，笃旧者固速其危亡，善变者反因以竞进。

吾国自通海以来，自悲观者言之，失地偿金，国力索矣；自乐观者言之，倘无甲午庚子两次之福音，至今犹在八股垂发时代。居今日而言锁国闭关之策，匪独力所不能，亦且势所不利。万邦并立，动辄相关，无论其国若何富强，亦不能漠视外情，自为风气。各国之制度文物，形式虽不必尽同，但不思驱其国于危亡者，其遵循共同原则之精神，渐趋一致，潮流所及，莫之能违。于此而执特别历史国情之说，以冀抗此潮流，是犹有锁国之精神，而无世界之智识。国民而无世界知识，其国将何以图存于世界之中？语云："闭户造车，出门未必合辙。"今之造车者，不但闭户，且欲以"周礼""考工"之制，行之欧美康庄，其患将不止不合辙已也！

(五)实利的而非虚文的。

自约翰弥尔(J. S. Mill)"实利主义"唱道于英，孔特(Comte)之"实验哲学"唱道于法，欧洲社会之制度，人心之思想，为之一变。最近德意志科学大兴，物质文明，造乎其极，制度人心，为之再变。举凡政治之所营，教育之所期，文学技术之所风尚，万马奔驰，无不齐集于厚生利用之一途。一切虚文空想之无裨于现实生活者，吐弃殆尽。当代大哲，若德意志之倭根(R. Eucken)，若法兰西之柏格森，虽不以现时物质文明为美备，咸揭橥生活(英文曰 Life，德文曰 Leben，法文曰 La vie)问题，为立言之的。生活神圣，正以此次战争，血染其鲜明之旗帜。欧人空想虚文之梦，势将觉悟无遗。

夫利用厚生，崇实际而薄虚玄，本吾国初民之俗；而今日之社会制度，人心思想，悉自周、汉两代而来，——周礼崇尚虚文，汉则罢黜百家而尊儒重道。——名教之所昭垂，人心之所祈向，无一不与社会现实生活背道而驰。倘不改弦而更张之，则国力莫由昭苏，社会永无宁日。祀天神而拯水旱，诵"孝经"以退黄巾，人非童昏，知其妄也。物之不切于实用者，虽金玉圭璋，不如布粟粪土。若事之无利于个人或社会现实生活者，皆虚文也，诳人之事也。诳人之事，虽祖宗之所遗留，圣贤之所垂教，政府之所提倡，社会之所崇尚，皆一文不值也！

(六)科学的而非想象的。

科学者何？吾人对于事物之概念，综合客观之现象，诉之主观之理性，而不矛盾之谓也。想象者何？既超脱客观之现象，复抛弃主观之理性，凭空构造，有假定而无实证，不可以人间已有之智灵，明其理由，道其法则者也。在昔蒙昧之世，当今浅化之民，有想象而无科学。宗教美文，皆想象时代之产物。近代欧洲之所以优越他族者，科学之兴，其功不在人权说下，若舟车之有两轮焉。今且日新月异，举凡一事之兴，一物之细，罔不诉之科学法则，以定其得失从违；其效将使人间之思想云为，一遵理性，而迷信斩焉，而无知妄作之风息焉。

国人而欲脱蒙昧时代，羞为浅化之民也，则急起直追，当以科学与人权并重。士不知科学，故袭阴阳家符瑞五行之说，惑世诬民，地气风水之谈，乞灵枯骨。农不知科学，故无择种去虫之术。工不知科学，故货弃于地，战斗生事之所需，一一仰给于异国。商不知科学，故惟识罔取近利，未来之胜算，无容心焉。医不知科学，既不解人身之构造，复不事药性之分析，菌毒传染，更无闻焉；惟知附会五行生克寒热阴阳之说，袭古方以投药饵，其术殆与矢人同科；其想象之最神奇者，莫如“气”之一说，其说且通于力士羽流之术，试遍索宇宙间，诚不知此“气”之果为何物也！

凡此无常识之思惟，无理由之信仰，欲根治之，厥为科学。夫以科学说明真理，事事求诸证实，较之想象武断之所为，其步度诚缓，然其步步皆踏实地，不若幻想突飞者之终无寸进也。宇宙间之事理无穷，科学领土内之膏腴待辟者，正自广阔。青年勉乎哉！

【注释】

[1]选自《陈独秀著作选》，上海人民出版社 1993 年版。有改动。

【思考与练习】

1. 分析该文所陈“六义”在当前有无现实意义。
2. 从青年人的角度，谈谈读对本文的感受和体会。

伤　逝[1]

——涓生的手记

鲁　迅

【课文导读】

鲁迅(1881—1936 年)，原名周樟寿，字豫才，1898 年到南京求学时改名周树人。1918 年发表《狂人日记》时，第一次使用笔名鲁迅。

《伤逝》是鲁迅小说中唯一一篇以爱情为题材的作品。在“五四”新文学时期，以爱情为题材的作品汗牛充栋，但像鲁迅这篇小说写得如此深刻、动人、别具一格却十分罕见。

《伤逝》一反当时流行的爱情小说的写法，它的重心不是歌颂青年男女的自由恋爱，而是写出自由恋爱的悲剧。而这悲剧的原因除了外部原因，更重要的是主人公自身的问题。我们可以从三个方面来理解这个作品的思想内涵。

第一，作品批判了那个无爱的社会，写出了那个冷酷的社会容不得自由恋爱。作品写了男女主人公在谈恋爱时，首先得面对叽叽喳喳的社会舆论。从作品中我们看到了当子君与涓生成双成对走着的时候，那一双双异样的眼睛向他们射出毒箭似的光，他们像看到怪物一样地看这对新潮男女。接着，涓生被单位开除了，因为他们的自由恋爱被认为是有伤风化。作品写出了这个容不得自由恋爱的社会的残酷无情，揭示出一个爱的虚无世界。匮乏的生存境遇外在地摧毁着爱。

第二，作品的深刻更在于反思为爱而爱的爱情观。子君勇敢地从家里走出与涓生同居后，有一种船到码头车到站的感觉。她认为她已走进了幸福，实现了理想。以往那些为实现爱情理想的努力已成过去。眼前的一切便是生命的一切。于是她扮演一个家庭主妇的角色，快乐地从事洗衣、做饭、养鸡、喂狗等家务。这本是一个温馨的家庭所应有的内容。但是这种温馨很快就凝固下来，热恋中的两人慢慢变得无话可说。主人公终于认识到，永久的安宁和幸福是要凝固的。需要的贫乏，创造力的萎缩，内在地毁灭着爱的人格和人性的根基。因此，爱情必须时时更新、生长、创造。

第三，作品对个性解放的思想武器进行反思。它暗示个人的解放必须与社会改革联系一起。青年男女不要盲目地为爱而爱，须知，人必生活着，爱才有所附丽。

《伤逝》的魅力还在于它把人物的悲剧命运用独特的叙述方式展示出来：以第一人称“我”诉说自己亲历爱情悲剧的感受，有怀念，有自责，在怀念和自责中哀悼逝去的爱情。既有向读者诉说爱情悲剧产生的过程，总结造成悲剧的原因和教训，又通过内心独白方式抒发自己的内疚和悔恨。浓重的感伤情调形成沉重的悲剧氛围，从而使作品具有独特的美学风格。

如果我能够，我要写下我的悔恨和悲哀，为子君，为自己。

会馆里的被遗忘在偏僻里的破屋是这样地寂静和空虚。时光过得真快，我爱子君，仗着她逃出这寂静和空虚，已经满一年了。事情又这么不凑巧，我重来时，偏偏空着的又只有这一间屋。依然是这样的破窗，这样的窗外的半枯的槐树和老紫藤，这样的窗前的方桌，这样的败壁，这样的靠壁的板床。深夜中独自躺在床上，就如我未曾和子君同居以前一般，过去一年中的时光全被消灭，全未有过，我并没有曾经从这破屋子搬出，在吉兆胡同创立了满怀希望的小小的家庭。

不但如此。在一年之前，这寂静和空虚是并不这样的，常常含着期待；期待子君的到来。在久待的焦躁中，一听到皮鞋的高底尖触着砖路的清响，是怎样地使我骤然生动起来呵！于是就看见带着笑涡的苍白的圆脸，苍白的瘦的臂膊，布的有条纹的衫子，玄色的裙。她又带了窗外的半枯的槐树的新叶来，使我看见，还有挂在铁似的老干上的一房一房的紫白的藤花。

然而现在呢，只有寂静和空虚依旧，子君却决不再来了，而且永远，永远地！……

子君不在我这破屋里时，我什么也看不见。在百无聊赖中，顺手抓过一本书来，科学也好，文学也好，横竖什么都一样；看下去，看下去，忽而自己觉得，已经翻了十多页了，但是毫不记得书上所说的事。只是耳朵却分外地灵，仿佛听到大门外一切往来的履声，从中便有子君的，而且橐橐地逐渐临近，——但是，往往又逐渐渺茫，终于消失在别的步声的杂沓中了。我憎恶那不像子君鞋声的穿布底鞋的长班[2]的儿子，我憎恶那太像子君鞋声的常常穿着新皮鞋的邻院的搽雪花膏的小东西！

莫非她翻了车么？莫非她被电车撞伤了么？……

我便要取了帽子去看她，然而她的胞叔就曾经当面骂过我。

蓦然，她的鞋声近来了，一步响于一步，迎出去时，却已经走过紫藤棚下，脸上带着微笑的酒窝。她在她叔子的家里大约并未受气；我的心宁帖了，默默地相视片时之后，破屋里便渐渐充满了我的语声，谈家庭专制，谈打破旧习惯，谈男女平等，谈伊孛生[3]，谈泰戈尔[4]，谈雪莱[5]……。她总是微笑点头，两眼里弥漫着稚气的好奇的光泽。壁上就钉着一张铜板的雪莱半身像，是从杂志上裁下来的，是他的最美的一张像。当我指给她看时，她却只草草一看，便低了头，似乎不好意思了。这些地方，子君就大概还未脱尽旧思想的束缚，——我后来也想，倒不如换一张雪莱淹死在海里的纪念像或是伊孛生的罢；但也终于没有换，现在是连这一张也不知那里去了。

“我是我自己的，他们谁也没有干涉我的权利!”

这是我们交际了半年，又谈起她在这里的胞叔和在家的父亲时，她默想了一会之后，分明地，坚决地，沉静地说了出来的话。其时是我已经说尽了我的意见，我的身世，我的缺点，很少隐瞒；她也完全了解的了。这几句话很震动了我的灵魂，此后许多天还在耳中发响，而且说不出的狂喜，知道中国女性，并不如厌世家所说那样的无法可施，在不远的将来，便要看见辉煌的曙色的。

送她出门，照例是相离十多步远；照例是那鲇鱼须的老东西的脸又紧贴在脏的窗玻璃上了，连鼻尖都挤成一个小平面；到外院，照例又是明晃晃的玻璃窗里的那小东西的脸，加厚的雪花膏。她目不邪视地骄傲地走了，没有看见；我骄傲地回来。

“我是我自己的，他们谁也没有干涉我的权利!”这彻底的思想就在她的脑里，比我还透澈，坚强得多。半瓶雪花膏和鼻尖的小平面，于她能算什么东西呢?

我已经记不清那时怎样地将我的纯真热烈的爱表示给她。岂但现在，那时的事后便已模胡，夜间回想，早只剩了一些断片了；同居以后一两月，便连这些断片也化作无可追踪的梦影。我只记得那时以前的十几天，曾经很仔细地研究过表示的态度，排列过措辞的先后，以及倘或遭了拒绝以后的情形。可是临时似乎都无用，在慌张中，身不由己地竟用了在电影上见过的方法了。后来一想到，就使我很愧恧，但在记忆上却偏只有这一点永远留遗，至今还如暗室的孤灯一般，照见我含泪握着她的手，一条腿跪了下去……。

不但我自己的，便是子君的言语举动，我那时就没有看得分明；仅知道她已经允许我了。但也还仿佛记得她脸色变成青白，后来又渐渐转作绯红，——没有见过，也没有再见的绯红；孩子似的眼里射出悲喜，但是夹着惊疑的光，虽然力避我的视线，张皇地似乎要破窗飞去。然而我知道她已经允许我了，没有知道她怎样说或是没有说。

她却是什么都记得：我的言辞，竟至于读熟了的一般，能够滔滔背诵；我的举动，就如有一张我所看不见的影片挂在眼下，叙述得如生，很细微，自然连那使我不愿再想的浅薄的电影的一闪。夜阑人静，是相对温习的时候了，我常是被质问，被考验，并且被命复述当时的言语，然而常须由她补足，由她纠正，像一个丁等的学生。

这温习后来也渐渐稀疏起来。但我只要看见她两眼注视空中，出神似的凝想着，于是神色越加柔和，笑窝也深下去，便知道她又在自修旧课了，只是我很怕她看到我那可笑的电影的一闪。但我又知道，她一定要看见，而且也非看不可的。然而她并不觉得可笑。即使我自己以为可笑，甚而至于可鄙的，她也毫不以为可笑。这事我知道得很清楚，因为她爱我，是这样地热烈，这样地纯真。

去年的暮春是最为幸福，也是最为忙碌的时光。我的心平静下去了，但又有别一部分和身体一同忙碌起来。我们这时才在路上同行，也到过几回公园，最多的是寻住所。我觉得在路上时时遇到探索，讥笑，猥亵和轻蔑的眼光，一不小心，便使我的全身有些瑟缩，只得即刻提起我的骄傲和反抗来支持。她却是大无畏的，对于这些全不关心，只是镇静地缓缓前行，坦然如入无人之境。

寻住所实在不是容易事，大半是被托辞拒绝，小半是我们以为不相宜。起先我们选择得很苛酷，——也非苛酷，因为看去大抵不像是我们的安身之所；后来，便只要他们能相容了。看了二十多处，这才得到可以暂且敷衍的处所，是吉兆胡同一所小屋里的两间南屋；主人是一个小官，然而倒是明白人，自住着正屋和厢房。他只有夫人和一个不到周岁的女孩子，雇一个乡下的女工，只要孩子不啼哭，是极其安闲幽静的。

我们的家具很简单，但已经用去了我的筹来的款子的大半；子君还卖掉了她唯一的金戒指和耳环。我拦阻她，还是定要卖，我也就不再坚持下去了；我知道不给她加入一点股分去，她是住不舒服的。

和她的叔子，她早经闹开，至于使他气愤到不再认她做侄女；我也陆续和几个自以为忠告，其实是替我胆怯，或者竟是嫉妒的朋友绝了交。然而这倒很清静。每日办公散后，虽然已近黄昏，车夫又一定走得这样慢，但究竟还有二人相对的时候。我们先是沉默的相视，接着是放怀而亲密的交谈，后来又是沉默。大家低头沉思着，却并未想着什么事。我也渐渐清醒地读遍了她的身体，她的灵魂，不过三星期，我似乎于她已经更加了解，揭去许多先前以为了解而现在看来却是隔膜，即所谓真的隔膜了。

子君也逐日活泼起来。但她并不爱花，我在庙会[6]时买来的两盆小草花，四天不浇，枯死在壁角了，我又没有照顾一切的闲暇。然而她爱动物，也许是从官太太那里传染的罢，不一月，我们的眷属便骤然加得很多，四只小油鸡，在小院子里和房主人的十多只在一同走。但她们却认识鸡的相貌，各知道那一只是自家的。还有一只花白的叭儿狗，从庙会买来，记得似乎原有名字，子君却给它另起了一个，叫作阿随。我就叫它阿随，但我不喜欢这名字。

这是真的，爱情必须时时更新，生长，创造。我和子君说起这，她也领会地点点头。

唉唉，那是怎样的宁静而幸福的夜呵！

安宁和幸福是要凝固的，永久是这样的安宁和幸福。我们在会馆里时，还偶有议论的冲突和意思的误会，自从到吉兆胡同以来，连这一点也没有了；我们只在灯下对坐的怀旧谭中，回味那时冲突以后的和解的重生一般的乐趣。

子君竟胖了起来，脸色也红活了；可惜的是忙。管了家务便连谈天的工夫也没有，何况读书和散步。我们常说，我们总还得雇一个女工。

这就使我也一样地不快活，傍晚回来，常见她包藏着不快活的颜色，尤其使我不乐的是她要装作勉强的笑容。幸而探听出来了，也还是和那小官太太的暗斗，导火线便是两家的小油鸡。但又何必硬不告诉我呢？人总该有一个独立的家庭。这样的处所，是不能居住的。

我的路也铸定了，每星期中的六天，是由家到局，又由局到家。在局里便坐在办公桌前钞，钞，钞些公文和信件；在家里是和她相对或帮她生白炉子，煮饭，蒸馒头。我的学会了煮饭，就在这时候。

但我的食品却比在会馆里时好得多了。做菜虽不是子君的特长，然而她于此却倾注着全力；对于她的日夜的操心，使我也不能不一同操心，来算作分甘共苦。况且她又这样地终日汗流满面，短发都粘在脑额上；两只手又只是这样地粗糙起来。

况且还要饲阿随，饲油鸡，……都是非她不可的工作。

我曾经忠告她：我不吃，倒也罢了；却万不可这样地操劳。她只看了我一眼，不开口，神色却似乎有点凄然；我也只好不开口。然而她还是这样地操劳。

我所豫期的打击果然到来。双十节的前一晚，我呆坐着，她在洗碗。听到打门声，我去开门时，是局里的信差，交给我一张油印的纸条。我就有些料到了，到灯下去一看，果然，印着的就是：奉局长谕史涓生着毋庸到局办事 秘书处启十月九号。

这在会馆里时，我就早已料到了；那雪花膏便是局长的儿子的赌友，一定要去添些谣言，设法报告的。到现在才发生效验，已经要算是很晚的了。其实这在我不能算是一个打击，因为我早就决定，可以给别人去钞写，或者教读，或者虽然费力，也还可以译点书，况且《自由之友》的总编辑便是见过几次的熟人，两月前还通过信。但我的心却跳跃着。那么一个无畏的子君也变了色，尤其使我痛心；她近来似乎也较为怯弱了。

“那算什么。哼，我们干新的。我们……。”她说。

她的话没有说完；不知怎地，那声音在我听去却只是浮浮的；灯光也觉得格外黯淡。人们真是可笑的动物，一点极微末的小事情，便会受着很深的影响。我们先是默默地相视，逐渐商量起来，终于决定将现有的钱竭力节省，一面登“小广告”去寻求钞写和教读，一面写信给《自由之友》的总编辑，说明我目下的遭遇，请他收用我的译本，给我帮一点艰辛时候的忙。

“说做，就做罢！来开一条新的路！”

我立刻转身向了书案，推开盛香油的瓶子和醋碟，子君便送过那黯淡的灯来。我先拟广告；其次是选定可译的书，迁移以来未曾翻阅过，每本的头上都满漫着灰尘了；最后才写信。

我很费踌躕，不知道怎样措辞好，当停笔凝思的时候，转眼去一瞥她的脸，在昏暗的灯光下，又很见得凄然。我真不料这样微细的小事情，竟会给坚决的，无畏的子君以这么显著的变化。她近来实在变得很怯弱了，但也并不是今夜才开始的。我的心因此更缭乱，忽然有安宁的生活的影像——会馆里的破屋的寂静，在眼前一闪，刚刚想定睛凝视，却又看见了昏暗的灯光。

许久之后，信也写成了，是一封颇长的信；很觉得疲劳，仿佛近来自己也较为怯弱了。于是我们决定，广告和发信，就在明日一同实行。大家不约而同地伸直了腰肢，在无言中，似乎又都感到彼此的坚忍崛强的精神，还看见从新萌芽起来的将来的希望。

外来的打击其实倒是振作了我们的新精神。局里的生活，原如鸟贩子手里的禽鸟一般，仅有一点小米维系残生，决不会肥胖；日子一久，只落得麻痹了翅子，即使放出笼外，早已不能奋飞。现在总算脱出这牢笼了，我从此要在新的开阔的天空中翱翔，趁我还未忘却了我的翅子的扇动。

小广告是一时自然不会发生效力的；但译书也不是容易事，先前看过，以为已经懂得的，一动手，却疑难百出了，进行得很慢。然而我决计努力地做，一本半新的字典，不到半月，边上便有了一大片乌黑的指痕，这就证明着我的工作的切实。《自由之友》的总编辑曾经说过，他的刊物是决不会埋没好稿子的。

可惜的是我没有一间静室，子君又没有先前那么幽静，善于体帖了，屋子里总是散乱着碗碟，弥漫着煤烟，使人不能安心做事，但是这自然还只能怨我自己无力置一间书斋。然而又加以阿随，加以油鸡们。加以油鸡们又大起来了，更容易成为两家争吵的引线。

加以每日的“川流不息”的吃饭；子君的功业，仿佛就完全建立在这吃饭中。吃了筹钱，筹来吃饭，还要喂阿随，饲油鸡；她似乎将先前所知道的全都忘掉了，也不想到我的构思就常常为了这催促吃饭而打断。即使在坐中给看一点怒色，她总是不改变，仍然毫无感触似的大嚼起来。

使她明白了我的作工不能受规定的吃饭的束缚，就费去五星期。她明白之后，大约很不高兴罢，可是没有说。我的工作果然从此较为迅速地进行，不久就共译了五万言，只要润色一回，便可以和做好的两篇小品，一同寄给《自由之友》去。只是吃饭却依然给我苦恼。菜冷，是无妨的，然而竟不够；有时连饭也不够，虽然我因为终日坐在家里用脑，饭量已经比先前要减少得多。这是先去喂了阿随了，有时还并那近来连自己也轻易不吃的羊肉。她说，阿随实在瘦得太可怜，房东太太还因此嗤笑我们了，她受不住这样的奚落。

于是吃我残饭的便只有油鸡们。这是我积久才看出来的，但同时也如赫胥黎[7]的论定“人类在宇宙间的位置”一般，自觉了我在这里的位置：不过是叭儿狗和油鸡之间。

后来，经多次的抗争和催逼，油鸡们也逐渐成为肴馔，我们和阿随都享用了十多日的鲜肥；可是其实都很瘦，因为它们早已每日只能得到几粒高粱了。从此便清静得多。只有子君很颓唐，似乎常觉得凄苦和无聊，至于不大愿意开口。我想，人是多么容易改变呵！

但是阿随也将留不住了。我们已经不能再希望从什么地方会有来信，子君也早没有一点食物可以引它打拱或直立起来。冬季又逼近得这么快，火炉就要成为很大的问题；它的食量，在我们其实早是一个极易觉得的很重的负担。于是连它也留不住了。

倘使插了草标[8]到庙市去出卖，也许能得几文钱罢，然而我们都不能，也不愿这样做。终于是用包袱蒙着头，由我带到西郊去放掉了，还要追上来，便推在一个并不很深的土坑里。

我一回寓，觉得又清静得多多了；但子君的凄惨的神色，却使我很吃惊。那是没有见过的神色，自然是为阿随。但又何至于此呢？我还没有说起推在土坑里的事。

到夜间，在她的凄惨的神色中，加上冰冷的分子了。

“奇怪。——子君，你怎么今天这样儿了?”我忍不住问。

“什么?”她连看也不看我。

“你的脸色……。”

“没有什么，——什么也没有。”

我终于从她言动上看出，她大概已经认定我是一个忍心的人。其实，我一个人，是容易生活的，虽然因为骄傲，向来不与世交来往，迁居以后，也疏远了所有旧识的人，然而只要能远走高飞，生路还宽广得很。现在忍受着这生活压迫的苦痛，大半倒是为她，便是放掉阿随，也何尝不如此。但子君的识见却似乎只是浅薄起来，竟至于连这一点也想不到了。

我拣了一个机会，将这些道理暗示她；她领会似的点头。然而看她后来的情形，她是没有懂，或者是并不相信的。

天气的冷和神情的冷，逼迫我不能在家庭中安身。但是，往那里去呢？大道上，公园里，虽然没有冰冷的神情，冷风究竟也刺得人皮肤欲裂。我终于在通俗图书馆里觅得了我的天堂。

那里无须买票；阅书室里又装着两个铁火炉。纵使不过是烧着不死不活的煤的火炉，但单是看见装着它，精神上也就总觉得有些温暖。书却无可看：旧的陈腐，新的是几乎没有的。

好在我到那里去也并非为看书。另外时常还有几个人，多则十余人，都是单薄衣裳，正如我，各人看各人的书，作为取暖的口实。这于我尤为合式。道路上容易遇见熟人，得到轻蔑的一瞥，但此地却决无那样的横祸，因为他们是永远围在别的铁炉旁，或者靠在自家的白炉边的。

那里虽然没有书给我看，却还有安闲容得我想。待到孤身枯坐，回忆从前，这才觉得大半年来，只为了爱，——盲目的爱，——而将别的人生的要义全盘疏忽了。第一，便是生活。人必生活着，爱才有所附丽。世界上并非没有为了奋斗者而开的活路；我也还未忘却翅子的扇动，虽然比先前已经颓唐得多……。

屋子和读者渐渐消失了，我看见怒涛中的渔夫，战壕中的兵士，摩托车[9]中的贵人，洋场上的投机家，深山密林中的豪杰，讲台上的教授，昏夜的运动者和深夜的偷儿……。子君，——不在近旁。她的勇气都失掉了，只为着阿随悲愤，为着做饭出神；然而奇怪的是倒也并不怎样瘦损……。

冷了起来，火炉里的不死不活的几片硬煤，也终于烧尽了，已是闭馆的时候。又须回到吉兆胡同，领略冰冷的颜色去了。近来也间或遇到温暖的神情，但这却反而增加我的苦痛。记得有一夜，子君的眼里忽而又发出久已不见的稚气的光来，笑着和我谈到还在会馆时候的情形，时时又很带些恐怖的神色。我知道我近来的超过她的冷漠，已经引起她的忧疑来，只得也勉力谈笑，想给她一点慰藉。然而我的笑貌一上脸，我的话一出口，却即刻变为空虚，这空虚又即刻发生反响，回向我的耳目里，给我一个难堪的恶毒的冷嘲。子君似乎也觉得的，从此便失掉了她往常的麻木似的镇静，虽然竭力掩饰，总还是时时露出忧疑的神色来，但对我却温和得多了。

我要明告她，但我还没有敢，当决心要说的时候，看见她孩子一般的眼色，就使我只得暂且改作勉强的欢容。但是这又即刻来冷嘲我，并使我失却那冷漠的镇静。

她从此又开始了往事的温习和新的考验，逼我做出许多虚伪的温存的答案来，将温存示给她，虚伪的草稿便写在自己的心上。我的心渐被这些草稿填满了，常觉得难于呼吸。我在苦恼中常常想，说真实自然须有极大的勇气的；假如没有这勇气，而苟安于虚伪，那也便是不能开辟新的生路的人。不独不是这个，连这人也未尝有！

子君有怨色，在早晨，极冷的早晨，这是从未见过的，但也许是从我看来的怨色。我那时冷冷地气愤和暗笑了；她所磨练的思想和豁达无畏的言论，到底也还是一个空虚，而对于这空虚却并未自觉。她早已什么书也不看，已不知道人的生活的第一着是求生，向着这求生的道路，是必须携手同行，或奋身孤往的了，倘使只知道捶着一个人的衣角，那便是虽战士也难于战斗，只得一同灭亡。

我觉得新的希望就只在我们的分离；她应该决然舍去，——我也突然想到她的死，然而立刻自责，忏悔了。幸而是早晨，时间正多，我可以说我的真实。我们的新的道路的开辟，便在这一遭。

我和她闲谈，故意地引起我们的往事，提到文艺，于是涉及外国的文人，文人的作品：《诺拉》[10]，《海的女人》[11]。称扬诺拉的果决……。也还是去年在会馆的破屋里讲过的那些话，但现在已经变成空虚，从我的嘴传入自己的耳中，时时疑心有一个隐形的坏孩子，在背后恶意地刻毒地学舌。

她还是点头答应着倾听，后来沉默了。我也就断续地说完了我的话，连余音都消失在虚空中了。

“是的。”她又沉默了一会，说，“但是，……涓生，我觉得你近来很两样了。可是的？你，——你老实告诉我。”

我觉得这似乎给了我当头一击，但也立即定了神，说出我的意见和主张来：新的路的开辟，新的生活的再造，为的是免得一同灭亡。

临末，我用了十分的决心，加上这几句话：

“……况且你已经可以无须顾虑，勇往直前了。你要我老实说；是的，人是不该虚伪的。我老实说罢：因为，因为我已经不爱你了！但这于你倒好得多，因为你更可以毫无挂念地做事……。”

我同时豫期着大的变故的到来，然而只有沉默。她脸色陡然变成灰黄，死了似的；瞬间便又苏生，眼里也发了稚气的闪闪的光泽。这眼光射向四处，正如孩子在饥渴中寻求着慈爱的母亲，但只在空中寻求，恐怖地回避着我的眼。

我不能看下去了，幸而是早晨，我冒着寒风径奔通俗图书馆。

在那里看见《自由之友》，我的小品文都登出了。这使我一惊，仿佛得了一点生气。我想，生活的路还很多，——但是，现在这样也还是不行的。

我开始去访问久已不相闻问的熟人，但这也不过一两次；他们的屋子自然是暖和的，我在骨髓中却觉得寒冽。夜间，便蜷伏在比冰还冷的冷屋中。

冰的针刺着我的灵魂，使我永远苦于麻木的疼痛。生活的路还很多，我也还没有忘却翅子的扇动，我想。——我突然想到她的死，然而立刻自责，忏悔了。

在通俗图书馆里往往瞥见一闪的光明，新的生路横在前面。她勇猛地觉悟了，毅然走出这冰冷的家，而且，——毫无怨恨的神色。我便轻如行云，漂浮空际，上有蔚蓝的天，下是深山大海，广厦高楼，战场，摩托车，洋场，公馆，晴明的闹市，黑暗的夜……。

而且，真的，我豫感得这新生面便要来到了。

我们总算度过了极难忍受的冬天，这北京的冬天；就如蜻蜓落在恶作剧的坏孩子的手里一般，被系着细线，尽情玩弄，虐待，虽然幸而没有送掉性命，结果也还是躺在地上，只争着一个迟早之间。

写给《自由之友》的总编辑已经有三封信，这才得到回信，信封里只有两张书券[12]：两角的和三角的。我却单是催，就用了九分的邮票，一天的饥饿，又都白挨给于己一无所得的空虚了。

然而觉得要来的事，却终于来到了。

这是冬春之交的事，风已没有这么冷，我也更久地在外面徘徊；待到回家，大概已经昏黑。就在这样一个昏黑的晚上，我照常没精打采地回来，一看见寓所的门，也照常更加丧气，使脚步放得更缓。但终于走进自己的屋子里了，没有灯火；摸火柴点起来时，是异样的寂寞和空虚！

正在错愕中，官太太便到窗外来叫我出去。

“今天子君的父亲来到这里，将她接回去了。”她很简单地说。

这似乎又不是意料中的事，我便如脑后受了一击，无言地站着。

“她去了么?”过了些时，我只问出这样一句话。

“她去了。”

“她，——她可说什么?”

“没说什么。单是托我见你回来时告诉你，说她去了。”

我不信；但是屋子里是异样的寂寞和空虚。我遍看各处，寻觅子君；只见几件破旧而黯淡的家具，都显得极其清疏，在证明着它们毫无隐匿一人一物的能力。我转念寻信或她留下的字迹，也没有；只是盐和干辣椒，面粉，半株白菜，却聚集在一处了，旁边还有几十枚铜元。这是我们两人生活材料的全副，现在她就郑重地将这留给我一个人，在不言中，教我借此去维持较久的生活。

我似乎被周围所排挤，奔到院子中间，有昏黑在我的周围；正屋的纸窗上映出明亮的灯光，他们正在逗着孩子推笑。我的心也沉静下来，觉得在沉重的迫压中，渐渐隐约地现出脱走的路径：深山大泽，洋场，电灯下的盛筵；壕沟，最黑最黑的深夜，利刃的一击，毫无声响的脚步……。

心地有些轻松，舒展了，想到旅费，并且嘘一口气。

躺着，在合着的眼前经过的豫想的前途，不到半夜已经现尽；暗中忽然仿佛看见一堆食物，这之后，便浮出一个子君的灰黄的脸来，睁了孩子气的眼睛，恳托似的看着我。我一定神，什么也没有了。

但我的心却又觉得沉重。我为什么偏不忍耐几天，要这样急急地告诉她真话的呢?现在她知道，她以后所有的只是她父亲——儿女的债主——的烈日一般的严威和旁人的赛过冰霜的冷眼。此外便是虚空。负着虚空的重担，在严威和冷眼中走着所谓人生的路，这是怎么可怕的事呵！而况这路的尽头，又不过是——连墓碑也没有的坟墓。

我不应该将真实说给子君，我们相爱过，我应该永久奉献她我的说谎。如果真实可以宝贵，这在子君就不该是一个沉重的空虚。谎语当然也是一个空虚，然而临末，至多也不过这样地沉重。

我以为将真实说给子君，她便可以毫无顾虑，坚决地毅然前行，一如我们将要同居时那样。但这恐怕是我错误了。她当时的勇敢和无畏是因为爱。

我没有负着虚伪的重担的勇气，却将真实的重担卸给她了。她爱我之后，就要负了这重担，在严威和冷眼中走着所谓人生的路。

我想到她的死……。我看见我是一个卑怯者，应该被摈于强有力的人们，无论是真实者，虚伪者。然而她却自始至终，还希望我维持较久的生活……。

我要离开吉兆胡同，在这里是异样的空虚和寂寞。我想，只要离开这里，子君便如还在我的身边；至少，也如还在城中，有一天，将要出乎意表地访我，像住在会馆时候似的。

然而一切请托和书信，都是一无反响；我不得已，只好访问一个久不问候的世交去了。他是我伯父的幼年的同窗，以正经出名的拔贡[13]，寓京很久，交游也广阔的。

大概因为衣服的破旧罢，一登门便很遭门房的白眼。好容易才相见，也还相识，但是很冷落。我们的往事，他全都知道了。

“自然，你也不能在这里了，”他听了我托他在别处觅事之后，冷冷地说，“但那里去呢？很难。——你那，什么呢，你的朋友罢，子君，你可知道，她死了。”

我惊得没有话。

“真的？”我终于不自觉地问。

“哈哈。自然真的。我家的王升的家，就和她家同村。”

“但是，——不知道是怎么死的？”

“谁知道呢。总之是死了就是了。”

我已经忘却了怎样辞别他，回到自己的寓所。我知道他是不说谎话的；子君总不会再来的了，像去年那样。她虽是想在严威和冷眼中负着虚空的重担来走所谓人生的路，也已经不能。她的命运，已经决定她在我所给与的真实——无爱的人间死灭了！

自然，我不能在这里了；但是，“那里去呢？”

四围是广大的空虚，还有死的寂静。死于无爱的人们的眼前的黑暗，我仿佛一一看见，还听得一切苦闷和绝望的挣扎的声音。

我还期待着新的东西到来，无名的，意外的。但一天一天，无非是死的寂静。

我比先前已经不大出门，只坐卧在广大的空虚里，一任这死的寂静侵蚀着我的灵魂。死的寂静有时也自己战栗，自己退藏，于是在这绝续之交，便闪出无名的，意外的，新的期待。

一天是阴沉的上午，太阳还不能从云里面挣扎出来；连空气都疲乏着。耳中听到细碎的步声和咻咻的鼻息，使我睁开眼。大致一看，屋子里还是空虚；但偶然看到地面，却盘旋着一匹小小的动物，瘦弱的，半死的，满身灰土的……。

我一细看，我的心就一停，接着便直跳起来。

那是阿随。它回来了。

我的离开吉兆胡同，也不单是为了房主人们和他家女工的冷眼，大半就为着这阿随。但是，“那里去呢?”新的生路自然还很多，我约略知道，也间或依稀看见，觉得就在我面前，然而我还没有知道跨进那里去的第一步的方法。

经过许多回的思量和比较，也还只有会馆是还能相容的地方。依然是这样的破屋，这样的板床，这样的半枯的槐树和紫藤，但那时使我希望，欢欣，爱，生活的，却全都逝去了，只有一个虚空，我用真实去换来的虚空存在。

新的生路还很多，我必须跨进去，因为我还活着。但我还不知道怎样跨出那第一步。有时，仿佛看见那生路就像一条灰白的长蛇，自己蜿蜒地向我奔来，我等着，等着，看看临近，但忽然便消失在黑暗里了。

初春的夜，还是那么长。长久的枯坐中记起上午在街头所见的葬式，前面是纸人纸马，后面是唱歌一般的哭声。我现在已经知道他们的聪明了，这是多么轻松简截的事。

然而子君的葬式却又在我的眼前，是独自负着虚空的重担，在灰白的长路上前行，而又即刻消失在周围的严威和冷眼里了。

我愿意真有所谓鬼魂，真有所谓地狱，那么，即使在孽风怒吼之中，我也将寻觅子君，当面说出我的悔恨和悲哀，祈求她的饶恕；否则，地狱的毒焰将围绕我，猛烈地烧尽我的悔恨和悲哀。

我将在孽风和毒焰中拥抱子君，乞她宽容，或者使她快意……。

但是，这却更虚空于新的生路；现在所有的只是初春的夜，竟还是那么长。我活着，我总得向着新的生路跨出去，那第一步，——却不过是写下我的悔恨和悲哀，为子君，为自己。

我仍然只有唱歌一般的哭声，给子君送葬，葬在遗忘中。

我要遗忘；我为自己，并且要不再想到这用了遗忘给子君送葬。

我要向着新的生路跨进第一步去，我要将真实深深地藏在心的创伤中，默默地前行，用遗忘和说谎做我的前导……。

一九二五年十月二十一日毕

【注释】

[1]选自《彷徨》，人民文学出版社 1995 年版。

[2]长班：旧时官员的随身仆人，也用来称呼一般的“听差”。

[3]伊孛生：H. Ibsen，1828—1906 年，通译易卜生，挪威剧作家。

[4]泰戈尔：R. Tagore，1861—1941 年，印度诗人。一九二四年曾来中国。当时他的诗作译成中文的有《新月集》《飞鸟集》等。

[5]雪莱：P. B. Shelley，1792—1822 年，英国诗人，曾参加爱尔兰民族独立运动，因传播革命思想和争取婚姻自由屡遭迫害，后在海里覆舟淹死；有《西风颂》《云雀颂》等著名短诗。

[6]庙会：又称“庙市”，旧时在节日或规定的日子，设在寺庙或其附近的集市。

[7]赫胥黎：T. Huxley，1825—1895 年，英国生物学家。他的《人类在宇宙间的位置》(今译《人类在自然界的位置》)，是宣传达尔文的进化论的重要著作。

[8]草标：旧时在被卖的人身或物品上插置的草标，作为出卖的标志。

[9]摩托车：当时对小汽车的称呼。

[10]《诺拉》：通译《娜拉》，又译作《玩偶之家》。

[11]《海的女人》：通译《海的夫人》，与《诺拉》都是易卜生的著名剧作。

[12]书券：购书用的代价券，可按券面金额到指定书店选购。旧时有的报刊用它代替现金支付稿酬。

[13]拔贡：清代科举考试制度。在规定的时限(原定六年，后改为十二年)选拔“文行计优”的秀才，报送到京师，贡入国子监，称为“拔贡”，是贡生的一种。

【思考与练习】

1. 子君和涓生爱情悲剧的原因是什么？
2. 本篇小说表达了鲁迅怎样的观点？

红 烛[1]

闻一多

【课文导读】

闻一多(1899—1946 年)，原名闻骅，号友三，湖北浠水人。现代著名诗人、学者、民主爱国人士。提倡新诗格律化，提出著名的音乐美、建筑美和绘画美“三美”主张，对新诗创作形式的规范化起了重要作用。诗集有《红烛》(1923 年)、《死水》(1928 年)，具有唯美倾向。

诗的开始就突出红烛的意象，红红的，如同赤子的心。闻一多要问诗人们，你们的心可有这样的赤诚和热情，你们可有勇气吐出你的真心和这红烛相比。一个“吐”字，生动形象，将诗人的奉献精神和赤诚表现得一览无余。

诗人接着问红烛，问它的身躯从何处来，问它的灵魂从何处来。这样的身躯、这样的灵魂为何要燃烧，要在火光中毁灭自己的身躯？诗人迷茫了，如同在生活中的迷茫，找不到方向和思考不透很多问题。矛盾！冲突！在曾有的矛盾冲突中，诗人坚定了自己的信念。因为，诗人坚定地说：“不误！不误！”诗人已经找到了生活的方向，准备朝着理想中的光明之路迈进，即使自己被烧成灰也在所不惜。

诗歌从第四节开始，一直歌颂红烛，写出了红烛的责任和生活中的困顿、失望。红烛要烧，烧破世人的空想，烧掉残酷的监狱，靠自己的燃烧救出一个个活着但不自由的灵魂。红烛的燃烧受到风的阻挠，它流着泪也要燃烧。那泪，是红烛的心在着急，为不能最快实现自己的理想而着急、流泪。诗人要歌颂这红烛，歌颂这奉献的精神，歌颂这来之不易的光明。在这样的歌颂中，诗人和红烛在交流。诗人在红烛身上找到了生活方向：实干，探索，坚毅地为自己的理想努力，不计较结果。诗人说：“莫问收获，但问耕耘。”

这首诗有浓重的浪漫主义和唯美主义色彩。诗歌在表现手法上重幻想和主观情绪的渲染，大量使用了抒情的感叹词，以优美的语言强烈地表达了心中的情感。在诗歌形式上，诗人极力注意诗歌的形式美和诗歌的节奏，以求和诗中要表达的情感相一致，如重复句的使用、一定程度上采用中国传统诗歌的押韵形式、前后照应和每节中诗句相对的齐整等等。诗人所倡导的中国新诗的格律化、音乐性的主张在这首诗中有一定的体现。可以说，闻一多融汇古今、化和中外的诗歌形式，以强烈的情感表达和追求精神开辟了中国一代诗风，激励着一代代的中国诗人去耕耘和探索。

"蜡炬成灰泪始干"——李商隐

啊！这样红的烛！
诗人啊！吐出你的心来比比，
可是一般颜色？红烛啊！
是谁制的蜡——给你躯体？是谁点的火——点着灵魂？
为何更须烧蜡成灰，然后才放光出？
一误再误；矛盾！冲突！

红烛啊！不误，不误！
原是要"烧"出你的光来——这正是自然的方法。

红烛啊！既制了，便烧着！
烧罢！烧罢！烧破世人的梦，烧沸世人的血——
也救出他们的灵魂，也捣破他们的监狱！

红烛啊！
你心中发光之期，正是泪流开始之日。

红烛啊！
匠人造了你，原是为烧的。
既已烧着，又何苦伤心流泪？
哦！我知道了！是残风来侵你的光芒，
你烧得不稳时，才着急得流泪！

红烛啊！
流罢！你怎能不流呢？请将你的脂膏，
不息地流向人间，培出慰藉的花儿，结成快乐地果子！

红烛啊！
你流一滴泪，灰一分心。灰心流泪你的果，创造光明你的因。

红烛啊！
“莫问收获，但问耕耘。”

【注释】

[1] 选自《红烛》，人民文学出版社 1981 年版。

【思考与练习】

1. 试析《红烛》与李商隐《无题》在思想内容上的联系与区别。
2. 结合实际，谈谈你对“灰心流泪你的果，创造光明你的因”的理解。

单元知识　语文知识(句子成分)

一、主语、谓语

1. 主语的构成

主语可分名词性主语和谓词性主语。名词性主语由名词性词语充当，包括名词、数词、名词性的代词和名词性短语，多表示人或事物。

作为被陈述的对象，在句首能回答“谁”或者“什么”等问题。这种句子叫名词性主语句。例如：

①沙锅‖可以炖豆腐。(名词)

②九‖是三的三倍。(数词)

③明天这个时候，我们‖就可以走出戈壁滩了。(代词)

④今天晚上‖特别冷。(偏正短语)

主语也可以由谓词性词语和一部分主谓短语充当，谓词性词语包括动词、形容词、谓词性的代词、动词性短语、形容词性短语。这是以动作、性状或事情作陈述的对象，这种句子叫谓词性主语句。例如：

⑤笑‖是具有多重意义的语言。(动词)

⑥整齐‖比不整齐好。(形容词)

⑦这样‖行不行？/这样‖就好了。(代词)

⑧信不信‖由你。(动词联合短语)

⑨公正廉洁‖是公职人员行为的准则。(形容词联合短语)

名词性主语后头的谓语在词性上不受限制，只要语义能搭配，可以用各种谓语充当。而谓词性主语句和主谓主语句的谓语是由非动作性谓词(判断动词、形容词等)充当。

2. 谓语的构成

谓语通常由谓词性词语充当，在一定条件下也用名词性词语充当，这与主语的构成正相反。它的主要作用是对主语的叙述、描写或判断，能回答主语“怎么样”或“是什么”等问题。用做谓语中心的动词、形容词等通常是句子结构和语义解释的中心，因此认准谓语中心以及它与前后各成分的结构关系和意义关系就十分重要。

动词性词语经常做谓语。动词单独做谓语是有条件的，或者用在对话里(例如，“你瞅!”)；或者用在复句的分句里，特别是在先行词和后续句里(例如，“你来，我就走!”)；或者用在对比、排比句里(例如，“架不住，一个人干，八个人拆。”)；否则，常常要加上一定的语气词或动态助词(例如，“春天来了。”)。

形容词性词语也经常做谓语。形容词单独做谓语，也很受条件限制。在对话里，提问句和回答句都可以这样用，例如，“哪个地方凉快?”用作复句的分句里，主要是对比句或者是先行句、后续句，例如，“道远，你多走一会不就得了!”“多穿点衣服再出去，外头冷。”

主谓短语做谓语是汉语的一大特色，例如，“他头脑冷静”。

名词性词语做谓语比较少见，有一定的条件限制，例如，“明天清明节”“鲁迅浙江绍兴人”。

3. 主语和谓语的意义类型

主语的意义类型主要是就主语所表示的人、事物和谓语所表示的动作之间的语义关系来说的。其间的关系很复杂，概括起来，有施事、受事、当事三种。

(1)施事主语

主语表示发出动作、行为的主体，主谓的语义结构及关系是“主动者 + 动作”的关系。例如：

①狼‖咬死了羊了。

②两只水鸟‖在水草边梳理那晃眼的羽毛。

(2)受事主语

主语表示承受动作、行为的客体，即动作、行为所涉及的对象。主谓的语义结构及关系是“受动者 + 动作”。例如：

①羊‖被狼咬死了。

②这本书‖看完了。

(3)当事主语

表示非施事、非受事的人或事物。例如：

①我们‖跑丢了一只猫。

②这件事‖不能怪他。

二、动词、宾语

1. 动词的构成

动语和宾语是共存的两个成分，没有宾语，就无所谓动语，动语又决定宾语的性质。动词由动词性词语构成：

①赛场上要讲风格。(动词)

②我们相互交流过学术观点。(动词 + 时态助词)

③她终于露出了笑容。(中补短语)

④你们要学好用好祖国的语言文字。(联合短语)

2. 宾语的构成

宾语和主语相似，也分名词性宾语和谓词性宾语两种。例如：

①这间客厅有二十平方米。(数量短语)

②海棠已经有红的了，梨还是青的。(“的”字短语)

③观察、体验、研究、分析一切人、一切阶级、一切群众、一切生动的生活形式和斗争形式、一切文学与艺术的原有材料。(联合短语)

3. 宾语的意义类型

宾语和动词的语义关系很复杂，可粗略分为三种：

(1)受事宾语

表示动作、行为直接支配、关涉的人或事物，包括动作的承受者(如割麦子、打落水狗)、动作的对象(如告诉大家、感谢你)、动作所产生的结果(如做出成绩、考了100分)。

(2)施事宾语

表示动作、行为的发出者、主动者，可以是人或自然界的事物。如来了一位客人、走了消息、出太阳了、荷叶上滚着水珠、天上飘着白云。

(3)当事宾语

表示施事、受事以外跟动词有一定关系的宾语。可以表处所(如离开车站、回南方)、表时间(如过国庆、混日子)、表工具(如编柳条、喝小杯)、表方式(如讲普通话、寄邮件)、表原因(如在家歇病假、计较报酬)、表目的(如赶火车、交涉过财产问题)等。

三、定语

1. 定语的构成和意义类别

实词和短语大都可以作定语，如冰雪世界、神奇色彩、男演员、一片绿洲、戴眼镜的老汉、人多的地方。

定语和中心语的语义关系多种多样，总的来说，可以分为描写性定语和限制性定语两大类。描写性定语的作用主要是描绘人或事物的性质、状态，突出其中本来就有的某一特性，使语言更加形象生动。描写性定语多用形容词性成分充当，如青春气息、壮丽的故宫、绿油油的庄稼、弯弯曲曲的小河、如飞的火车、风平浪静的港湾。限制性定语的作用主要是给事物分类或划定范围，使语言更加准确严密。这种定语越多，中心语所指的人或事物的范围就越小。一般说来，名词性词语、动词性词语和区别词作定语多是限制性的，表示人或事物的领有者、时间、处所、环境、范围、用途、质料、数量等。如颐和园的湖光山色、冬季的阳光、林子里的光线、烈日下的长城、晓风残月中的长城、野生动物、石头房子、一块桦树皮。

2. 定语和助词“的”

定语和中心语的组合，有的必须加“的”，有的不能加“的”，有的可加可不加。加不加“的”，涉及定语的词类，也可能涉及定语或中心语的音节多少，以及其间的语义关系。

单音节形容词作定语，通常不加“的”，如红花、绿叶、新课本、好主意。双音节形容词作定语，常常加上“的”字，特别是用描写状态的词，如晴朗的天、干净的水、优良的传统、动听的歌声、通红的辣椒、稀薄的空气、粉红的脸。

名词作定语，有时可以直接修饰中心语，如桦树皮、狍子肉、茅草屋顶、玻璃器具、语法论著，这是把偏正短语用作一种名称。不然就必须加“的”，如人的性格、水的深度、树的形状、花的香味。双音节名词作定语而中心语是单音节的，也常常加“的”，如黄河的水、野地的花、大海的风、北极的冰。

人称代词作定语表示领属者，一般要加“的”。如你的书、我的朋友、他的眼神、他的著作。

动词作定语，有两种情况。一种是直接修饰中心语，组成一种名称，常见的是跟烹调等有关的动词。如活鱼、死狗、剩饭、烤肉、炒肉丝、烧茄子、感谢信。另一种是一般要加“的”，甚至必须加，如写的字、编的草帽、积累的经验、翻滚的波浪、飘扬的雪花。

短语作定语，一般要加“的”，如非常新颖的设计、有抱负的青年、质量好的产品、荷叶上的水珠、一阵阵的歌声。

四、状语

1. 状语的构成和意义类别

状语不只是由副词充当，还可以由时间名词、能愿动词、形容词(特别是表示状态的形容词)充当；介词短语、量词短语和其他一些短语也可以作状语。例如：

①冬天已经来了，春天还会远吗？

②你到底走不走？

③不管那些陈年旧事，你先把这个从头到尾看一遍。

④我实在没有认真去考虑过。

⑤农活，我倒是老老实实地干，不干没饭吃。

状语的意义类别可大致分为限制性和描写性两类，限制性状语主要用来表示时间、处所、程度、否定、方式、手段、目的、范围、对象、数量、语气等。描写性状语在语法结构上主要也是修饰谓词性成分的，意义上有些是描写动作状态，指向谓词性成分，有些是限制或描写人物情态，指向名词性成分，就是说语义上不全是指向谓词性词语，有的指向名词性词语(主语或宾语)。例如：

⑥小李很高兴地对我说。(小李很高兴，他对我说。)

⑦矮墙上又蓬蓬地长着狗尾草。

放在主语前的状语叫句首状语，修饰主谓短语或几个分句。例如：

⑧午后，天闷得很，风小得只勉强能摇动庄稼叶子。(修饰两个分句)

⑨事实上，我心里一直有一座长城。

2. 状语和助词“地”

助词“地”是状语的标志。状语后面加不加“地”的情况很复杂。单音节副词作状语，一定不加，有些双音节副词加不加“地”均可，例如：非常热——非常地热。形容词里，单音节形容词作状语比较少，大都也不能加“地”，如只能说“快跑、慢走、大干、苦练”。多音节形容词有相当一部分加不加都可以，例如：热烈讨论——热烈地讨论；有少数也不能加，例如：不努力学习，难免要落后里的“难免”；还有少数必须加，例如：“轻巧地划着小船、亲热地问长问短、惊喜地走了”。至于代词、表示时间或处所的名词、能愿动词、方位短语和介词短语作状语，都不加“地”字。

五、补语

补语前面的中心语是谓词性词语，补语可以由谓词性词语、数量短语和介词短语充当。由谓词性词语充当的补语，有的直接加在中心语之后，有的要用“得”字；由数量短语、介词短语充当的补语都是和中心语直接组合的。补语可以用来说明动作、行为的结果、状态、趋向、数量、时间、处所、可能性或者说明性状的程度、状态等。

1. 结果补语

表示动作、行为产生的结果，与中心语有因果关系，补语常用的是形容词，少数用动词。例如：

①小草丛中，吊钟花挂满了一排排紫色的铃铛。

②他很悲痛，哭肿了眼睛，心也哭硬了。

2. 程度补语

程度补语很少，限于用“极、限”和虚义的“透、慌、死、怀”等，表示达到极点或很高程度，也可以用量词短语“一些、一点”表示很轻的程度。谓语中心多是形容词，也可能用某些能加“很”的动词。例如：

①心里痛快极了。(必须加“了”)

②这拦河坝坚固得很。(必须加“得”)

3. 状态补语

表示由于动作、性状而呈现出来的状态。中心语和补语中间都有助词“得”。例如：

①秋天来了，小树林的叶子变得殷红殷红的。

②讲的人讲得眉飞色舞，听的人听得津津有味。

4. 趋向补语

表示动作的方向或事物随动作而活动的方向，用趋向动词充当，例如：

①江岸和江心，闪起了航标灯。

②所有的人都坚持下来了。

5. 数量补语

有一种是动量补语，用表动量的量词短语充当，来表示动作发生的次数，如看了几遍、看上几眼、打了我一下、跟他们会一会、好好聊一聊。另外一种时量补语，用表时量的量词短语充当，来表示动作持续的时间，也就是时量、时段，如住了三天、等了一会儿；或者表示动作实现以后到目前所经历的整段时间，如来了一个月、成立了五年了、挂了一天。

6. 时间、处所补语

多用介词短语来表示动作发生的时点和处所，包括表示动作的终止地点。例如：

①这事就出在1949 年。

②人们都知道自己生在何处，却不知道死在何方。

7. 可能补语

这种补语的中心语主要是动词，也有少数是形容词。补语有两种。一种是用“得”或“不得”充当，表示动作结果能实现或不能实现。例如，“这东西晒得晒不得?”“眼下这事儿再耽搁不得了，得立刻解决。”

六、中心语

中心语是偏正(定中、状中)短语、中补短语里的中心成分。在有多层定语或状语的偏正短语里，每一层定语或状语所修饰的中心成分都是中心语，因此有的中心语是短语，有的是词。中心语根据同它相对的成分不同可分为三种：与定语相对的中心语、与状语相对的中心语和与补语相对的中心语。

1. 与定语相对的中心语

与定语相对的中心语简称为定语中心语，通常由名词性词语充当，如“学术界的主要注意力”一语里，两层中心语都是名词性的。谓词性词语也可以作定语中心语。例如：

①经济的振兴要靠科学技术。

②要始终十分重视智力的开发。

③放纵的结果是孩子的堕落下去。

2. 与状语相对的中心语

与状语相对的中心语简称状语中心语，通常由谓词性词语充当，有时候由名词性词语充当。它跟前头的状语组成偏正短语，用来作谓语。例如：“现在已经深秋了”“屋子里光我们俩”“台湾海峡狭窄处才135公里”。

3. 与补语相对的中心语

与补语相对的中心语简称补语中心语，通常由动词或形容词充当；也可能由短语充当。如粉刷装修得很好看、自命不凡得厉害、惊慌失措得像个孩子、昏倒过去了。

七、独立语

句子里的某个实词或短语，跟它前后的词语没有结构关系，不互为句子成分，但又是句意上所必需的成分，这就是独立语。独立语多数在句子里的位置比较灵活，可以添加在句首、句中或句末，以适应表达的需要。从表意作用看，有下列四种：

1. 插入语

插入语的作用是使句子严密化，补足句意，包括说话者对话语的态度，或引起听话者的注意。

有的插入语表示肯定或强调的语气，表明说话者那种不容置疑的态度。有时又点名特别值得注意的内容，以加深听话者的印象。通常用毫无疑问、不可否认、不用说、十分明显、尤其是、主要是、特别是等。

有的表示对情况的推测和估计，口气比较委婉，对所说事情的真实性不做完全的肯定，留有重新考虑的余地，通常用看来、算起来、我想、充其量、少说一点等。

有时候，为了表达这种推测或估计不是说话者做出的，只不过是引用别人的意思，就会用“听说、据说”一类字眼来说明。

有时说话者希望听话一方接受自己的见解，又不愿用一种强调的语气，就会用“请看、你想、你瞧、你说”一类字眼来引起对方的注意，使对方能同意所说的内容。

除此之外，有的表示总结性的意义，点名下文是对上文归总而来的结论，或者指出由此及彼，说明另外的事情。这种词语，有承上启下的作用，能使上下文更好地连接起来。例如：“总之，提高学生读写能力，是中学语文教学的目的所在。”

还有一些是表示注释、补充、举例的，通常用“也就是、包括、正如”等来表示。

2. 称呼语

用来招呼对方，引起注意。例如：“大师傅，白天的事你千万不要见怪。”

3. 感叹语

表示感情的呼声，如惊讶、感慨、喜怒哀乐等感情和应对等。例如：“啊呀，老孙，想不到是你来了。”

4. 拟声语

模拟事物的声音，进行生动形象的描写，以加强表达效果。例如：“呼——呼——，狂风夹着沙石扑来了。”

八、练习题

一、了解各种句子成分的构成材料。

1. 什么词语可以充当主语、宾语？什么词语可以充当谓语？

2. 什么词语可以充当定语、状语、补语？三者修饰或补充哪些成分？

二、指出下面句子的主语和谓语，并说明用哪类词语充当。

1. 提高整个中华民族的科学文化水平是亿万人民群众的切身事业。

2. 现状和习惯往往束缚人的头脑。

3. 一年三百六十五天。

三、指出下面句子的宾语和补语。

1. 阳光火一般地喷下来，我热得气都喘不过来。

2. 他的话说到我的心坎里了。

3. 这些见解道出了古代东方学术精神和希腊科学精神的深刻差别。

四、指出下面句子的定语、状语是用什么词语充当的。

1. 他拿来一件崭新的白色府绸衬衫。

2. 我们的国家进入了新的历史时期。

3. 国家保护公民的合法收入、储蓄、房屋和其他生活资料的所有权。

第四单元　人文情意

导语

一字一句皆由心，一枝一叶总关情，“情”之一字在文学的世界里无处不在，她以其妩媚之姿、纯净之魂时时撩拨着文人的心弦，她以其妖娆之态、动人之魄时时涤荡着读者的心灵。

“问世间情为何物，只教人生死相许”，至死不渝的爱情是人类千百年来不断讴歌的永恒主题。一首血泪相和的《孔雀东南飞》让我们看到一生一世一双人的执着和坚守，两位主人公不惜以生命为代价来捍卫真爱、诠释真情。而一曲令人扼腕的《杜十娘怒沉百宝箱》则让我们看到也痴也怨也反抗的情深与无奈，沦落风尘为爱果敢的奇女子那传奇般的纵身一跃让多少人为之震撼、为之惊叹、为之拷问人性、为之久难平静。

“多情自古伤离别，更那堪，冷落清秋节”，离情总是让多愁善感的文人墨客心陷其间，欲罢不能。诗人李白在《宣州谢朓楼饯别校书叔云》中面对即将来临的离别，一番沉郁如诉之后继续豪迈当歌，同样将送别写得气势恢弘的还有岑参的《白雪歌送武判官归京》，诗中所表现出来的浪漫理想和壮逸情怀冲淡了些许离愁些许伤感。仍然诉离情依旧抒别意，词人李清照在《一剪梅·红藕香残玉簟秋》中将一腔闲愁无奈安放于眉头心尖，柳永的《八声甘州·对潇潇暮雨洒江天》则语浅情深，写不尽羁旅之苦思归之意。

“愿得此生长报国，何须生入玉门关”，千百年来，爱国之情早已深入国人的骨髓，融入国人的骨血。古往今来，无数文人墨客无法控制地将满腔爱国热忱倾于笔端诉诸文字，尤其当国家民族灾难深重之时更可见其情根深种。无论是戴望舒的《我用残损的手掌》，还是舒婷的《祖国呵，我亲爱的祖国》，诗人都以一片拳拳赤子之心深情诉说着对祖国母亲最深沉、最真挚的爱。

“独在异乡为异客，每逢佳节倍思亲”，家园之思乡土之情在漂泊无依的游子心中总是那般浓烈深重。“君自故乡来，应知故乡事，来日绮窗前，寒梅著花未”“露从今夜白，月是故乡明”“春风又绿江南岸，明月何时照我还”，字字句句无不诉说着离人的思乡之情、归乡之意。老舍的《想北平》把对北平的感情上升到爱母亲的地位，“我”与北平是“你”中有“我”、“我”中有“你”，“我的每一思念中有个北平”，无独有偶，在韩少功的《我心归去》中，作者身处繁华酥骨的都会却无限想念贫瘠脏乱的故乡，因为故乡存留了我们的童年或者还有青年和壮年，因为故乡成了我们生命的一部分。

“天地无终极，人命若朝霞”，茫茫宇宙中，人的生命或许因短暂而愈显弥足珍贵。《孟子》有云：“生，亦我所欲也；义，亦我所欲也。二者不可得兼，舍生而取义者也。”欧·亨利的短篇小说《最后的常春藤叶》便向我们讲述了一个关于“生”关于“义”的故事，那一片永不凋落的最后的常春藤叶是老艺术家贝尔曼用生命绘制的，它带给琼珊感动、爱和希望，亦带我们领略人间的真、善与美！

孔雀东南飞[1]

【课文导读】

本诗是我国文学史上第一部长篇叙事诗，也是乐府诗发展史上的高峰之作，最早见于徐陵所编的《玉台新咏》，与《木兰辞》并称“乐府双璧”。原题为《古诗为焦仲卿妻作》，因诗的首句为“孔雀东南飞，五里一徘徊”，故又有此名。全诗350余句，1700余字。主要讲述了焦仲卿、刘兰芝夫妇被迫分离并双双自杀的故事，控诉了封建礼教的残酷无情，歌颂了焦刘夫妇的真挚感情和反抗精神，寄托了人民群众追求恋爱自由和幸福生活的强烈愿望。

序曰：汉末建安中[2]，庐江[3]府小吏焦仲卿妻刘氏，为仲卿母所遣[4]，自誓不嫁。其家逼之，乃投水而死。仲卿闻之，亦自缢于庭树。时人伤之，为诗云尔[5]。

孔雀东南飞，五里一徘徊[6]。

“十三能织素[7]，十四学裁衣，十五弹箜篌[8]，十六诵诗书[9]。十七为君妇，心中常苦悲。君既为府吏，守节[10]情不移，贱妾留空房，相见常日稀。鸡鸣入机织，夜夜不得息。三日断[11]五匹，大人故嫌迟[12]。非为织作迟，君家妇难为！妾不堪[13]驱使，徒[14]留无所施[15]，便可白公姥[16]，及时相遣归。”

府吏得闻之，堂上启阿母：“儿已薄禄相[17]，幸复得此妇，结发[18]同枕席，黄泉共为友。共事二三年，始尔[19]未为久，女行无偏斜，何意致不厚[20]？”

阿母谓府吏：“何乃太区区[21]！此妇无礼节，举动自专由[22]。吾意久怀忿，汝岂得自由！东家有贤[23]女，自名秦罗敷，可怜[24]体无比，阿母为汝求。便可速遣之，遣去慎莫留！”

府吏长跪告：“伏惟[25]启阿母，今若遣此妇，终老不复取[26]！”

阿母得闻之，槌床[27]便大怒：“小子无所畏，何敢助妇语！吾已失恩义，会不相从许[28]！”

府吏默无声，再拜还入户，举言[29]谓新妇[30]，哽咽不能语：“我自不驱卿，逼迫有阿母。卿但暂还家，吾今且报府[31]。不久当归还，还必相迎取。以此下心意[32]，慎勿违吾语。”

新妇谓府吏：“勿复重纷纭[33]。往昔初阳岁[34]，谢[35]家来贵门。奉事循公姥，进止敢自专？昼夜勤作息[36]，伶俜萦苦辛[37]。谓言[38]无罪过，供养卒[39]大恩；仍更被驱遣，何言复来还！妾有绣腰襦[40]，葳蕤[41]自生光；红罗复斗帐，四角垂香囊；箱帘[42]六七十，绿碧青丝绳，物物各自异，种种在其中。人贱物亦鄙，不足迎后人[43]，留待作遗施[44]，于今无会因[45]。时时为安慰，久久莫相忘！”

鸡鸣外欲曙，新妇起严妆[46]。著我绣夹裙，事事四五通[47]。足下蹑[48]丝履，头上玳瑁[49]光。腰若流纨素，耳著明月珰[50]。指如削葱根，口如含朱丹。纤纤作细步，精妙世无双。

上堂拜阿母，阿母怒不止。“昔作女儿时[51]，生小出野里[52]，本自无教训，兼愧[53]贵家子。受母钱帛多，不堪母驱使。今日还家去，念母劳家里。”却[54]与小姑别，泪落连珠子。“新妇初来时，小姑始扶床；今日被驱遣，小姑如我长。勤心养公姥，好自相扶将[55]。初七及下九[56]，嬉戏莫相忘。”出门登车去，涕落百余行。

府吏马在前，新妇车在后，隐隐[57]何甸甸，俱会大道口。下马入车中，低头共耳语：“誓不相隔卿，且暂还家去；吾今且赴府，不久当还归，誓天不相负[58]！”

新妇谓府吏：“感君区区[59]怀！君既若见录[60]，不久望君来。君当作磐石，妾当作蒲苇，蒲苇纫[61]如丝，磐石无转移。我有亲父兄[62]，性行暴如雷，恐不任我意，逆[63]以煎我怀。”举手长劳劳[64]，二情同依依。

入门上家堂，进退无颜仪[65]。阿母大拊掌[66]，不图子自归[67]：“十三教汝织，十四能裁衣，十五弹箜篌，十六知礼仪，十七遣汝嫁，谓言无誓违[68]。汝今何罪过，不迎而自归？”兰芝惭阿母：“儿实无罪过。”阿母大悲摧[69]。

还家十余日，县令遣媒来。云有第三郎，窈窕[70]世无双，年始十八九，便言多令才[71]。

阿母谓阿女：“汝可去应之。”

阿女含泪答：“兰芝初还时，府吏见丁宁[72]，结誓不别离。今日违情义，恐此事非奇[73]。自可断来信[74]，徐徐更谓之[75]。”

阿母白媒人：“贫贱有此女，始适[76]还家门。不堪[77]吏人妇，岂合令郎君？幸可广问讯，不得便相许。”媒人去数日，寻遣丞请还，说有兰家女，承籍有宦官[78]。云有第五郎，娇逸[79]未有婚。遣丞为媒人，主簿[80]通语言。直说太守家，有此令郎君，既欲结大义，故遣来贵门。

阿母谢媒人：“女子先有誓，老姥岂敢言！”

阿兄得闻之，怅然心中烦，举言谓阿妹：“作计[81]何不量[82]！先嫁得府吏，后嫁得郎君。否泰[83]如天地，足以荣汝身。不嫁义郎[84]体，其往欲何云[85]？”

兰芝仰头答：“理实如兄言。谢家事夫婿，中道还兄门。处分[86]适[87]兄意，那得自任专！虽与府吏要[88]，渠会[89]永无缘。登即[90]相许和，便可作婚姻。”

媒人下床去。诺诺复尔尔[91]。还部白府君[92]:“下官[93]奉使命,言谈大有缘[94]。”府君得闻之,心中大欢喜。视历[95]复开书,便利此月内,六合[96]正相应。良吉三十日,今已二十七,卿[97]可去成婚。交语[98]速装束,络绎如浮云。青雀白鹄舫[99],四角龙子幡[100]。婀娜[101]随风转。金车玉作轮。踯躅[102]青骢马[103],流苏[104]金镂鞍。赍[105]钱三百万,皆用青丝穿。杂彩[106]三百匹,交广[107]市鲑[108]珍。从人四五百,郁郁[109]登郡门。

阿母谓阿女:“适[110]得府君书,明日来迎汝。何不作衣裳?莫令事不举[111]!”

阿女默无声,手巾掩口啼,泪落便如泻。移我琉璃榻[112],出置前窗下。左手持刀尺,右手执绫罗。朝成绣夹裙,晚成单罗衫。晻晻[113]日欲暝,愁思出门啼。

府吏闻此变,因求假暂归。未至二三里,摧藏[114]马悲哀。新妇识马声,蹑履相逢迎。怅然遥相望,知是故人来。举手拍马鞍,嗟叹使心伤:“自君别我后,人事不可量[115]。果不如先愿,又非君所详。我有亲父母[116],逼迫兼弟兄[117],以我应他人,君还何所望!”

府吏谓新妇:“贺卿得高迁!磐石方且厚,可以卒千年;蒲苇一时纫,便作旦夕间。卿当日胜贵[118],吾独向黄泉!”

新妇谓府吏:“何意出此言!同是被逼迫,君尔妾亦然。黄泉下相见,勿违今日言!”执手分道去,各各还家门。生人作死别,恨恨[119]那可论?念与世间辞,千万不复全!

府吏还家去,上堂拜阿母:“今日大风寒,寒风摧树木,严霜结庭兰。儿今日冥冥[120],令母在后单[121]。故[122]作不良计[123],勿复怨鬼神!命如南山石,四体[124]康且直[125]!”

阿母得闻之,零泪应声落:“汝是大家子,仕宦于台阁[126],慎勿为妇死,贵贱情何薄[127]!东家有贤女,窈窕艳城郭,阿母为汝求,便复在旦夕。”

府吏再拜还,长叹空房中,作计乃尔立[128]。转头向户里,渐见愁煎迫。

其日牛马嘶,新妇入青庐[129]。奄奄[130]黄昏[131]后,寂寂人定初。我命绝今日,魂去尸长留!揽裙脱丝履,举身赴清池。

府吏闻此事,心知长别离。徘徊庭树下,自挂东南枝。

两家求合葬,合葬华山[132]傍。东西植松柏,左右种梧桐。枝枝相覆盖,叶叶相交通[133]。中有双飞鸟,自名为鸳鸯,仰头相向鸣,夜夜达五更。行人驻足[134]听,寡妇起彷徨。多谢[135]后世人,戒之慎勿忘!

【注释】

[1]选自《玉台新咏》,上海古籍出版社 2013 年版。《孔雀东南飞》最早见于南朝徐陵(507—583 年)的《玉台新咏》卷一,题为《古诗为焦仲卿妻作》。《乐府诗集》载入“杂曲歌辞”,题为《焦仲卿妻》。现今一般取此诗的首句作为篇名。此诗的滥觞是民间流传,后经

文人加工修饰而成，诗的小序极可能是晋代刘琨所作。

[2]建安中：建安年间(196—220年)。建安：东汉献帝刘协的年号。

[3]庐江：汉代郡名，郡城在今安徽怀宁、潜山一带。

[4]遣：女子出嫁后被夫家休弃回娘家。

[5]云尔：句末语气词，如此而已。

[6]徘徊(pái huái)：来回走动。汉代乐府诗常以飞鸟徘徊起兴，以写夫妇离别。

[7]素：白绢。这句话开始到“及时相遣归”是焦仲卿妻对仲卿说的。

[8]箜篌(kōng hóu)：古代的一种弦乐器，形如筝、瑟。

[9]诗书：原指《诗经》和《尚书》，这里泛指儒家的经书。

[10]守节：遵守府里的规则。

[11]断：(织成一匹)截下来。

[12]大人故嫌迟：婆婆故意嫌我织得慢。大人：对长辈的尊称，这里指婆婆。

[13]不堪：不能胜任。

[14]徒：徒然，白白地。

[15]施：用。

[16]白公姥(mǔ)：禀告婆婆。白：告诉，禀告。公姥：公公婆婆，这里是偏义复词，专指婆婆。

[17]薄禄相：官禄微薄的相貌。

[18]结发：束发。古时候的人到了一定的年龄(男子20岁，女子15岁)才把头发结起来，算是到了成年，可以结婚了。

[19]始尔：刚开始。尔：助词，无义。一说是代词，这样。

[20]致不厚：招致不喜欢。致：招致。厚：厚待，这里是“喜欢”的意思。

[21]区区：小，这里指见识短浅。

[22]自专由：与下句“汝岂得自由”中的“自由”都是自作主张的意思。专：独断专行。由：随意，任意。

[23]贤：这里指聪明贤惠。

[24]可怜：可爱。

[25]伏惟：趴在地上想。古代下级对上级或小辈对长辈说话表示恭敬的习惯用语。

[26]取：通“娶”，娶妻。

[27]床：古代的一种坐具。

[28]会不相从许：当然不能答应你的要求。会：当然，必定。

[29]举言：发言，开口。

[30]新妇：媳妇(不是新嫁娘)，是汉代末年对已嫁妇女的通称。

[31]报府：赴府，指回到庐江太守府。

[32]下心意：低心下意，受些委屈。

[33]勿复重(chóng)纷纭：不必再添麻烦吧。也就是说，不必再提接她回来的话了。

[34]初阳岁：农历冬末春初。

[35]谢：辞别。

[36]作息：原意是工作和休息，这里是偏义复词，专指工作。

[37]伶俜(pīng)萦(yíng)苦辛：孤孤单单，受尽辛苦折磨。伶俜：孤单的样子。萦：缠绕。

[38]谓言：总以为。

[39]卒：完成，引申为报答。

[40]绣腰襦(rú)：绣花的齐腰短袄。

[41]葳蕤(wēi ruí)：草木繁盛的样子，这里形容短袄上刺绣的花叶繁多而美丽。

[42]箱帘：箱，衣箱。帘：通"奁"，古代妇女梳妆用的镜匣。

[43]后人：指府吏将来再娶的妻子。

[44]遗(wèi)施：赠送，施与。

[45]会因：会面的机会。

[46]严妆：整妆，郑重地梳妆打扮。

[47]通：次，遍。

[48]蹑(niè)：踩，踏，这里指穿鞋。

[49]玳瑁(dài mào)：一种同龟相似的爬行动物，甲壳可制装饰品。

[50]珰(dāng)：耳坠。

[51]昔作女儿时：以下八句是仲卿妻对焦母告别时说的话。

[52]野里：乡间。

[53]兼愧：更有愧于……

[54]却：从堂上退下来。

[55]扶将：扶持，搀扶。这里是服侍的意思。

[56]初七及下九：七月七日和每月的十九日。初七：指农历七月七日，旧时妇女在这天晚上在院子里陈设瓜果，向织女星祈祷，祈求提高刺绣缝纫技巧，称为"乞巧"。下九：古人以每月的二十九为上九，初九为中九，十九为下九。在汉朝时候，每月十九日是妇女欢聚的日子。

[57]隐隐：和下面的"甸甸"都是象声词，指车声。

[58]誓不相隔卿……誓天不相负：这是府吏对兰芝说的话。

[59]区区：这里是诚挚的意思，与上面“何乃太区区”中的“区区”意思不同。

[60]若见录：如此记住我。见录，记着我。见，被。录，记。

[61]纫：通“韧”，柔韧牢固。

[62]亲父兄：即同胞兄。

[63]逆：逆料，想到将来。

[64]劳劳：怅惘若失的样子。

[65]颜仪：脸面，面子。

[66]拊(fǔ)掌：拍手，这里表示惊异。

[67]子自归：你自己回来。意思是，没料到女儿竟被驱遣回家。古代女子出嫁以后，一定要娘家得到婆家的同意，派人迎接，才能回娘家。下文“不迎而自归”，也是按这种规矩说的责备的话。

[68]无誓违：不会有什么过失。誓：似应作“諐”。諐：古“愆(qiān)”字。愆违：过失。

[69]悲摧：悲痛，伤心。

[70]窈窕(yǎo tiǎo)：容貌体态美好的样子。

[71]便(pián)言多令才：口才很好，又多才能。便言：很会说话。令：美好。

[72]丁宁：嘱咐我。丁宁：嘱咐，后写作“叮咛”。

[73]非奇：不宜，不妥。

[74]断来信：回绝来做媒的人。断：回绝。信：使者，指媒人。

[75]更谓之：再谈它。之：指再嫁之事。

[76]适：出嫁。

[77]不堪：这里是“不能做”的意思。

[78]媒人去数日……丞籍有宦官：这几句可能有文字脱漏或错误，因此无法解释清楚。寻：随即，不久。丞：县丞，官名。承籍：承继先人的仕籍。宦官：即“官宦”，指做官的人。

[79]娇逸：娇美文雅。

[80]主簿：太守的属官。

[81]作计：拿主意，打算。

[82]量(liáng)：考虑。

[83]否(pǐ)泰：都是《易经》中的卦名，这里指运气的好坏。否：坏运气。泰：好运气。

[84]义郎：男子的美称，这里指太守的儿子。

[85]其往欲何云：往后打算怎么办。其往：其后，将来。何云：这里指怎么办。

[86]处分：处置。

[87]适：依照。

[88]要(yāo)：相约。

[89]渠(qú)会：同他相会。

[90]登即：立即。

[91]尔尔：如此如此。等于说“就这样，就这样”。

[92]府君：对太守的尊称。

[93]下官：县丞自称。

[94]缘：缘分。

[95]视历：翻看历书。

[96]六合：古时候迷信的人，结婚要选好日子，要年、月、日的干支(干：天干，甲、乙、丙、丁……支：地支，子、丑、寅、卯……)合起来都相适合，这叫“六合”。

[97]卿：你，指县丞。

[98]交语：交相传话。

[99]舫(fǎng)：船。

[100]龙子幡(fān)：绣龙的旗帜。

[101]婀娜(ē nuó)：轻轻飘动的样子。

[102]踯躅(zhí zhú)：缓慢不进的样子。

[103]青骢(cōng)马：青白杂毛的马。

[104]流苏：用五彩羽毛做的下垂的缨子。

[105]赍(jī)：赠送。

[106]杂彩：各种颜色的绸缎。

[107]交广：交州、广州，古代郡名，这里泛指今广东、广西一带。

[108]鲑(xié)：这里是鱼类菜肴的总称。

[109]郁郁：繁盛的样子。

[110]适：刚才。

[111]不举：办不成。

[112]榻(tà)：坐具。

[113]晻晻(yǎn yǎn)：日色昏暗无光的样子。

[114]摧藏(zàng)：摧折心肝。藏：脏腑。

[115]人事不可量：人间的事不能预料。

[116]父母：这里偏指母。

[117]弟兄：这里偏指兄。

[118]日胜贵：一天比一天高贵。

[119]怅恨：抱恨不已，这里指极度无奈。

[120]日冥冥：原意是日暮，这里用太阳下山来比喻生命的终结。

[121]单：孤单。

[122]故：有意，故意。

[123]不良计：不好的打算(指自杀)。

[124]四体：四肢，这里指身体。

[125]直：意思是腰板硬朗。

[126]台阁：原指尚书台，这里泛指大的重府。

[127]情何薄：怎能算是薄情。

[128]乃尔立：就这样决定。

[129]青庐：用青布搭成的篷帐，举行婚礼的地方。

[130]奄奄：通“晻晻”，日色昏暗无光的样子。

[131]黄昏：古时计算时间按十二地支将一日分为十二个“时辰”。“黄昏”是“戌时”(相当于现代的晚上7时至9时)。下句的“人定”是“亥时”(相当于现代的晚上9时至11时)。

[132]华山：庐江郡内的一座小山。

[133]交通：交错，这里指挨在一起。

[134]驻足：停步。

[135]谢：告诉。

【思考与练习】

1. 本诗的开头“孔雀东南飞，五里一徘徊”的作用何在?

2. 本诗中对刘兰芝形象的描写有哪些动人之处?

唐诗二首

宣州谢朓楼饯别校书叔云[1]

李　白

【课文导读】

李白(701—762 年)，字太白，号青莲居士。是屈原之后最具个性特色、最伟大的浪漫主义诗人，有“诗仙”之美誉。诗风雄奇豪放，想象丰富，语言流转自然，音律和谐多变，善于从民间文艺和神话传说中吸取营养和素材，构成其特有的瑰丽绚烂的色彩，存世诗文千余篇，有《李太白集》30 卷。

此诗是诗人在宣城(今属安徽)与李云相遇并同登谢朓楼时创作的一首送别诗。全诗共九十二字，并不直言离别，而是重笔抒发诗人的怀才不遇。全诗语言明朗朴素，音调激越高昂，如歌如诉。明人评此诗“如天马行空，神龙出海”。

弃我去者，昨日之日不可留；
乱我心者，今日之日多烦忧。
长风[2]万里送秋雁，对此可以酣高楼[3]。
蓬莱文章[4]建安骨[5]，中间小谢[6]又清发[7]。
俱怀[8]逸兴[9]壮思[10]飞，欲上青天览[11]明月。
抽刀断水水更流，举杯消愁愁更愁。
人生在世不称意，明朝散发[12]弄扁舟[13]。

【注释】

[1]选自《唐诗鉴赏辞典》，上海辞书出版社 1983 年版。相传此诗是李云行至宣城与李白相遇并同登谢朓楼时，李白为之饯行而作。宣州：今安徽宣城一带。谢朓(tiǎo)楼：又名北楼、谢公楼，在陵阳山上，是南齐诗人谢朓任宣城太守时所建。李白曾多次登临，并且写过一首《秋登宣城谢朓北楼》。饯别：以酒食送行。校(jiào)书：官名，即秘书省校书郎，掌管朝廷的图书整理工作。叔云：李白的叔叔李云。

[2]长风：远风，大风。

[3]此：指上句的长风秋雁的景色。酣(hān)：畅饮。高楼：指谢朓楼。

[4]蓬莱文章：借指李云的文章。蓬莱：此指东汉时藏书之东观。《后汉书》卷二十三《窦融列传》附窦章传："是时学者称东观为老氏臧室，道家蓬莱山。"李贤注："言东观经籍多也。蓬莱，海中神山，为仙府，幽经秘籍并皆在也。"

[5]建安骨：指刚健遒劲的诗文风格。汉末建安（汉献帝年号，196—220 年）年间，"三曹"和"七子"等作家所作之诗风骨遒上，后人称之为"建安风骨"。

[6]小谢：指谢朓，字玄晖，南朝齐诗人。后人将他和谢灵运并称为大谢、小谢。这里用以自喻。

[7]清发（fā）：指清新秀发的诗风。发：诗文俊逸。

[8]俱怀：两人都怀有。

[9]逸兴（xìng）：飘逸豪放的兴致，多指山水游兴，超迈的意兴。王勃《滕王阁序》："遥襟甫畅，逸兴遄飞。"李白《送贺宾客归越》："镜湖流水漾清波，狂客归舟逸兴多。"

[10]壮思飞：卢思道《卢记室诔》："丽词泉涌，壮思云飞。"壮思：雄心壮志，豪壮的意思。

[11]览：通"揽"，摘取。一本作"揽"。

[12]散发（fà）：去冠披发，指隐居不仕。这里是形容狂放不羁。古人束发戴冠，散发表示闲适自在。

[13]弄扁（piān）舟：乘小舟归隐江湖。扁舟：小舟，小船。春秋末年，范蠡辞别越王勾践，"乘扁舟浮于江湖"（《史记·货殖列传》）。

白雪歌送武判官归京[1]

岑 参

【课文导读】

岑参（715—770 年），江陵（今湖北省江陵县）人，唐代著名边塞诗人，与高适齐名，并称为"高岑"。曾两度出塞，晚年任嘉州刺史，后罢官欲归故乡时，客死成都旅舍，史称"岑嘉州"，有《岑嘉州集》传世。岑参的诗想象丰富，意境新奇，气势磅礴，风格奇峭，词采瑰丽，充满乐观进取的精神，具有浪漫主义特色。

此诗是岑参边塞诗的代表作，作于他第二次出塞阶段。此时，他很受安西节度使封常清的器重，他的大多数边塞诗成于这一时期。岑参在这首诗中，以诗人的敏锐观察力和浪漫奔放的笔调，描绘了祖国西北边塞八月飞雪的壮丽景色，抒写塞外送别、雪中送客之情，表现离愁和乡思，却充满奇思异想，并不令人感到伤感。诗中所表现出来的浪漫理想和壮逸情怀使人觉得塞外风雪变成了可玩味欣赏的对象。全诗内涵丰富宽广，色彩瑰丽浪漫，气势浑然磅礴，意境鲜明独特，具有极强的艺术感染力，堪称盛世大唐边塞诗的压卷之作。其中“忽如一夜春风来，千树万树梨花开”等诗句已成为千古传诵的名句。

北风卷地白草[2]折，胡天[3]八月即飞雪。
忽如一夜春风来，千树万树梨花[4]开。
散入珠帘湿罗幕[5]，狐裘不暖锦衾薄[6]。
将军角弓不得控[7]，都护铁衣冷难着[8]。
瀚海阑干百丈冰[9]，愁云惨淡[10]万里凝。
中军置酒饮归客[11]，胡琴琵琶与羌笛[12]。
纷纷暮雪下辕门[13]，风掣红旗冻不翻[14]。
轮台东门送君去[15]，去时雪满天山路[16]。
山回路转不见君[17]，雪上空留马行处。

【注释】

[1]选自《唐诗鉴赏辞典》，上海古籍出版社1983年版。武判官：名不详，当是封常清幕府中的判官。判官：官职名。唐代节度使等朝廷派出的持节大使，可委任幕僚协助判处公事，称判官，是节度使、观察使一类的僚属。

[2]白草：西北的一种牧草，晒干后变白。

[3]胡天：指塞北的天空。胡：古代汉民族对北方各民族的通称。

[4]梨花：春天开放，花作白色。这里比喻雪花积在树枝上，像梨花开了一样。

[5]珠帘：用珍珠串成或饰有珍珠的帘子，形容帘子的华美。罗幕：用丝织品做成的帐幕，形容帐幕的华美。这句说雪花飞进珠帘，沾湿罗幕。“珠帘”“罗幕”都属于美化的说法。

[6]狐裘：狐皮袍子。锦衾：锦缎做的被子。锦衾薄：丝绸的被子(因为寒冷)都显得单薄了，形容天气很冷。

[7]角弓：两端用兽角装饰的硬弓，一作“雕弓”。不得控：(天太冷而冻得)拉不开(弓)。控：拉开。

[8]都护：镇守边镇的长官，此为泛指，与上文的“将军”是互文。铁衣：铠甲。难着：一作“犹着”。着：亦写作“著”。

[9]瀚海：沙漠。阑干：纵横交错的样子。百丈：一作“百尺”，一作“千尺”。这句说大沙漠里到处都结着很厚的冰。

［10］惨淡：昏暗无光。

［11］中军：称主将或指挥部。古时分兵为中、左、右三军，中军为主帅的营帐。饮归客：宴饮归京的人，指武判官。饮：动词，宴饮。

［12］胡琴琵琶与羌笛：胡琴等都是当时西域地区兄弟民族的乐器。这句说在饮酒时奏起了乐曲。羌笛：羌族的管乐器。

［13］辕门：军营的门。古代军队扎营，用车环围，出入处以两车车辕相向竖立，状如门。这里指帅衙署的外门。

［14］风掣红旗冻不翻：红旗因雪而冻结，风都吹不动了。一言旗被风往一个方向吹，给人以冻住之感。掣：拉，扯。

［15］轮台：唐轮台在今新疆维吾尔自治区米泉县境内，与汉轮台不是同一地方。

［16］满：铺满，形容词活用为动词。天山：一名祁连山，横亘新疆东西，长六千余里。

［17］山回路转：山势回环，道路盘旋曲折。

【思考与练习】

1.《宣州谢朓楼饯别校书叔云》是一首送别诗，从哪里可以看出来，此处又可见怎样的思想情感？

2.《宣州谢朓楼饯别校书叔云》一诗中提“蓬莱文章”“建安风骨”旨在何意？

3.《白雪歌送武判官归京》一诗中诗人写出了对友人怎样的情感？

4.《白雪歌送武判官归京》一诗中哪些诗句表现诗人对友人的情感，是怎样表现出来的？

宋词二首

一剪梅·红藕香残玉簟秋[1]

李清照

【课文导读】

李清照(1084—1155年)，宋代著名女词人，号易安居士，齐州章丘(今属山东章丘)人。前期作品多写悠闲生活，词风清丽；后期作品多叹悲苦身世，词调感伤，有“千古第一才女”之称。其词在群花争艳的宋代词苑中，独树一帜，自成一家，人称“易安体”，是宋代婉约派的典范。主要作品有《易安居士文集》《易安词》，已散佚。后人有《漱玉词》辑本，今人有《李清照集校注》。

此词作于词人与丈夫离别之后，寄寓着词人不忍离别的一腔深情，反映出初婚少妇沉溺于情海之中的纯洁心灵。全词以女性特有的沉挚情感，丝毫“不落俗套”的表现方式，展示出一种婉约之美，格调清新，意境优美，称得上是一首工致精巧的别情佳作。

红藕[2]香残玉簟[3]秋，轻解罗裳[4]，独上兰舟[5]。
云中谁寄锦书[6]来？雁字[7]回时，月满西楼。
花自飘零[8]水自流，一种相思，两处闲愁[9]。
此情无计[10]可消除，才下眉头，却上心头。

【注释】

[1]选自《唐宋词汇评·两宋卷(二)》，浙江教育出版社2004年版。一剪梅：词牌名。双调小令，六十字，有前后阕句句用叶韵者，而李清照此词上下阕各三平韵，应为其变体。每句并用平收，声情低抑。此调因李清照这首词而又名“玉簟秋”。

[2]红藕：红色的荷花。

[3]玉簟(diàn)：光滑如玉的竹席。

[4]罗裳(cháng)：古人穿的下衣，也泛指衣服。

[5]兰舟：船的美称。《述异记》卷下谓：“木兰洲在浔阳江中，多木兰树。昔吴王阖闾植木兰于此，用构宫殿也。七里洲中，有鲁班刻木兰为舟，舟至今在洲中。诗家云‘木兰舟’出于此。”一说“兰舟”特指睡眠的床榻。

[6]锦书：书信的美称。《晋书·窦滔妻苏氏传》云："前秦秦州刺史窦滔被徙流沙，其妻苏氏思之，织锦为回文旋图诗以赠窦滔，可宛转循环以读之，词甚凄婉，共三百四十字。"这种用锦织成的字称锦字，又称锦书。

[7]雁字：雁群飞行时，常排列成"人"字或者"一"字形，因称"雁字"。相传雁能传书。

[8]飘零：凋谢，凋零。

[9]闲愁：无端无谓的忧愁。

[10]无计：没有办法。

八声甘州·对潇潇暮雨洒江天[1]

柳　永

【课文导读】

柳永(？—约1053)，北宋词人。原名三变，字景庄。后改名永，字耆卿，排行第七，崇安(今属福建省武夷山市)人。景祐元年(1034年)进士。官至屯田员外郎。世称柳七或柳屯田。为人放荡不羁，终身潦倒。善为乐章，长于慢词，铺叙刻画，情景交融，语言通俗，音律谐婉，在词史上产生了较大的影响，特别是对北宋慢词的兴盛和发展有重要作用。其词多描绘城市风光与歌妓生活，尤长于抒写羁旅行役之情。词风婉约，词作甚丰，是北宋第一个专力写词的词人，词作流传极广，有"凡有井水饮处皆能歌柳词"之说，有《乐章集》传世。生平亦有诗作，惜传世不多。

此词抒写了作者漂泊江湖的愁思和仕途失意的悲慨。上片描绘了雨后清秋的傍晚，关河冷落夕阳斜照的凄凉之景；下片抒写词人久客他乡急切的归家思念之情。全词语浅而情深，融写景、抒情为一体，通过描写羁旅行役之苦，表达了强烈的思归情绪，写出了封建社会知识分子怀才不遇的典型感受，从而成为传诵千古的名篇。

对潇潇暮雨洒江天，一番洗清秋[2]。渐霜风凄紧[3]，关河冷落[4]，残照当楼[5]。是处红衰翠减[6]，苒苒物华休[7]。惟有长江水，无语东流。

不忍登高临远，望故乡渺邈[8]，归思[9]难收。叹年来踪迹，何事苦淹留[10]。想佳人妆楼颙望[11]，误几回、天际识归舟[12]。争知我[13]，倚栏杆处[14]，正恁凝愁[15]。

【注释】

[1]选自《唐宋词鉴赏辞典》，上海辞书出版社 1988 年版。八声甘州：词牌名，原为唐边塞曲，简称“甘州”，又名“潇潇雨”“宴瑶池”。全词共八韵，所以叫“八声”。词分上下两片，上片写景，下片抒情。

[2]“对潇潇”二句：写眼前的景象。潇潇暮雨在辽阔江天飘洒，经过一番雨洗的秋景分外清朗寒凉。潇潇：下雨声，一说雨势急骤的样子，一作“萧萧”，义同。清秋：清冷的秋景。

[3]霜风：指秋风。凄紧：凄凉紧迫。

[4]关河：关塞与河流，此指山河。

[5]残照：落日余光。当，对。

[6]是处：到处。红衰翠减：指花叶凋零。红：代指花。翠：代指绿叶。此句为借代用法。

[7]苒(rǎn)苒：同“荏苒”，形容时光消逝，渐渐(过去)的意思。物华：美好的景物。休：这里是衰残的意思。

[8]渺邈(miǎo)：远貌，渺茫遥远。一作“渺渺”，义同。

[9]归思(sì)：渴望回家团聚的心思。

[10]淹留：长期停留。

[11]佳人：美女。古诗文中常用代指自己所怀念的对象。颙(yóng)望：抬头凝望。颙：一作“长”。

[12]误几回：多少次错把远处驶来的船只当作心上人的归舟。语意出温庭钧《望江南》词：“过尽千帆皆不是，斜晖脉脉水悠悠，肠断白苹洲。”天际：指目力所能达到的极远之处。

[13]争(zěn)：怎。处：这里表示时间。

[14]倚栏杆处：即“倚栏杆时”。

[15]恁(nèn)：如此。凝愁：愁苦不已，愁恨深重。凝：表示一往情深，专注不已。

【思考与练习】

1.《一剪梅·红藕香残玉簟秋》与《声声慢·寻寻觅觅》都写“愁”，两“愁”有何不同呢？

2. 你能将《一剪梅·红藕香残玉簟秋》改成情景交融、意境优美的抒情散文吗？

3.《八声甘州·对潇潇暮雨洒江天》一词中，词人“不忍登高临远”的原因何在？

4.《八声甘州·对潇潇暮雨洒江天》一词中能揭示主旨的句子是哪一句？

现代诗歌二首

我用残损的手掌[1]

戴望舒

【课文导读】

戴望舒(1905—1950 年)，名承，字朝安，小名海山，浙江杭县(今杭州)人，现代诗人、翻译家，曾用笔名有梦鸥、梦鸥生、信芳、江思等。因其创作的《雨巷》被广泛传颂而被称为“雨巷诗人”。早年就读于上海大学、复旦大学，曾因宣传革命被捕。无论理论还是创作实践，都对中国新诗的发展产生过相当大的影响。诗集有《我的记忆》《望舒草》《望舒诗稿》《灾难的岁月》《戴望舒诗选》《戴望舒诗集》，另有译著多种。

《我用残损的手掌》是诗人在日寇铁窗下向苦难祖国表白的抒怀之作。“残损的手掌”既是写实，也是诗人坚贞不屈的意志的写照。全诗可分为两个部分。第一部分表达对祖国命运的深切关注：虽然自己的手掌已经“残损”，却仍然要摸索祖国“广大的土地”，诗人触到的只是“血和灰”，祖国正笼罩在苦难深重的“阴暗”之中。第二部分写诗人的手终于摸到了“那辽远的一角”，即“依然完整”的没有为侵略者所蹂躏的解放区，诗人对这块象征着“永恒的中国”的土地发出了深情赞美。描写沦陷区阴暗，从实处着笔，用一幅幅富有特征的小画面缀连。抒写解放区的明丽，侧重于写意，用挚爱和柔情抚摩，加之一连串亲切温馨的比喻，使诗章透现出和煦明媚的色彩。可以说这首诗既是诗人长期孕育的情感的结晶，也是诗人在困苦抑郁中依旧保持着的爱国精神的升华。

我用残损的手掌
摸索这广大的土地：
这一角已变成灰烬，
那一角只是血和泥；
这一片湖该是我的家乡，
(春天，堤上繁花如锦幛，
嫩柳枝折断有奇异的芬芳)
我触到荇藻和水的微凉；
这长白山的雪峰冷到彻骨，

这黄河的水夹泥沙在指间滑出；
江南的水田，你当年新生的禾草
是那么细，那么软……现在只有蓬蒿；
岭南的荔枝花寂寞地憔悴，
尽那边，我蘸着南海没有渔船的苦水……
无形的手掌掠过无限的江山，
手指沾了血和灰，
手掌沾了阴暗，
只有那辽远的一角依然完整，
温暖，明朗，坚固而蓬勃生春。
在那上面，我用残损的手掌轻抚，
像恋人的柔发，婴孩手中乳。
我把全部的力量运在手掌
贴在上面，寄与爱和一切希望，
因为只有那里是太阳，是春，
将驱逐阴暗，带来苏生，
因为只有那里我们不像牲口一样活，
蝼蚁一样死……
那里，永恒的中国！

【注释】

[1]选自《望舒草》，江苏文艺出版社2009年版。1942年春，作者因在报纸上编发宣传抗战的诗歌被日寇逮捕入狱，受尽种种酷刑，后经叶灵凤设法保释出狱，出狱后不久便写下此诗，后收录于《望舒草》。

祖国呵，我亲爱的祖国[1]

舒　婷

【课文导读】

舒婷(1952—　)，原名龚佩瑜，福建人，中国当代女诗人，朦胧诗派的代表人物。著有诗集《双桅船》《会唱歌的鸢尾花》《始祖鸟》，散文集《心烟》《秋天的情绪》《硬骨凌霄》

《露珠里的“诗想”》《舒婷文集》(3 卷)。诗歌《祖国呵，我亲爱的祖国》获 1980 年全国中青年优秀诗歌作品奖，《双桅船》获全国首届新诗优秀诗集奖、1993 年庄重文文学奖。

《祖国呵，我亲爱的祖国》是一首深情的爱国之歌，是作者的代表作之一，面对祖国的贫穷与落后，诗人以拳拳女儿之心，表达着一份哀怨的深情，当然，诗人也并未沉迷于这份痛苦，诗中我们也可以看到诗人那一份希望的欢欣，那一种为祖国母亲献身的激情。

我是你河边上破旧的老水车，
数百年来纺着疲惫的歌；
我是你额上熏黑的矿灯，
照你在历史的隧洞里蜗行摸索；
我是干瘪的稻穗，是失修的路基；
是淤滩上的驳船，
把纤绳深深
勒进你的肩膊；
——祖国呵！

我是贫困，
我是悲哀。
我是你祖祖辈辈
痛苦的希望啊，
是“飞天”袖间
千百年未落到地面的花朵，
——祖国呵！

我是你簇新的理想，
刚从神话的蛛网里挣脱；
我是你雪被下古莲的胚芽；
我是你挂着眼泪的笑涡；
我是新刷出的雪白的起跑线；
是绯红的黎明
正在喷薄；
——祖国呵！

我是你的十亿分之一，
是你九百六十万平方的总和；
你以伤痕累累的乳房
喂养了
迷惘的我、深思的我、沸腾的我；
那就从我的血肉之躯上
去取得
你的富饶、你的荣光、你的自由；
——祖国呵，
我亲爱的祖国！

【注释】

[1]选自《舒婷的诗》，人民文艺出版社2004年版。

【思考与练习】

1.《我用残损的手掌》一诗中描写了哪些具体形象？作者借此抒发了怎样的情感？

2. 体会诗人用“残损的手掌”“摸索”祖国土地时的种种感觉，说说诗人内心深处情感的变化起伏。

3.《祖国呵，我亲爱的祖国》一诗中的“我”就是诗人自己吗？怎样理解诗中的“我”呢？

4.《祖国呵，我亲爱的祖国》一诗中每节诗末的“祖国呵”所抒发的感情是否一样，从中可以看出诗人的情感有何变化？为何有这样的变化？

想北平[1]

老　舍

【课文导读】

老舍(1899—1966 年)，原名舒庆春，字舍予，北京满族正红旗人。老舍这一笔名最初在小说《老张的哲学》中使用，另有笔名絜青、鸿来、非我等。因老舍生于阴历立春，父母为他取名“庆春”，大概含有庆贺春来、前景美好之意。后自己更名为舒舍予，含有“舍弃自我”，亦即“忘我”的意思。中国现代小说家、作家，语言大师、人民艺术家，新中国第一位获得“人民艺术家”称号的作家。代表作有《骆驼祥子》《四世同堂》、剧本《茶馆》等。老舍这一生总是忘我地工作，是文艺界当之无愧的“劳动模范”。

《想北平》写于 1936 年，作者当时不在北平。战乱年月，听闻北平危急，作为一个热爱北平的爱国知识分子，作者忧心如焚，亦更加思念他挚爱的北平，提笔写下这篇《想北平》。作者把对北平的感情上升到爱母亲的地位，他抛开一切美好的词语，用最通俗质朴的言辞，用最能引人共鸣的表达方式，通过与巴黎等城市的比较突出北平的特点，表明北平与作者是“你”中有“我”、“我”中有“你”，融为一体的关系，表达“我的每一思念中有个北平”，抒发了作者对故乡的深深眷恋之情。

设若让我写一本小说，以北平作背景，我不至于害怕，因为我可以捡着我知道的写，而躲开我所不知道的。但要让我把北平一一道来，我没办法。北平的地方那么大，事情那么多，我知道的真是太少了，虽然我生在那里，一直到廿七岁才离开。以名胜说，我没到过陶然亭，这多可笑！以此类推，我所知道的那点只是“我的北平”，而我的北平大概等于牛的一毛。

可是，我真爱北平。这个爱几乎是要说而说不出的。我爱我的母亲。怎样爱？我说不出。在我想作一件讨她老人家喜欢的事情的时候，我独自微微的笑着；在我想到她的健康而不放心的时候，我欲落泪。语言是不够表现我的心情的，只有独自微笑或落泪才足以把内心揭露在外面一些来。我之爱北平也近乎这个。夸奖这个古城的某一点是容易的，可是那就把北平看得太小了。我所爱的北平不是枝枝节节的一些什么，而是整个儿与我的心灵相黏合的一段历史，一大块地方，多少风景名胜，从雨后什刹海的蜻蜓一直到我梦里的玉泉山的塔影，都积凑到一块，每一小的事件中有个我，我的每一思念中有个北平，这只有说不出而已。

真愿成为诗人，把一切好听好看的字都浸在自己的心血里，像杜鹃似的啼出北平的俊伟。啊！我不是诗人！我将永远道不出我的爱，一种像由音乐与图画所引起的爱。这不但辜负了北平，也对不住我自己，因为我的最初的知识与印象都得自北平，它是在我的血里，我的性格与脾气里有许多地方是这古城所赐给的。我不能爱上海与天津，因为我心中有个北平。可是我说不出来！

伦敦，巴黎，罗马与堪司坦丁堡，曾被称为欧洲的四大“历史的都城”。我知道一些伦敦的情形；巴黎与罗马只是到过而已；堪司坦丁堡根本没有去过。就伦敦、巴黎、罗马来说，巴黎更近似北平——虽然“近似”两字要拉扯得很远——不过，假使让我“家住巴黎”，我一定会和没有家一样的感到寂苦。巴黎，据我看，还太热闹。自然，那里也有空旷静寂的地方，可是又未免太旷；不像北平那样既复杂而又有个边际，使我能摸着——那长着红酸枣的老城墙！面向着积水滩，背后是城墙，坐在石上看水中的小蝌蚪或苇叶上的嫩蜻蜓，我可以快乐的坐一天，心中完全安适，无所求也无可怕，像小儿安睡在摇篮里。是的，北平也有热闹的地方，但是它和太极拳相似，动中有静。巴黎有许多地方使人疲乏，所以咖啡与酒是必要的，以便刺激；在北平，有温和的香片茶就够了。

论说巴黎的布置已比伦敦罗马匀调得多了，可是比上北平还差点事儿。北平在人为之中显出自然，几乎是什么地方既不挤得慌，又不太僻静：最小的胡同里的房子也有院子与树；最空旷的地方也离买卖街与住宅区不远。这种分配法可以算——在我的经验中——天下第一了。北平的好处不在处处设备得完全，而在它处处有空儿，可以使人自由的喘气；不在有好些美丽的建筑，而在建筑的四周都有空闲的地方，使它们成为美景。每一个城楼，每一个牌楼，都可以从老远就看见。况且在街上还可以看见北山与西山呢！

好学的，爱古物的，人们自然喜欢北平，因为这里书多古物多。我不好学，也没钱买古物。对于物质上，我却喜爱北平的花多菜多果子多。花草是种费钱的玩艺，可是此地的“草花儿”很便宜，而且家家有院子，可以花不多的钱而种一院子花，即使算不了什么，可是到底可爱呀。墙上的牵牛，墙根的靠山竹与草茉莉，是多么省钱省事而也足以招来蝴蝶呀！至于青菜，白菜，扁豆，毛豆角，黄瓜，菠菜等等，大多数是直接由城外担来而送到家门口的。雨后，韭菜叶上还往往带着雨时溅起的泥点。青菜摊子上的红红绿绿几乎有诗似的美丽。果子有不少是由西山与北山来的，西山的沙果，海棠，北山的黑枣，柿子，进了城还带着一层白霜儿呀！哼，美国的橘子包着纸，遇到北平的带霜儿的玉李，还不愧杀！

是的，北平是个都城，而能有好多自己产生的花，菜，水果，这就使人更接近了自然。从它里面说，它没有像伦敦的那些成天冒烟的工厂；从外面说，它紧连着园林，菜圃与农村。采菊东篱下，在这里，确是可以悠然见南山的；大概把“南”字变个“西”或“北”，也没有多少了不得的吧。像我这样的一个贫寒的人，或者只有在北平能享受一点清福了。

好，不再说了吧；要落泪了，真想念北平呀！

【注释】

[1]选自《乡风市声》，人民文学出版社1990年版。

【思考与练习】

1. 作者对北平有着怎样的感情？

2. 作者为了让读者能够更真切体会他对北平的那种爱，提到了他的母亲，文中是怎么说的？这里运用了什么手法？

我心归去[1]

韩少功

【课文导读】

韩少功(1953—)，男，汉族，湖南长沙人。笔名少功、艄公。1985年倡导“寻根文学”的主将，发表《文学的根》，提出“寻根”口号，并以自己的创作实践了这一主张。代表作有《西望茅草地》《归去来》《爸爸爸》《女女女》《马桥词典》等。其“天涯体”散文在当代独树一帜，《性而上的迷失》《完美的假定》《革命后记》等作品既有形式美感，又以思想见长。1980年、1981年曾获全国优秀短篇小说奖，2002年曾获法国文化部颁发的“法兰西文艺骑士奖章”，2007年曾获第五届华语文学传媒大奖之“杰出作家奖”，还曾获得第四届鲁迅文学奖、美国第二届纽曼华语文学奖等。

本文是作者《访法散记》中的一篇，文章从内容上看可以分为两部分，第一部分是前四个小节，写自己在法国圣·纳塞尔访问时的情形和感慨。第二部分写作者的思乡之情以及对故乡这个文化概念的思考。作者说，即使异国的景区再美，故乡再穷，但乡思仍然会随时产生，因为“故乡存留了我们的童年，或者还有青年和壮年，也就成了我们生命的一部分，成了我们自己”，自己在这里成长、奋斗、耕耘，这里有“你的血、泪，还有汗水”，用作者的话说“只有艰辛劳动过奉献过的人，才真正拥有故乡”。

我在圣·纳塞尔市为时一个月的“家”，是一幢雅静的别墅。两层楼的六间房子四张床三个厕所全属于我，怎么也用不过来。房子前面是蓝海，旁边是绿公园。很少看见人——除了偶尔隔着玻璃窗向我叽里哇啦说些法语的公园游客。

最初几天的约会和采访热潮已经过去，任何外来者都会突然陷入难耐的冷清，恐怕连流亡的总统或国王也概莫能外。这个城市不属于你，除了所有的服务都要你付钱外，这里的一切声响都弃你而去，奔赴它们既定的目的，与你没有什么关系。你拿起电话不知道要打向哪里，你拿着门钥匙不知道出门后要去向何方。电视广播以及行人的谈话全是法语法语法语，把你囚禁在一座法语的监狱无处逃遁。从巴黎带来的华文报纸和英文书看完了，这成了最严重的事态，因为在下一个钟头，下一刻钟，下一分钟，你就不知道该干什么。你到了悬崖的边缘，前面是寂静的深谷，不，连深谷也不是。深谷还可以使你粉身碎骨，使你头破血流，使你感触到实在，那不是深谷，那里什么也没有，你跳下去不会有任何声音和光影，只有虚空。

你对吊灯作第六或六十次研究，这时候你就可以知道，你差不多开始发疯了。移民的日子是能让人发疯的。

我不想移民，好像是缺乏勇气也缺乏兴趣。C曾问我想不想留在法国，他的市长朋友可以办成这件事，他的父亲与法国总理也是好朋友。我说我在这里能干什么？守仓库或做家具？当文化盲流变着法子讨饭？即使能活得好，我就那么在乎法国的面包和雷诺牌汽车？

很想念家里——似乎是有点没出息。倒不是特别害怕孤寂，而是惦念亲人。我知道我对她们来说是多么重要，我是她们的快乐和依靠。我坐在柔和的灯雾里，听窗外的海涛和海鸥的鸣叫，想像母亲、妻子、女儿现在熟睡的模样，隔着万里守候她们睡到天明。人们无论走到哪里，都没法不时常感怀身后远远的一片热土，因为那里有他的亲友，至少也有他的过去。时光总是把过去的日子冲洗得熠熠闪光，引人回望。

我这才明白，为什么各种异国的旅游景区都不能像故乡一样使我感到亲切和激动。我的故乡没有繁华酥骨的都会，没有静谧侵肌的湖泊，没有悲剧般幽深奇诡的城堡，没有绿得能融化你所有思绪的大森林。故乡甚至是贫瘠而脏乱的。但假若你在旅途的夕阳中听到舒伯特的某支独唱曲，使你热泪突然涌流的想像，常常是故乡的小径，故乡的月夜，月夜下的草坡泛着银色的光泽，一只小羊还未归家，或者一只犁头还插在地边等待明天。这哪里对呀？也许舒伯特在歌颂宫廷或爱情，但我相信所有雄浑的男声独唱都应该是献给故乡的。就像我相信所有的中国二胡都只能演奏悲怆，即便是赛马曲与赶集调，那也是带泪的笑。

故乡存留了我们的童年，或者还有青年和壮年，也就成了我们生命的一部分，成了我们自己。它不是商品，不是旅游的去处，不是按照一定价格可以向任何顾客出售的往返车票和周末消遣节目。故乡比任何旅游景区多了一些东西：你的血、泪，还有汗水。故乡的美中含悲。而美的从来就是悲的。中国的“悲”含有眷顾之义，美使人悲，使人痛，使人怜，这已把美学的真理揭示无余。在这个意义上来说，任何旅游景区的美都多少有点不够格，只是失血的矫饰。

我已来过法国三次，这个风雅富贵之邦，无论我这样来多少次，我也只是一名来付钱的观赏者。我与这里的主人碰杯、唱歌、说笑、合影、拍肩膀，我的心却在一次次偷偷归去。我当然知道，我会对故乡浮粪四溢的墟场失望，会对故乡拥挤不堪的车厢失望，会对故乡阴沉连日的雨季失望，但那种失望不同于对旅泊之地的失望，那种失望能滴血。血沃之地将真正生长出金麦穗和赶车谣。

故乡意味着我们的付出——它与出生地不是一回事。只有艰辛劳动过奉献过的人，才真正拥有故乡，才真正懂得古人“游子悲故乡”的情怀——无论这个故乡烙印在一处还是多处，在祖国还是在异邦。没有故乡的人身后一无所有。而萍飘四方的游子无论是怎样贫困潦倒，他们听到某支独唱曲时突然涌出热泪，便是他们心有所归的无量幸福。

【注释】

[1]选自《夜行者梦语——韩少功随笔·访法散记》，东方出版中心 1994 年版。

【思考与练习】

1. 有人说本文语言富有哲理，你认为有哪些哲理？
2. 本文在语言上有什么特色？

杜十娘怒沉百宝箱[1]

冯梦龙

【课文导读】

冯梦龙(1574—1646 年)，南直隶苏州府长洲县(今江苏省苏州市)人。明代文学家、思想家、戏曲家。字犹龙，又字子犹，号龙子犹、墨憨斋主人、顾曲散人、吴下词奴、姑苏词奴、前周柱史等，以“墨憨子”最为可爱。有兄冯梦桂，画家；有弟冯梦熊，诗人。时人称为“吴下三冯”。其作品比较强调感情和行为，最有名的作品为《喻世明言》《警世通言》《醒世恒言》，合称“三言”。三言与明代凌濛初的《初刻拍案惊奇》《二刻拍案惊奇》合称“三言两拍”，是中国白话短篇小说的经典代表。冯梦龙以其对小说、戏曲、民歌、笑话等通俗文学的创作、搜集、整理、编辑，为中国文学做出了独特的贡献。

《杜十娘怒沉百宝箱》是《警世通言》中的名篇，是中国古代文学史上最为杰出的短篇小说之一，其思想内容和艺术成就占据中国古代短篇小说的高峰。据考证，该小说是冯梦龙根据同时代的文人宋懋澄的《负情侬传》改编而成的，属明代的“拟话本”。主要内容是：明万历二十年间，京师名妓杜十娘为了赎身从良、追求真爱，将自己的终身托付给太学生李甲。可李甲生性软弱、自私，虽然也对杜十娘真心爱恋，但又屈从于社会、家庭的礼教观念，再加上孙富的挑唆，他最终出卖了杜十娘，酿成了杜十娘沉箱投江的悲剧。该小说以极其细腻的笔触塑造了一个执著追求自己心中美好愿望的女性形象，取得了非凡的、卓越的艺术效果，被定义为反封建反礼教的爱情小说。该小说曾多次被改编成戏曲、电影，也曾被翻译成外文，流传到日本、欧洲等地，在国内外都产生了很大影响。之所以如此，除了杜十娘这一悲剧人物形象感人以外，小说中的“百宝箱”这个具有多重功能和意义的意象创造也是其中的重要原因之一。作者对这个意象的处理，可谓匠心独运，具有很高的艺术价值。

扫荡残胡立帝畿，龙翔凤舞势崔嵬；
左环沧海天一带，右拥太行山万围。
戈戟九边雄绝塞，衣冠万国仰垂衣；
太平人乐华胥世，永永金瓯共日辉。

这首诗，单夸我朝燕京建都之盛。说起燕都的形势，北倚雄关，南压区夏，真乃金城天府，万年不拔之基。当先洪武爷扫荡胡尘，定鼎金陵，是为南京。到永乐爷从北平起兵靖难，迁于燕都，是为北京。只因这一迁，把个苦寒地面，变作花锦世界。自永乐爷九传至于万历爷，此乃我朝第十一代的天子。这位天子，聪明神武，德福兼全，十岁登基，在位四十八年，削平了三处寇乱。那三处？

日本关白平秀吉，西夏哱承恩，播州杨应龙。

平秀吉侵犯朝鲜，哱承恩、杨应龙是土官谋叛，先后削平。远夷莫不畏服，争来朝贡。真个是：

一人有庆民安乐，四海无虞国太平。

话中单表万历二十年间，日本国关白作乱，侵犯朝鲜。朝鲜国王上表告急，天朝发兵泛海往救。有户部官奏准：目今兵兴之际，粮饷未充，暂开纳粟入监之例。原来纳粟入监的，有几般便宜：好读书，好科举，好中，结末来又有个小小前程结果。以此宦家公子、富室子弟，到不愿做秀才，都去援例做太学生。自开了这例，两京太学生各添至千人之外。

内中有一人，姓李名甲，字干先，浙江绍兴府人氏。父亲李布政，所生三儿，惟甲居长。自幼读书在庠，未得登科，援例入于北雍。因在京坐监，与同乡柳遇春监生同游教坊司院内，与一个名姬相遇。那名姬姓杜名媺，排行第十，院中都称为杜十娘，生得：

浑身雅艳，遍体娇香，
两弯眉画远山青，一对眼明秋水润。
脸如莲萼，分明卓氏文君；
唇似樱桃，何减白家樊素。
可怜一片无瑕玉，误落风尘花柳中。

那杜十娘，自十三岁破瓜，今一十九岁，七年之内，不知历过了多少公子王孙。一个个情迷意荡，破家荡产而不惜。院中传出四句口号来，道是：

坐中若有杜十娘，斗筲之量饮千觞；
院中若识杜老媺，千家粉面都如鬼。

却说李公子，风流年少，未逢美色，自遇了杜十娘，喜出望外，把花柳情怀，一担儿挑在他身上。那公子俊俏庞儿，温存性儿，又是撒漫的手儿，帮衬的勤儿，与十娘一双两好，情投意合。十娘因见鸨儿贪财无义，久有从良之志，又见李公子忠厚志诚，甚有心向他。奈李公子惧怕老爷，不敢应承。虽则如此，两下情好愈密，朝欢暮乐，终日相守，如夫妇一般，海誓山盟，各无他志。真个：

恩深似海恩无底，义重如山义更高。

再说杜妈妈，女儿被李公子占住，别的富家巨室，闻名上门，求一见而不可得。初时李公子撒漫用钱，大差大使，妈妈胁肩谄笑，奉承不暇。日往月来，不觉一年有余，李公子囊箧渐渐空虚，手不应心，妈妈也就怠慢了。老布政在家闻知儿子嫖院，几遍写字来唤他回去。他迷恋十娘颜色，终日延捱。后来闻知老爷在家发怒，越不敢回。

古人云："以利相交者，利尽而疏。"那杜十娘与李公子真情相好，见他手头愈短，心头愈热。妈妈也几遍教女儿打发李甲出院，见女儿不统口，又几遍将言语触突李公子，要激怒他起身。公子性本温克，词气愈和。妈妈没奈何，日逐只将十娘叱骂道："我们行户人家，吃客穿客，前门送旧，后门迎新，门庭闹如火，钱帛堆成垛。自从那李甲在此，混帐一年有余，莫说新客，连旧主顾都断了。分明接了个锺馗老，连小鬼也没得上门。弄得老娘一家人家，有气无烟，成什么模样！"

杜十娘被骂，耐性不住，便回答道："那李公子不是空手上门的，也曾费过大钱来。"妈妈道："彼一时，此一时，你只教他今日费些小钱儿，把与老娘办些柴米，养你两口也好。别人家养的女儿便是摇钱树，千生万活，偏我家晦气，养了个退财白虎。开了大门七件事，般般都在老身心上。到替你这小贱人白白养着穷汉，教我衣食从何处来？你对那穷汉说，有本事出几两银子与我，到得你跟了他去，我别讨个丫头过活却不好？"

十娘道："妈妈，这话是真是假？"妈妈晓得李甲囊无一钱，衣衫都典尽了，料他没处设法，便应道："老娘从不说谎，当真哩。"十娘道："娘，你要他许多银子？"妈妈道："若是别人，千把银子也讨了。可怜那穷汉出不起，只要他三百两，我自去讨一个粉头代替。只一件，须是三日内交付与我，左手交银，右手交人。若三日没有银时，老身也不管三七二十一，公子不公子，一顿孤拐，打那光棍出去。那时莫怪老身！"十娘道："公子虽在客边乏钞，谅三百金还措办得来。只是三日忒近，限他十日便好。"妈妈想道："这穷汉一双赤手，便限他一百日，他那里银子？没有银子，便铁皮包脸，料也无颜上门。那时重整家风，媺儿也没得话讲。"答应道："看你面，便宽到十日。第十日没有银子，不干老娘之事。"十娘道："若十日内无银，料他也无颜再见了。只怕有了三百两银子，妈妈又翻悔起来。"妈妈道："老身年五十一岁了，又奉十斋，怎敢说谎？不信时与你拍掌为定。若翻悔时，做猪做狗。"

从来海水斗难量，可笑虔婆意不良；
料定穷儒囊底竭，故将财礼难娇娘。

是夜，十娘与公子在枕边，议及终身之事。公子道："我非无此心。但教坊落籍，其费甚多，非千金不可。我囊空如洗，如之奈何！"十娘道："妾已与妈妈议定只要三百金，但须十日内措办。郎君游资虽罄，然都中岂无亲友可以借贷？倘得如数，妾身遂为君之所有，省受虔婆之气。"公子道："亲友中为我留恋行院，都不相顾。明日只做束装起身，各家告辞，就开口假贷路费，凑聚将来，或可满得此数。"起身梳洗，别了十娘出门。十娘道："用心作速，专听佳音。"公子道："不须分付。"

公子出了院门，来到三亲四友处，假说起身告别，众人到也欢喜。后来叙到路费欠缺，意欲借贷。常言道："说着钱，便无缘。"亲友们就不招架。他们也见得是，道李公子是风流浪子，迷恋烟花，年许不归，父亲都为他气坏在家。他今日抖然要回，未知真假。倘或说骗盘缠到手，又去还脂粉钱，父亲知道，将好意翻成恶意，始终只是一怪，不如辞了干净。便回道："目今正值空乏，不能相济，惭愧！惭愧！"人人如此，个个皆然，并没有个慷慨丈夫，肯统口许他一十二十两。

李公子一连奔走了三日，分毫无获，又不敢回决十娘，权且含糊答应。到第四日又没想头，就羞回院中。平日间有了杜家，连下处也没有了，今日就无处投宿。只得往同乡柳监生寓所借歇。柳遇春见公子愁容可掬，问其来历。公子将杜十娘愿嫁之情，备细说了。遇春摇首道："未必，未必。那杜孍曲中第一名姬，要从良时，怕没有十斛明珠，千金聘礼。那鸨儿如何只要三百两？想鸨儿怪你无钱使用，白白占住他的女儿，设计打发你出门。那妇人与你相处已久，又碍却面皮，不好明言。明知你手内空虚，故意将三百两卖个人情，限你十日。若十日没有，你也不好上门。便上门时，他会说你笑你，落得一场亵渎，自然安身不牢，此乃烟花逐客之计。足下三思，休被其惑。据弟愚意，不如早早开交为上。"

公子听说，半晌无言，心中疑惑不定。遇春又道："足下莫要错了主意。你若真个还乡，不多几两盘费，还有人搭救；若是要三百两时，莫说十日，就是十个月也难。如今的世情，那肯顾缓急二字的！那烟花也算定你没处告债，故意设法难你。"公子道："仁兄所见良是。"口里虽如此说，心中割舍不下。依旧又往外边东央西告，只是夜里不进院门了。

公子在柳监生寓中，一连住了三日，共是六日了。杜十娘连日不见公子进院，十分着紧，就教小厮四儿街上去寻。四儿寻到大街，恰好遇见公子。四儿叫道："李姐夫，娘在家里望你。"公子自觉无颜，回复道："今日不得功夫，明日来罢。"四儿奉了十娘之命，一把扯住，死也不放，道："娘叫咱寻你。是必同去走一遭。"李公子心上也牵挂着婊子，没奈何，只得随四儿进院。见了十娘，嘿嘿无言。十娘问道："所谋之事如何？"公子眼中流下泪来。十娘道："莫非人情淡薄，不能足三百之数么？"公子含泪而言，道出二句：

"不信上山擒虎易，果然开口告人难。一连奔走六日，并无铢两，一双空手，羞见芳卿，故此这几日不敢进院。今日承命呼唤，忍耻而来。非某不用心，实是世情如此。"十娘道："此言休使虔婆知道。郎君今夜且住，妾别有商议。"

十娘自备酒肴，与公子欢饮。睡至半夜，十娘对公子道："郎君果不能办一钱耶？妾终身之事，当如何也？"公子只是流涕，不能答一语。渐渐五更天晓。十娘道："妾所卧絮褥内藏有碎银一百五十两，此妾私蓄，郎君可持去。三百金，妾任其半，郎君亦谋其半，庶易为力。限只四日，万勿迟误！"

十娘起身将褥付公子，公子惊喜过望，唤童儿持褥而去。径到柳遇春寓中，又把夜来之情与遇春说了。将褥拆开看时，絮中都裹着零碎银子，取出兑时，果是一百五十两。遇春大惊道："此妇真有心人也。既系真情，不可相负。吾当代为足下谋之。"公子道："倘得玉成，决不有负。"当下柳遇春留李公子在寓，自出头各处去借贷。两日之内，凑足一百五十两交付公子道："吾代为足下告债，非为足下，实怜杜十娘之情也。"李甲拿了三百两银子，喜从天降，笑逐颜开，欣欣然来见十娘，刚是第九日，还不足十日。十娘问道："前日分毫难借，今日如何就有一百五十两?"公子将柳监生事情，又述了一遍。十娘以手加额道："使吾二人得遂其愿者，柳君之力也!"两个欢天喜地，又在院中过了一晚。

次日，十娘早起，对李甲道："此银一交，便当随郎君去矣。舟车之类，合当预备。妾昨日于姊妹中借得白银二十两，郎君可收下为行资也。"公子正愁路费无出，但不敢开口，得银甚喜。说犹未了，鸨儿恰来敲门叫道："媺儿，今日是第十日了。"公子闻叫，启门相延道："承妈妈厚意，正欲相请。"便将银三百两放在桌上。鸨儿不料公子有银，嘿然变色，似有悔意。十娘道："儿在妈妈家中八年，所致金帛，不下数千金矣。今日从良美事，又妈妈亲口所订，三百金不欠分毫，又不曾过期。倘若妈妈失信不许，郎君持银去，儿即刻自尽。恐那时人财两失，悔之无及也。"鸨儿无词以对。腹内筹画了半晌，只得取天平兑准了银子，说道："事已如此，料留你不住了。只是你要去时，即今就去。平时穿戴衣饰之类，毫厘休想!"说罢，将公子和十娘推出房门，讨锁来就落了锁。此时九月天气。十娘才下床，尚未梳洗，随身旧衣，就拜了妈妈两拜。李公子也作了一揖。一夫一妇，离了虔婆大门。

鲤鱼脱却金钩去，摆尾摇头再不来。

公子教十娘且住片时："我去唤个小轿抬你，权往柳荣卿寓所去，再作道理。"十娘道："院中诸姊妹平昔相厚，理宜话别。况前日又承他借贷路费，不可不一谢也。"乃同公子到各姊妹处谢别。姊妹中惟谢月朗、徐素素与杜家相近，尤与十娘亲厚。十娘先到谢月朗家。月朗见十娘秃髻旧衫，惊问其故。十娘备述来因，又引李甲相见。十娘指月朗道："前日路资，是此位姐姐所贷，郎君可致谢。"李甲连连作揖。月朗便教十娘梳洗，一面去请徐素素来家相会。十娘梳洗已毕，谢、徐二美人各出所有，翠钿金钏，瑶簪宝珥，锦袖花裙，鸾带绣履，把杜十娘装扮得焕然一新，备酒作庆贺筵席。月朗让卧房与李甲、杜媺二人过宿。次日，又大排筵席，遍请院中姊妹。凡十娘相厚者，无不毕集，都与他夫妇把盏称喜。吹弹歌舞，各逞其长，务要尽欢，直饮至夜分。十娘向众姊妹一一称谢。众姊妹道："十姊为风流领袖，今从郎君去，我等相见无日。何日长行，姊妹们尚当奉送。"月朗道："候有定期，小妹当来相报。但阿姊千里间关，同郎君远去，囊箧萧条，曾无约束，此乃吾等之事。当相与共谋之，勿令姊有穷途之虑也。"众姊妹各唯唯而散。是晚，公子和十娘仍宿谢家。至五鼓，十娘对公子道："吾等此去，何处安身？郎君亦曾计议有定着否？"公子道："老父盛怒之下，若知娶妓而归，必然加以不堪，反致相累。展转寻思，尚未有万全之策。"十娘道："父子天性，岂能终绝？既然仓卒难犯，不若与郎君于苏、杭胜地，权作浮居。郎君先回，求亲友于尊大人面前劝解和顺，然后携妾于归，彼此安妥。"公子道："此言甚当。"次日，二人起身辞了谢月朗，暂往柳监生寓中，整顿行装。杜十娘见了柳遇春，倒身下拜，谢其周全之德："异日我夫妇必当重报。"遇春慌忙答礼道："十娘钟情所欢，不以贫窭易心，此乃女中豪杰。仆因风吹火，谅区区何足挂齿！"三人又饮了一日酒。次早，择了出行吉日，雇倩轿马停当。十娘又遣童儿寄信，别谢月朗。临行之际，只见肩舆纷纷而至，乃谢月朗与徐素素拉众姊妹来送行。月朗道："十姊从郎君千里间关，囊中消索，吾等甚不能忘情。今合具薄赆，十姊可检收，或长途空乏，亦可少助。"说罢，命从人挈一描金文具至前，封锁甚固，正不知什么东西在里面。十娘也不开看，也不推辞，但殷勤作谢而已。须臾，舆马齐集，仆夫催促起身。柳监生三杯别酒，和众美人送出崇文门外，各各垂泪而别。正是：

他日重逢难预必，此时分手最堪怜。再说李公子同杜十娘行至潞河，舍陆从舟，却好有瓜洲差使船转回之便，讲定船钱，包了舱口。比及下船时，李公子囊中并无分文余剩。你道杜十娘把二十两银子与公子，如何就没了？公子在院中嫖得衣衫蓝缕，银子到手，未免在解库中取赎几件穿着，又制办了铺盖，剩来只勾轿马之费。

公子正当愁闷，十娘道："郎君勿忧，众姊妹合赠，必有所济。"乃取钥开箱。公子在傍自觉惭愧，也不敢窥觑箱中虚实。只见十娘在箱里取出一个红绢袋来，掷于桌上道："郎君可开看之。"公子提在手中，觉得沉重，启而观之，皆是白银，计数整五十两。十娘仍将箱子下锁，亦不言箱中更有何物。但对公子道："承众姊妹高情，不惟途路不乏，即他日浮寓吴越间，亦可稍佐吾夫妻山水之费矣。"公子且惊且喜道："若不遇恩卿，我李甲流落他乡，死无葬身之地矣。此情此德，白头不敢忘也！"自此每谈及往事，公子必感激流涕，十娘亦曲意抚慰。一路无话。

不一日，行至瓜洲，大船停泊岸口，公子别雇了民船，安放行李。约明日侵晨，剪江而渡。其时仲冬中旬，月明如水，公子和十娘坐于舟首。公子道："自出都门，困守一舱之中，四顾有人，未得畅语。今日独据一舟，更无避忌。且已离塞北，初近江南，宜开怀畅饮，以舒向来抑郁之气，恩卿以为何如？"十娘道："妾久疏谈笑，亦有此心，郎君言及，足见同志耳。"公子乃携酒具于船首，与十娘铺毡并坐，传杯交盏。饮至半酣，公子执卮对十娘道："恩卿妙音，六院推首。某相遇之初，每闻绝调，辄不禁神魂之飞动。心事多违，彼此郁郁，鸾鸣凤奏，久矣不闻。今清江明月，深夜无人，肯为我一歌否？"十娘兴亦勃发，遂开喉顿嗓，取扇按拍，呜呜咽咽，歌出元人施君美《拜月亭》杂剧上"状元执盏与婵娟”一曲，名《小桃红》。真个：

声飞霄汉云皆驻，响入深泉鱼出游。

却说他舟有一少年，姓孙名富，字善赉，徽州新安人氏。家资巨万，积祖扬州种盐。年方二十，也是南雍中朋友。生性风流，惯向青楼买笑，红粉追欢，若嘲风弄月，到是个轻薄的头儿。事有偶然，其夜亦泊舟瓜洲渡口，独酌无聊。忽听得歌声嘹亮，凤吟鸾吹，不足喻其美。起立船头，伫听半晌，方知声出邻舟。正欲相访，音响倏已寂然。乃遣仆者潜窥踪迹，访于舟人。但晓得是李相公雇的船，并不知歌者来历。孙富想道："此歌者必非良家，怎生得他一见？"展转寻思，通宵不寐。捱至五更，忽闻江风大作。及晓，彤云密布，狂雪飞舞。怎见得，有诗为证：

千山云树灭，万径人踪绝。

扁舟蓑笠翁，独钓寒江雪。

因这风雪阻渡，舟不得开。孙富命艄公移船，泊于李家舟之傍。孙富貂帽狐裘，推窗假作看雪。值十娘梳洗方毕，纤纤玉手揭起舟傍短帘，自泼盂中残水，粉容微露，却被孙富窥见了，果是国色天香。魂摇心荡，迎眸注目，等候再见一面，杳不可得。沉思久之，乃倚窗高吟高学士《梅花诗》二句，道：

雪满山中高士卧，月明林下美人来。

李甲听得邻舟吟诗，舒头出舱，看是何人。只因这一看，正中了孙富之计。孙富吟诗，正要引李公子出头，他好乘机攀话。当下慌忙举手，就问："老兄尊姓何讳？"李公子叙了姓名乡贯，少不得也问那孙富。孙富也叙过了。又叙了些太学中的闲话，渐渐亲熟。孙富便道："风雪阻舟，乃天遣与尊兄相会，实小弟之幸也。舟次无聊，欲同尊兄上岸，就酒肆中一酌，少领清诲，万望不拒。"公子道："萍水相逢，何当厚扰？"孙富道："说那里话！'四海之内，皆兄弟也'。"喝教艄公打跳，童儿张伞，迎接公子过船，就于船头作揖。然后让公子先行，自己随后，各各登跳上涯。

行不数步，就有个酒楼。二人上楼，拣一副洁净座头，靠窗而坐。酒保列上酒肴。孙富举杯相劝，二人赏雪饮酒。先说些斯文中套话，渐渐引入花柳之事。二人都是过来之人，志同道合，说得入港，一发成相知了。

孙富屏去左右，低低问道："昨夜尊舟清歌者，何人也？"李甲正要卖弄在行，遂实说道："此乃北京名姬杜十娘也。"孙富道："既系曲中姊妹，何以归兄？"公子遂将初遇杜十娘，如何相好，后来如何要嫁，如何借银讨他，始末根由，备细述了一遍。孙富道："兄携丽人而归，固是快事，但不知尊府中能相容否？"公子道："贱室不足虑。所虑者老父性严，尚费踌躇耳！"孙富将机就机，便问道："既是尊大人未必相容，兄所携丽人，何处安顿？亦曾通知丽人，共作计较否？"公子攒眉而答道："此事曾与小妾议之。"孙富欣然问道："尊宠必有妙策。"公子道："他意欲侨居苏杭，流连山水。使小弟先回，求亲友宛转于家君之前，俟家君回嗔作喜，然后图归。高明以为何如?"孙富沉吟半晌，故作愀然之色，道："小弟乍会之间，交浅言深，诚恐见怪。"公子道："正赖高明指教，何必谦逊?"孙富道："尊大人位居方面，必严帷薄之嫌，平时既怪兄游非礼之地，今日岂容兄娶不节之人？况且贤亲贵友，谁不迎合尊大人之意者？兄枉去求他，必然相拒。就有个不识时务的进言于尊大人之前，见尊大人意思不允，他就转口了。兄进不能和睦家庭，退无词以回复尊宠。即使留连山水，亦非长久之计。万一资斧困竭，岂不进退两难!"

公子自知手中只有五十金，此时费去大半，说到资斧困竭，进退两难，不觉点头道是。孙富又道："小弟还有句心腹之谈，兄肯俯听否?"公子道："承兄过爱，更求尽言。"孙富道："疏不间亲，还是莫说罢。"公子道："但说何妨?"孙富道："自古道：'妇人水性无常。'况烟花之辈，少真多假。他既系六院名姝，相识定满天下；或者南边原有旧约，借兄之力，挈带而来，以为他适之地。"公子道："这个恐未必然。"孙富道："既不然，江南子弟，最工轻薄。兄留丽人独居，难保无逾墙钻穴之事。若挈之同归，愈增尊大人之怒。为兄之计，未有善策。况父子天伦，必不可绝。若为妾而触父，因妓而弃家，海内必以兄为浮浪不经之人。异日妻不以为夫，弟不以为兄，同袍不以为友，兄何以立于天地之间?兄今日不可不熟思也!"

公子闻言，茫然自失，移席问计："据高明之见，何以教我?"孙富道："仆有一计，于兄甚便。只恐兄溺枕席之爱，未必能行，使仆空费词说耳!"公子道："兄诚有良策，使弟再睹家园之乐，乃弟之恩人也。又何惮而不言耶?"孙富道："兄飘零岁余，严亲怀怒，闺阁离心，设身以处兄之地，诚寝食不安之时也。然尊大人所以怒兄者，不过为迷花恋柳，挥金如土，异日必为弃家荡产之人，不堪承继家业耳！兄今日空手而归，正触其怒。兄倘能割衽席之爱，见机而作，仆愿以千金相赠。兄得千金，以报尊大人，只说在京授馆，并不曾浪费分毫，尊大人必然相信。从此家庭和睦，当无间言。须臾之间，转祸为福。兄请三思，仆非贪丽人之色，实为兄效忠于万一也!"

李甲原是没主意的人，本心惧怕老子，被孙富一席话，说透胸中之疑，起身作揖道："闻兄大教，顿开茅塞。但小妾千里相从，义难顿绝，容归与商之。得其心肯，当奉复耳。"孙富道："说话之间，宜放婉曲。彼既忠心为兄，必不忍使兄父子分离，定然玉成兄还乡之事矣。"二人饮了一回酒，风停雪止，天色已晚。孙富教家僮算还了酒钱，与公子携手下船。正是：

逢人且说三分话，未可全抛一片心。

却说杜十娘在舟中，摆设酒果，欲与公子小酌，竟日未回，挑灯以待。公子下船，十娘起迎。见公子颜色匆匆，似有不乐之意，乃满斟热酒劝之。公子摇首不饮，一言不发，竟自床上睡了。

十娘心中不悦，乃收拾杯盘，为公子解衣就枕，问道："今日有何见闻，而怀抱郁郁如此?"公子叹息而已，终不启口。问了三四次，公子已睡去了。十娘委决不下，坐于床头而不能寐。

到夜半，公子醒来，又叹一口气。十娘道："郎君有何难言之事，频频叹息?"公子拥被而起，欲言不语者几次，扑簌簌掉下泪来。十娘抱持公子于怀间，软言抚慰道："妾与郎君情好，已及二载，千辛万苦，历尽艰难，得有今日。然相从数千里，未曾哀戚。今将渡江，方图百年欢笑，如何反起悲伤？必有其故。夫妇之间，死生相共，有事尽可商量，万勿讳也。"

公子再四被逼不过，只得含泪而言道："仆天涯穷困，蒙恩卿不弃，委曲相从，诚乃莫大之德也。但反覆思之，老父位居方面，拘于礼法，况素性方严，恐添嗔怒，必加黜逐。你我流荡，将何底止？夫妇之欢难保，父子之伦又绝。日间蒙新安孙友邀饮，为我筹及此事，寸心如割!"

十娘大惊道："郎君意将如何?"公子道："仆事内之人，当局而迷。孙友为我画一计颇善，但恐恩卿不从耳!"十娘道："孙友者何人？计如果善，何不可从?"公子道："孙友名富，新安盐商，少年风流之士也。夜间闻子清歌，因而问及。仆告以来历，并谈及难归之故，渠意欲以千金聘汝。我得千金，可藉口以见吾父母；而恩卿亦得所天。但情不能舍，是以悲泣。"说罢，泪如雨下。

十娘放开两手，冷笑一声道："为郎君画此计者，此人乃大英雄也！郎君千金之资既得恢复，而妾归他姓，又不致为行李之累，发乎情，止乎礼，诚两便之策也。那千金在那里?"公子收泪道："未得恩卿之诺，金尚留彼处，未曾过手。"十娘道："明早快快应承了他，不可挫过机会。但千金重事，须得兑足交付郎君之手，妾始过舟，勿为贾竖子所欺。"

时已四鼓，十娘即起身挑灯梳洗道："今日之妆，乃迎新送旧，非比寻常。"于是脂粉香泽，用意修饰，花钿绣袄，极其华艳，香风拂拂，光采照人。

装束方完，天色已晓。孙富差家僮到船头候信。十娘微窥公子，欣欣似有喜色，乃催公子快去回话，及早兑足银子。公子亲到孙富船中，回复依允。孙富道："兑银易事，须得丽人妆台为信。"公子又回复了十娘，十娘即指描金文具道："可便抬去。"孙富喜甚，即将白银一千两，送到公子船中。

十娘亲自检看，足色足数，分毫无爽。乃手把船舷，以手招孙富。孙富一见，魂不附体。十娘启朱唇，开皓齿道："方才箱子可暂发来，内有李郎路引一纸，可检还之也。"

孙富视十娘已为瓮中之鳖，即命家僮送那描金文具，安放船头之上。十娘取钥开锁，内皆抽替小箱。十娘叫公子抽第一层来看，只见翠羽明珰，瑶簪宝珥，充牣于中，约值数百金。十娘遽投之江中。李甲与孙富及两船之人，无不惊诧。又命公子再抽一箱，乃玉箫金管；又抽一箱，尽古玉紫金玩器，约值数千金。十娘尽投之于大江中。岸上之人，观者如堵。齐声道："可惜，可惜!"正不知什么缘故。最后又抽一箱，箱中复有一匣。开匣视之，夜明之珠，约有盈把。其他祖母绿、猫儿眼，诸般异宝，目所未睹，莫能定其价之多少。众人齐声喝彩，喧声如雷。十娘又欲投之于江。李甲不觉大悔，抱持十娘恸哭，那孙富也来劝解。

十娘推开公子在一边，向孙富骂道："我与李郎备尝艰苦，不是容易到此。汝以奸淫之意，巧为谗说，一旦破人姻缘，断人恩爱，乃我之仇人。我死而有知，必当诉之神明，尚妄想枕席之欢乎!"又对李甲道："妾风尘数年，私有所积，本为终身之计。自遇郎君，山盟海誓，白首不渝。前出都之际，假托众姊妹相赠，箱中韫藏百宝，不下万金。将润色郎君之装，归见父母，或怜妾有心，收佐中馈，得终委托，生死无憾。谁知郎君相信不深，惑于浮议，中道见弃，负妾一片真心。今日当众目之前，开箱出视，使郎君知区区千金，未为难事。妾椟中有玉，恨郎眼内无珠。命之不辰，风尘困瘁，甫得脱离，又遭弃捐。今众人各有耳目，共作证明，妾不负郎君，郎君自负妾耳!"

于是众人聚观者，无不流涕，都唾骂李公子负心薄幸。公子又羞又苦，且悔且泣，方欲向十娘谢罪。十娘抱持宝匣，向江心一跳。众人急呼捞救。但见云暗江心，波涛滚滚，杳无踪影。可惜一个如花似玉的名姬，一旦葬于江鱼之腹!

三魂渺渺归水府，七魄悠悠入冥途。

当时旁观之人，皆咬牙切齿，争欲拳殴李甲和那孙富。慌得李、孙二人，手足无措，急叫开船，分途遁去。李甲在舟中。看了千金，转忆十娘，终日愧悔，郁成狂疾，终身不痊。孙富自那日受惊，得病卧床月余，终日见杜十娘在傍诟骂，奄奄而逝。人以为江中之报也。

却说柳遇春在京坐监完满，束装回乡，停舟瓜步。偶临江净脸，失坠铜盆于水，觅渔人打捞。及至捞起，乃是个小匣儿。遇春启匣观看，内皆明珠异宝，无价之珍。遇春厚赏渔人，留于床头把玩。是夜梦见江中一女子，凌波而来，视之，乃杜十娘也。近前万福，诉以李郎薄幸之事。又道："向承君家慷慨，以一百五十金相助，本意息肩之后，徐图报答。不意事无终始；然每怀盛情，悒悒未忘。早间曾以小匣托渔人奉致，聊表寸心，从此不复相见矣。"言讫，猛然惊醒，方知十娘已死，叹息累日。

后人评论此事，以为孙富谋夺美色，轻掷千金，固非良士；李甲不识杜十娘一片苦心，碌碌蠢才，无足道者。独谓十娘千古女侠，岂不能觅一佳侣，共跨秦楼之凤，乃错认李公子。明珠美玉，投于盲人，以致恩变为仇，万种恩情，化为流水，深可惜也！有诗叹云：

不会风流莫妄谈，单单情字费人参；
若将情字能参透，唤作风流也不惭。

【注释】

[1]选自《警世通言》，人民文学出版社 1981 年版。

【思考与练习】

1. 试分析小说中杜十娘的人物形象。
2. 试分析百宝箱在故事中的作用。

最后的常春藤叶[1]

[美]欧·亨利

【课文导读】

欧·亨利(1862—1910年),原名威廉·西德尼·波特(William Sydney Porter),20世纪初美国著名短篇小说家,美国现代短篇小说创始人,一生中留下了近三百篇短篇小说,主要作品有《麦琪的礼物》《警察与赞美诗》《最后一片叶子》《二十年后》等。与法国的莫泊桑、俄国的契诃夫并称为世界三大短篇小说巨匠。他的短篇小说构思精巧,风格独特,以表现美国中下层人民的生活、语言幽默、结局出人意料(即"欧·亨利式结尾")而闻名于世。

小说讲述了老艺术家贝尔曼用生命的代价绘制毕生杰作,点燃琼珊即将熄灭的生命火花的故事。那一片永不凋落的最后的常春藤叶编织着善意的谎言,闪烁着人间的真情,满溢着人性的光辉。它带给我们感动、爱和希望,它带我们品味人间的真、善与美!

华盛顿广场西面的一个小区,街道仿佛发了狂似地,分成了许多叫做"巷子"的小胡同。这些"巷子"形成许多奇特的角度和曲线。一条街本身往往交叉一两回。有一次,一个艺术家发现这条街有它可贵之处。如果一个商人去收颜料、纸张和画布的账款,在这条街上转弯抹角、大兜圈子的时候,突然碰上一文钱也没收到,空手而回的他自己,那才有意思呢!

因此,搞艺术的人不久都到这个古色天香的格林威治村来了。他们逛来逛去,寻找朝北的窗户,18世纪的三角墙,荷兰式的阁楼以及低廉的房租。接着,他们又从六马路买来了一些锡蜡杯子和一两只烘锅,组成了一个"艺术区"。

苏艾和琼珊在一座矮墩墩的三层砖屋的顶楼设立了她们的画室。"琼珊"是琼娜的昵称。两人一个是从缅因州来的,另一个的家乡是加利福尼亚州。她们是在八马路上一家"德尔蒙尼戈饭馆"里吃客饭时碰到的,彼此一谈,发现她们对于艺术、饮食、衣着的口味十分相投,结果便联合租下那间画室。

那是五月间的事。到了十一月,一个冷酷无情、肉眼看不见、医生管他叫"肺炎"的不速之客,在艺术区里潜蹑着,用他的冰冷的手指这儿碰碰那儿摸摸。在广场的东面,这个坏家伙明目张胆地走动着,每闯一次祸,受害的人总有几十个。但是,在这错综复杂、狭窄而苔藓遍地的"巷子"里,他的脚步却放慢了。

“肺炎先生”并不是你们所谓的扶弱济困的老绅士。一个弱小的女人，已经被加利福尼亚的西风吹得没有什么血色了，当然经不起那个有着红拳头、气吁吁的老家伙的常识。但他竟然打击了琼珊，她躺在那张漆过的铁床上，一动也不动，望着荷兰式小窗外对面砖屋的墙壁。

一天早晨，那位忙碌的医生扬扬他那蓬松的灰眉毛，招呼苏艾到过道上去。

“依我看，她的病只有一成希望。”他说，一面把体温表里的水银甩下去。“那一成希望在于她自己要不要活下去。人们不想活，情愿照顾殡仪馆的生意，这种精神状态使医药一筹莫展。你的这位小姐满肚子以为自己不会好了。她有什么心事吗?”

“她——她希望有一天能去画那不勒斯海湾。”苏艾说。

“画画？——别扯淡了！她心里有没有值得想两次的事情——比如说，男人?”

“男人?”苏艾像吹小口琴似地哼了一声说，“难道男人值得——别说啦，不，大夫，根本没有那种事。”

“那么，一定是身体虚弱的关系。”医生说，“我一定尽我所知，用科学所能达到的一切方法来治疗她。可是每逢我的病人开始盘算有多少辆马车送他出殡的时候，我就得把医药的治疗力量减去百分之五十。要是你能使她对冬季大衣的袖子式样发生兴趣，提出一个问题，我就可以保证，她恢复的机会准能从十分之一提高到五分之一。”

医生离去之后，苏艾到工作室里哭了一声，把一张日本纸餐巾擦得一团糟。然后，她拿起画板，吹着拉格泰姆音乐调子，昂首阔步地走进琼珊的房间。

琼珊躺在被窝里，脸朝着窗口，一点儿动静也没有。苏艾以为她睡着了，赶紧停止吹口哨。

她架起画板，开始替杂志画一幅短篇小说的钢笔画插图。青年画家不得不以杂志小说的插图来铺平通向艺术的道路，而这些小说则是青年作家为了铺平文学道路而创作的。

苏艾正为小说里的主角，一个爱达荷州的牧人，画上一条在马匹展览会里穿的漂亮的马裤和一片单眼镜，忽然听到一个微弱的声音重复了几遍。她赶紧走到床边。

琼珊的眼睛睁得大大的。她望着窗外，在计数——倒数上来。

“十二，”她说，过了一会儿，又说“十一”，接着是“十”“九”，再接着是几乎连在一起的“八”和“七”。

苏艾关切地向窗外望去。有什么可数的呢？外面见到的只是一个空荡荡、阴沉沉的院子和二十英尺*外的一幢砖屋的墙壁。一株极老极老的常春藤，纠结的根已经枯萎，攀在半墙上。秋季的寒风把藤上的叶子差不多全吹落了，只剩下几根几乎是光秃秃的藤枝依附

---

* 1 英尺 =0. 3048 米。

在那堵松动残缺的砖墙上。

“怎么回事，亲爱的?”苏艾问道。

“六。”琼珊说，声音低得像是耳语，“它们现在掉得快些了。三天前差不多有一百片。数得我头昏眼花。现在可容易了。喏，又掉了一片。只剩下五片了。”

“五片什么，亲爱的？告诉你的苏艾。”

“叶子，常春藤上的叶子。等最后一片掉落下来，我也得去了。三天前我就知道了。难道大夫没有告诉你吗?”

“哟，我从没听到这样荒唐的话。”苏艾装出满不在乎的样子数落地说，“老藤叶同你的病有什么相干？你一向很喜欢那株常春藤，得啦，你这淘气的姑娘。别发傻啦。我倒忘了，大夫今天早晨告诉你，你很快康复的机会是——让我想想，他是怎么说的——他说你好的希望是十比一！哟，那几乎跟我们在纽约搭街车或者走过一幢新房子的工地一样，碰到意外的时候很少。现在喝一点儿汤吧。让苏艾继续画图，好卖给编辑先生，换了钱给她的病孩子买点儿红葡萄酒，也买些猪排填填她自己的馋嘴。”

“你不用再买什么酒啦。”琼珊说，仍然凝视着窗外，“又掉了一片。不，我不要喝汤。只剩四片了。我希望在天黑之前看到最后的藤叶飘下来。那时候我也该去了。”

“琼珊，亲爱的，”苏艾弯着身子对她说，“你能不能答应我，在我画完之前，别睁开眼睛，别瞧窗外？那些图画我明天得交。我需要光线，不然我早就把窗帘拉下来了。”

“你不能到另一间屋子里去画吗?”琼珊冷冷地问道。

“我要待在这儿，跟你在一起。”苏艾说，“而且我不喜欢你老盯着那些莫名其妙的藤叶。”

“你一画完就告诉我。”琼珊闭上眼睛说，她脸色惨白，静静地躺着，活像一尊倒塌下来的塑像，“因为我要看那最后的藤叶掉下来。我等得不耐烦了，也想得不耐烦了。我想摆脱一切，像一片可怜的、厌倦的藤叶，悠悠地往下飘，往下飘。”

“你争取睡一会儿。”苏艾说，“我要去叫贝尔曼上来，替我做那个隐居的老矿工的模特儿。我去不了一分钟，在我回来之前千万别动。”

老贝尔曼是住在楼下底层的一个画家。他年纪六十开外，有一把像米开朗琪罗的摩西雕像上的胡子，从萨蒂尔似的脑袋上顺着小鬼般的身体卷垂下来。贝尔曼在艺术界是个失意的人。他耍了四十年的画笔，还是同艺术女神隔有相当距离，连她的长袍的边缘都没有摸到。他老是说就要画一幅杰作，可是始终没有动手。除了偶尔涂抹了一些商业画或广告画之外，几年没有画过什么。他替“艺术区”里那些雇不起职业模特儿的青年艺术家充当模特儿，挣几个小钱，他喝杜松子酒总是过量，老是唠唠叨叨地谈着他未来的杰作。此外，他还是个暴躁的小老头儿，极端瞧不起别人的温情，却认为自己是保护楼上两个青年艺术家的看家恶狗。

苏艾在楼下那间灯光黯淡的小屋子里找到了酒气扑人的贝尔曼。角落里的画架上绷着一幅空白的画布，它在那儿静候杰作的落笔，已经有了二十五年。她把琼珊的想法告诉了他，又说她多么担心，惟恐那个虚弱得像枯叶一般的琼珊抓不住她同世界的微弱牵连，真会撒手而去。

老贝尔曼的充血的眼睛老是迎风流泪，他对这种白痴般的想法大不以为然，连讽带刺地咆哮了一阵子。

“什么话！”他嚷道，“难道世界上竟有这种傻子，因为可恶的藤叶落掉而想死？我活了一辈子也没有听到过这种怪事。不，我没有心思替你当那无聊的隐士模特儿。你怎么能让她脑袋里有这种傻念头呢？唉，可怜的小琼珊小姐。”

“她病得很厉害，很虚弱，”苏艾说，“高烧烧得她疑神疑鬼，满脑袋都是稀奇古怪的念头。好嘛，贝尔曼先生，既然你不愿意替我当模特儿，我也不勉强了。我认得你这个可恶的老——老贫嘴。”

“你真女人气！”贝尔曼嚷道，“谁说我不愿意？走吧，我跟你一起去。我已经说了半天，愿意替你效劳。天哪！像琼珊小姐那样好的人实在不应该在这种地方害病。总有一天，我要画一幅杰作，那么我们都可以离开这里啦。天哪！是啊。”

他们上楼时，琼珊已经睡着了。苏艾把窗帘拉到窗槛上，做手势让贝尔曼到另一间屋子里去。他们在那儿担心地瞥着窗外的常春藤。接着，他们默默无言地对瞅了一会儿。寒雨夹着雪花下个不停。贝尔曼穿着一件蓝色的旧衬衫，坐在一翻转过身的权充岩石的铁锅上，扮作隐居的矿工。

第二天早晨，苏艾睡了一个小时醒来的时候，看到琼珊睁着无神的眼睛，凝视着放下来的绿窗帘。

“把窗帘拉上去，我要看。”她用微弱的声音命令着。

苏艾困倦地照着做了。

可是，看那！经过了漫漫长夜的风吹雨打，仍旧有一片常春藤的叶子贴在墙上。它是藤上最后的一片了。靠近叶柄的颜色还是深绿的，但那锯齿形的边缘已染上了枯败的黄色，它傲然挂在离地面二十来英尺的一根藤枝上面。

“那是最后的一片叶子。”琼珊说，“我以为昨夜它一定会掉落的。我听到刮风的声音。它今天会脱落的，同时我也要死了。”

“哎呀，哎呀！”苏艾把她困倦的脸凑到枕边说，“如果你不为自己着想，也得替我想想呀。我可怎么办呢？”

但是琼珊没有回答。一个准备走上神秘遥远的死亡道路的心灵，是全世界最寂寞、最悲哀的了。当她与尘世和友情之间的联系一片片地脱离时，那个玄想似乎更有力地掌握了她。

那一天总算熬了过去。黄昏时，她们看到墙上那片孤零零的藤叶仍旧依附在茎上。随夜晚同来的北风的怒号，雨点不住地打在窗上，从荷兰式的低屋檐上倾泻下来。

天色刚明的时候，狠心的琼珊又吩咐把窗帘拉上去。

那片常春藤叶仍在墙上。

琼珊躺着对它看了很久。然后她喊喊苏艾，苏艾正在煤卸炉上搅动给琼珊喝的鸡汤。

“我真是一个坏姑娘，苏艾，”琼珊说，“冥冥中有什么使那最后的一片叶子不掉下来，启示了我过去是多么邪恶。不想活下去是个罪恶。现在请你拿些汤来，再弄一点掺葡萄酒的牛奶，再——等一下，先拿一面小镜子给我，用枕头替我垫垫高，我想坐起来看你煮东西。”

一小时后，她说：

“苏艾，我希望有朝一日能去那不勒斯海湾写生。”

下午，医生来了，他离去时，苏艾找了个借口，跑到过道上。

“好的希望有了五成。”医生抓住苏艾瘦小的、颤抖的手说，“只要好好护理，你会胜利。现在我得去楼下看看另一个病人。他姓贝尔曼——据我所知，也是搞艺术的，也是肺炎。他上了年纪，身体虚弱，病势来得很猛。他可没有希望了，不过今天还是要把他送进医院，让他舒服些。”

那天下午，苏艾跑到床边，琼珊靠在那儿，心满意足地在织一条毫无用处的深蓝色肩巾，苏艾连枕头把她一把抱住。

“我有些话要告诉你，小东西。”她说，“贝尔曼在医院里去世了。他害肺炎，只病了两天。头天早上，看门人在楼下的房间里发现他难过得要命。他的鞋子和衣服都湿透了，冰凉冰凉的。他们想不出，在那种凄风苦雨的夜里，他究竟是到什么地方去了。后来，他们找到了一盏还燃着的灯笼，一把从原来地方挪动过的梯子，还有几支散落的画笔，一块调色板，上面和了绿色和黄色的颜料，末了——看看窗外，亲爱的，看看墙上最后的一片叶子。你不是觉得纳闷，它为什么在风中不飘不动吗？啊，亲爱的，那是贝尔曼的杰作——那晚最后的一片叶子掉落时，他画在墙上的。”

【注释】

[1]选自《欧·亨利短篇小说》，浙江文艺出版社 2015 年版。

【思考与练习】

1. 小说的主人公是谁？请分析这一人物形象。

2. 贝尔曼画常春藤叶本应是小说的重要情节，作者却没有实写，这样处理有什么好处？

单元知识　修辞

修辞是指运用特定的表达形式以提高语言表达效果的方法或技巧，由此而产生的修辞手法多种多样，一共有六十三大类，七十八小类，本书只介绍比喻、比拟、双关、借代、夸张、排比、对偶、设问、反问、反复10种常见的修辞手法。

一、比喻、比拟、双关

1. 比喻

(1)比喻的概念

比喻就是“打比方”，即两种不同性质的事物，彼此有相似点，便用一事物来比方另一事物的一种修辞格。

(2)比喻的结构

比喻一般应由三部分组成，即本体(被比喻的事物)、喻体(作比方的事物)和比喻词(比喻关系的标志)。

构成比喻的关键在于甲和乙必须是本质不同的事物，甲乙之间必须有相似点，否则不能构成比喻。一个句子是不是比喻，不能单看有没有喻词，下列几种情况，虽有喻词，但不是比喻。

一是同类相比。例如：她的性格很像她母亲。

二是表示猜度。例如：这天黑沉沉的，好像要下雨了。

三是表示想象。例如：每当看到这条红领巾，我就仿佛置身于天真烂漫的少年时代。

四是表示列举。例如：社会主义的中国，在党的阳光照耀下，涌现出许多英雄人物，像雷锋、焦裕禄等。

(3)比喻的种类

①明喻

典型形式是：甲像乙。本体喻体都出现，中间用比喻词“像”“似”“仿佛”“犹如”等相联结。

例如：叶子出水很高，像亭亭的舞女的裙。

②暗喻

典型的形式是：甲是乙。本体喻体都出现，中间没有比喻词，常用“是”“成了”“变成”等联结。

例如：那又浓又翠的景色，简直是一幅青绿山水画。

暗喻还有许多变体值得注意：一是本体和喻体是并列关系。例如：人多主意好，柴多火焰高。二是本体和喻体是修饰关系。例如：我的思想感情的潮水在放纵奔流着（这里“我的思想感情”是本体，“潮水”是喻体）。又如：谎言打扮得再漂亮，也害怕事实的镜子（这里“事实”是本体，“镜子”是喻体）。三是本体和喻体是注释关系。例如：我爱北京——祖国的心脏。

③借喻

典型形式是：甲代乙。不出现本体，直接叙述喻体。但它不同于借代。借代取两事物的相关点，借喻取两事物的相似点。

例如：中国人民终于推翻了压在头上的三座大山。

④博喻

连用几个比喻从不同角度，运用不同的相似点对同一本体进行比喻。

例如：瞧，那一群骑自行车翩翩而来的身着风衣的少女，是红蝴蝶，是绿鹦鹉，还是蓝孔雀？

2. 比拟

（1）比拟的概念

比拟是把甲事物模拟作乙事物来写的修辞方式。包括把物当作人来写（拟人）、把人当作物来写（拟物）和把此物当作彼物来写（拟物）几种形式。事实上，前一种形式是把事物“人化”，后两种形式则是把人“物化”或“把甲物乙物化”。

运用这种辞格能收到特有的修辞效果或增添特有的情味，或把事物写得神形毕现，栩栩如生，抒发爱憎分明的感情。诗歌、小说、散文、寓言、童话等经常使用比拟的辞格。

（2）比拟的种类

①拟人

为了表达的需要，将人的本质特点转移于其他事物，让它们具有人的某些特点，将事物描写得具体、生动、形象，使人感到亲切，容易受到感染。

例如：年迈的垂柳用苍绿的叶子抚摸着熟睡的庄稼。

②拟物

拟物可分为以下几种：一是把人当做动物、植物或无生物来描写，赋予人以动物、植物或无生物的某些特征；二是将物拟为物，包括将生物拟为无生物，将无生物拟为生物，将物拟为抽象事理，将抽象事理拟为物等。

例如：那肥大的荷叶下面，有一个人的脸，下半截身子长在水里。

又如：唯物主义者的思想在自由的人民当中翱翔。

3. 双关

(1)双关的概念

双关是指在一定的语言环境中，利用词的多义或同音的条件，有意使语句具有双重意义，言在此而意在彼的修辞手法。

(2)双关的种类

①意义双关

利用词的同义，有意使语句具有双重意义叫作意义双关。

例如：《红楼梦》中“将那三春看破，桃红柳绿待如何？把这韶华打灭，觅那清淡天和”。“三春”表面指暮春，内含元春、迎春、探春三人的境遇。

②谐音双关

利用词的同音，有意使语句具有双重意义叫作谐音双关。

例如：“东边日出西边雨，道是无晴却有晴”中的“晴”表面上是晴天的晴，实则内含感情的“情”。

二、借代、夸张、排比

1. 借代

(1)借代的概念

借代是一种说话或写文章时不直接说出所要表达的人或事物，而是借用与它密切相关的人或事物来代替的修辞方法。被替代的叫“本体”，替代的叫“借体”，“本体”不出现，用“借体”来代替。

恰当地运用借代可以引人联想，使语句拥有形象突出、特点鲜明、文笔精练、具体生动的效果。借代的修辞效果可以用十六字概括：以简代繁，以实代虚，以奇代凡，以事代情。

(2)借代的种类

借代主要有以下几种：

①部分代整体

用事物具有代表性的部分代本体事物。

例如：两岸青山相对出，孤帆一片日边来。(《望天门山》)用船的一部分“帆”代替船；又如：晓雾将歇，猿鸟乱鸣；夕日欲颓，沉鳞竞跃。(《答谢中书书》)用鱼鳞代替鱼。

②特征代本体

用借体(人或事物)的特征、标志去代替本体事物的名称。

例如：旌旗十万斩阎罗。(《梅岭三章》)标志代本体，借“旌旗”代替军队或武装力量。

③具体代抽象

例如：南国烽烟正十年。(《梅岭三章》)“烽烟”，原是古代边境用以报警的烟火，这里代指战争，把战争这个抽象的概念具体化、形象化了。

④工具代本体

例如：等到惊蛰一犁土的季节，十家已有八户亮了囤底，揭不开锅。(《榆钱饭》)

“囤”是装粮食的工具，用“亮了囤底”代指缺了粮；“锅”是做饭的工具，用“揭不开锅”代指没饭吃。

⑤专名代泛称

用具有典型性的人或事物的专用名称代替本体事物的名称。

例如：你们杀死一个李公朴，会有千百万个李公朴站起来！(《最后一次讲演》)第二个“李公朴”，代指不怕流血牺牲、为争取民主和平而战斗的人们。

⑥结果代原因

例如：令人捧腹。捧腹是捧着肚子，捧腹的原因是出现笑话或令人发笑的东西。以“捧腹”的结果代指“笑话”等令人发笑的原因。

⑦形象代本体

例如：上面坐着两个老爷，东边的一个是马褂，西边的一个是西装。

2. 夸张

(1)夸张的概念

夸张是指为了追求某种表达效果，对原有事物的形象、特征、作用、程度等进行合乎情理的着意扩大或缩小的修辞手法。夸张有利于突出事物的本质和特征，鲜明地表现出作者对事物的感情态度，增加语言的生动性。夸张在使用时要求不能失去生活的基础和根据，不能漫天浮夸，要给人以真实感。

(2)夸张的种类

①扩大夸张

故意把客观事物说得大、多、高、强、深……的夸张形式。

例如：穷人要是遇到不痛快的事就哭鼻子，那真要淹死在泪水里了。

②缩小夸张

故意把客观事物说得小、少、低、弱、浅……的夸张形式。

例如：这巴掌大的小山庄吸引着成千上万人的心。

③超前夸张

在时间上把后出现的事物提前一步的夸张形式。

例如：农民们说，看见这样鲜绿的麦苗，就嗅出白面包的香味来了。

3. 排比

(1)排比的概念

排比是由三个或三个以上结构相同或相似、内容相关、语气一致的短语或句子排列在一起，用来加强语势、强调内容、加重感情的修辞方法。

(2)排比的种类

①成分排比

成分排比是指一个句子中的一些成分组成排比。

例如：大堰河，含泪的去了！同着四十几年的人世生活的凌侮，同着数不尽的奴隶的凄苦，同着四块钱的棺材和几束稻草，同着几尺长方的埋棺材的土地，同着一手把的纸钱的灰，大堰河，她含泪的去了。

②分句排比

分句排比是指一个复句的各个分句构成排比。

例如：他们的品质是那样的纯洁和高尚，他们的意志是那样的坚韧和刚强，他们的气质是那样的纯朴和谦逊，他们的胸怀是那样的美丽和宽广。

③单句排比

单句排比是指两个或两个以上的单句构成的排比。

例如：八路军穿草鞋，把日本鬼子赶下了海。解放军战士穿草鞋，把蒋家王朝踢下台。如今八连穿草鞋，把香风毒雾脚下踩。

④复句排比

复句排比是指两个或两个以上的复句构成的排比。

例如：如果我们能够研制出一种类似鹰眼的搜索、观测技术系统，就能够扩大飞行员的视野，提高他们的视敏度。如果能研制出具有鹰眼视觉原理的“电子鹰眼”，就有可能用于控制远程激光制导武器的发射。如果能给导弹装上小巧的“鹰眼系统”，那么它就可以像雄鹰一样，自动寻找、识别、追踪目标，做到百发百中。

三、对偶、设问、反问、反复

1. 对偶

(1)对偶的概念

对偶是用字数相等、结构形式相同、意义对称的一对短语或句子来表达两个相对或相近意思的修辞方式。就形式而言，对偶结构对称，可以收到一种均衡的美感效果。就内容而言，对偶词句凝练，褒贬分明，极富表现力。另外，对偶句节奏鲜明，音韵和谐，读来朗朗上口，便于传诵记忆。

(2)对偶的种类

①严对和宽对

对偶按形式可分为严对和宽对。所谓严对，就是字数、词性、结构、平仄、用字等均按对仗要求；所谓宽对，就是基本符合对仗要求，但某些方面稍有出入，也就是形式要求稍宽松一点。

②正对、反对和串对

对偶按内容可分为正对、反对和串对。正对是指上下句意思相似、相近、相补、相衬的对偶形式。例如：羁鸟恋旧林，池鱼思故渊。

反对是指上下句意思相对或相反的对偶形式。例如：横眉冷对千夫指，俯首甘为孺子牛。

串对又称“流水对”，是指上下句意思具有承接、递进、因果、假设、条件等关系的对偶形式。例如：读书破万卷，下笔如有神。

③成分对偶和句子对偶

对偶按结构可分为成分对偶和句子对偶。成分对偶如：山水本无知，蝶雁亦无情；但它们对待人类最公平，一视同仁，既不因达官显贵而呈欢卖笑，也不因山野渔樵而吝丽啬彩。

句子对偶如：墙上芦苇，头重脚轻根底浅；山间竹笋，嘴尖皮厚腹中空。

2. 设问

(1)设问的概念

设问是明知故问自问自答，或提出问题不需要确定答案的修辞方式。设问的基本特点是“无疑而问”，目的在于强调问题，引起人们注意，启发人们进行思考。

例如：谁是我们最可爱的人呢？我们的部队，我们的战士，我感到他们是最可爱的人。

(2)设问的形式

①一问一答

一问一答是指提出一个设问句，紧跟着写一个答句。此种设问能迅速集中读者注意力，吸引读者。

②几问一答

几问一答是指先集中提出一连串设问句。然后集中加以回答。此种设问能增强论辩力量，引人深思。

③连续问答

连续问答是指连续地使用一问一答式。此种设问能造成一种步步紧逼、势不可挡之气势，具有强大的论辩力量。

3. 反问

(1)反问的概念

反问是用疑问的形式表达确定的意思，以此来加重语气的一种修辞手法，也叫激问、反诘、诘问。

反问的特点是“无疑而问”，用疑问句的形式表示确定的意思，以加强语气，增强表达效果，句末一般打问号，有的也打感叹号。

(2)反问的形式

①用肯定的形式表示否定

例如：四十多个青年的血，洋溢在我的周围，使我艰于呼吸视听，哪里还能有什么言语?

②用否定的形式表示肯定

例如：历史上没有一个反人民的势力不被人民毁灭的！希特勒、墨索里尼，不都在人民面前倒下去了吗?

4. 反复

(1)反复的概念

反复是指为了突出某个意思、强调某种感情，有意让一个句子或词语重复出现的修辞方法。反复的修辞手法主要运用在诗文中，起到反复咏叹，表达强烈的情感的作用。同时，反复的修辞手法还可以使诗文的格式整齐有序，而又回环起伏，充满语言美。

反复和排比形式上相似，容易混淆，两者的区别关键在于其表达的侧重点不同。反复是为了强调某个意思或突出某种情感而重复使用某些词语或句子，所要表达的侧重点在于重复的词语或句子上；排比则是把结构相同或相似、内容相关、语气一致的三个或三个以上的短语或句子排列起来使用，侧重点不在相同的词语上。

(2)反复的种类

①连续反复

连续出现同一个词语或句子，中间没有间隔叫连续反复。

例如：山谷回音，他刚离去，他刚离去。

②间隔反复

同一个词语或句子不连续出现，有其他词语或句子间隔在中间叫间隔反复。

例如：好像失了三省，党国倒愈像一个国，失了东三省谁也不响，党国倒愈像一个国。

四、练习题

一、选择题

1. 关于画线部分的修辞方法判断正确的一项是(　　)。

实现四化是一场史无前例的大进军，是一次重大的社会变革。我们要像英雄那样，心里装着大棋盘，一切行动听从党的召唤，当好一兵一卒。

A. 明喻，因为句中有比喻词“像”。

B. 夸张，因为实际上心里装不下“大棋盘”。

C. 借代，因为“大棋盘”是用来指代实现四化这一大局的。

D. 借喻，因为“大棋盘”是用来比喻实现四化这一大局的。

2. 从下列各句中的“红”来看，使用了相同修辞手法的一组是(　　)。

A. 日出江花红胜火，春来江水绿如蓝。问花花不语，乱红飞过秋千去。

B. 看万山红遍，层林尽染。不恨此花飞尽，恨西园落红难缀。

C. 蜘蛛也惜春归去，网着残红不放飞。落红不是无情物，化作春泥更护花。

D. 今年花胜去年红，可惜明年花更好，知与谁同？惜春常怕花开早，何况落红无数。

3. 下列诗句中，不是对偶句的一项是(　　)。

A. 旦辞爷娘去，暮宿黄河边。

B. 野径云俱黑，江船火独明。

C. 浮云游子意，落日故人情。

D. 乱花渐欲迷人眼，浅草才能没马蹄。

4. 下列各句中修辞方法使用不恰当的一句是(　　)。

A. 树林是一片绿色的海洋，轻风是海洋的呼吸。

B. 珍珠是贝壳痛苦的结晶，是海的泪。

C. 面对风暴的欺凌，松柏挺胸不屈，杨柳弯腰逢迎，江河寂然无语，高山昂然抗争。

D. 太阳从地平线上露出笑脸，用她那柔美的金色手指，悄悄地捡走了草地上的珠玑。

5. 下列语句中运用的比喻，不妥的一句是(　　)。

A. 他提着两个沉甸甸的大包，气喘吁吁地走着，像踩在棉花上似的深一脚、浅一脚。

B. 小战士斜挎着冲锋枪，在崎岖的小路上向前猛冲，脚步像踩在棉花上一般的轻快。

C. 一群仙女，踩在棉花似的云朵上，随着隐隐传来的仙乐，冉冉地向远方飘去。

D. 她突然看见山路中央盘着一条大蛇，蛇头昂起，张着大口，她顿时感到两脚像踩在棉花上似的……

6. 对下面的广告词的分析，恰当的一项是(　　)。

A. 瑞士钟表公司广告：“本公司在世界各地的维修人员闲得无聊。”——运用反衬手法，说明瑞士钟表公司的维修人员是不太勤快，但瑞士钟表公司的产品质量十分可靠。

B. 日本丰田汽车公司广告：“车到山前必有路，有路必有丰田车。”——运用引用、对偶、夸张的手法说明产品数量多、性能好。

C. 美国柯达公司广告：“你只需按一下快门，余下的一切由我来做。”——运用拟人的手法说明产品的使用方便。

D. 湖南“天仙”电扇厂广告：“实不相瞒，‘天仙’的名气是吹出来的。”——运用双关的手法说明产品销量大、质量好。

7. 以“梨花院落溶溶月”为出句，下面能与它构成对偶句的一项是(　　)。

A. 柳絮池塘淡淡风

B. 榆荚临窗片片雪

C. 带水芙蕖点点雨

D. 丁香初绽悠悠云

8. 对下列句子的修辞方法及其表达作用的解释，不正确的一项是(　　)。

A. 什么是路？就是从没路的地方践踏出来的，从只有荆棘的地方开辟出来的。

——什么是路？作者胸中早有定见，只是故意提问，以引起别人对问题的注意，接着给出答案，给人的印象鲜明深刻。

B. 以抒情而言，有的春风得意、壮怀激烈，有的情爱幽怨、离愁别绪，有的愤世嫉俗、忧国忧民，有的悲秋伤逝、嗟老叹卑……

——用排比句的方式，将抒情的种种内容列举出来，读起来酣畅淋漓。

C. 黑龙江人常说这里的土，插根筷子都会发芽。

——“插根筷子都会发芽”的说法是在打比方，以写土地的“肥沃”，表现黑龙江人对家乡的热爱，形象鲜明生动。

D.“横眉冷对千夫指，俯首甘为孺子牛”应该成为我们的座右铭。

——句中“横眉”与“俯首”，“冷对”与“甘为”，“千夫指”与“孺子牛”都是相对的，整个句子形式匀称，谈起来声音和谐，给人以美感。

9. 下列句子运用夸张手法不当的一句是(　　)。

A. 山高水险石卡卡，红苕洋芋包谷粑。要想吃碗大米饭，除非坐月生娃娃，等到大米找回来，娃娃已经满地爬。

B. 王老汉种的甜瓜，几十里外就闻到瓜香了。

C. 面片擀得一张纸，面条切下一条线，下到锅里莲花转，盛到碗里赛牡丹。

D. 玉米稻子密又浓，铺天盖地不透风，就是卫星掉下来，也要弹回半空中。

10. 对下列古诗词中加点词语的解说，错误的一项是(　　)。

A. 月下飞天境，云生结海楼。仍怜故乡水，万里送行舟。（“天镜”“海楼”写荆门一带的奇妙美景，是比喻写法）

B. 明月几时有？把酒问青天。不知天上宫阙，今夕是何年。（赋予“青天”以生命，直接同它对话，是拟人写法）

C. 笔落惊风雨，诗成泣鬼神。声名从此大，汩没一朝伸。（“惊风雨”“泣鬼神”赞扬李白诗才出众，是夸张写法）

D. 轻舟短棹西湖好，绿水逶迤，芳草长堤，隐隐笙歌处处随。（“轻舟短棹”写泛舟游湖，景色迷人，是借代写法）

二、判断题

1. 石油工人一声吼，地球也要抖三抖。该句运用了夸张的修辞手法。（　　）

2. 可怜九月初三夜，露似珍珠月似弓。该句运用了比喻的修辞手法。（　　）

3. 火车怎么才能爬上这样的陡坡呢？詹天佑顺着山势，设计了一种“人”字形线路。该句运用了设问的修辞手法。（　　）

4. 兴安岭多么会打扮自己呀：青松作衫，白桦为裙，还穿着绣花鞋。该句运用了比喻的修辞手法。（　　）

5. 人与山的关系日益密切，怎能不使我们感到亲切、舒服呢？该句运用了反问的修辞手法。（　　）

6. 漓江的水真静啊，静得让你感觉不到它在流动；漓江的水真清啊，清得可以看见江底的沙石；漓江的水真绿啊，绿得仿佛是一块无瑕的翡翠。该句只用了排比的修辞手法。（　　）

7. 四海皆春春不老，九州同乐乐无穷。该句运用了对比的修辞手法。（　　）

8. 东边日出西边雨，道是无晴却有晴”中的“晴”表面上是晴天的晴，实则内含感情的“情”，该句运用了双关的修辞手法。（　　）

9. 撑着油纸伞，独自彷徨在悠长、悠长又寂寥的雨巷，我希望逢着一个丁香一样的结着愁怨的姑娘。该句运用了借代的修辞手法。（　　）

10. 山谷回音，他刚离去，他刚离去。该句运用了排比的修辞手法。（　　）

三、分析题

1. “凤凰台上凤凰游，凤去台空江自流。吴宫花草埋幽径，晋代衣冠成古丘。三山半落青天外，一水中分白鹭洲。总为浮云能蔽日，长安不见使人愁”，请问该诗中“总为浮云能蔽日”一句中用了怎样的修辞手法？

2. “肃肃凉风生，加我林壑清。驱烟寻涧户，卷户出山楹。去来固无迹，动息如用情。日落山水静，为君起风声”，请问这首诗写风主要运用了什么修辞手法？

3.“船上看山走如马，倏乎过去数百群。前山槎牙忽变态，后岭杂沓如惊奔。仰看微径斜缭绕，上有行人高缥缈。舟中举手欲与言，孤帆南去如飞鸟”，请问诗中运用了那些修辞手法？

4.“是的，湖是一种美丽，是一种情意。为了陆地不那么干枯，为了人的生活不那么疲劳，为了把凶恶的海控制起来把生硬的地面活泼起来，为了你的眼睛与天上的月亮……你不觉得看到地面上的一个湖泊就像看到天上的月亮一样令人欣喜吗？为了短暂的焦渴的生命中不能或缺的滋润，于是有了湖”，请问该段文字中运用了哪些修辞手法？

5.“那种把长城简单类比成为‘空间上扩大的四合院’，贬为‘巨大的纪念碑’的观点，于古于今都是荒谬的。中国不再需要孟姜女，刻薄饶舌者不过是中华文明之树的蛀虫”，该段文字中“中国不再需要孟姜女”用的是什么修辞手法？

四、拟写题

1. 请另选一物仿写下文。要求用拟人的修辞方法，符合该物的特征并寄寓一定的思想情感。

雨伞，你注定一生以乌云为伴，时时为别人遮风挡雨却湿透你自己。

2. 请仿照下文给定的句子续写两句话。要求续写的部分与给定的句子构成排比，表达保护生态环境之意。

树是水土的卫士，让它绿化大地山川。

3. 请根据括号内的要求写一段树叶与阳光的对话。

早晨，树叶与阳光亲密地谈话。

树叶(感激地)说：(排比)

阳光(谦逊地)说：(比喻)

4. 下面都是春联的上联，请选择其中一题写出下联。

①春晖盈大地

②科学能致富

③国兴旺家兴旺国家兴旺

5. 请把下面句子中划线部分改写成一副对联，用来作“画卷”的修饰语：经过几百个日日夜夜的奋战，长江截流工程终于胜利完成，中国人民在这奔腾不羁的长江边，展开了一幅把五千里长江斩断，把三峡无数山峰锁住的神奇画卷。

6. 雨果说：“比陆地宽广的是海洋，比海洋宽广的是天空，比天空宽广的是人的胸怀。”请运用修辞手法为话题“我(们)的胸怀”重新拟写标题。

7. 今天，始终和我们如影随形；昨天，是逝去的今天；明天，是将来的今天。我们每个人都处在今天的坐标系上。正是因为经历过无数个今天，才构织成丰富多彩的人生。

面对今天，我们该会涌发出多少的感慨和遐思；把握今天，我们又能创造多少的灿烂和辉煌……请运用修辞手法为话题“今天”重新拟写标题。

8. 一位得知自己不久于人世的老者写道：“如果我可以从头活一次，我要尝试更多的错误，我不会再事事追求完美。”活着是美丽的，工作着是美丽的，必要时，犯错误亦不失为一种美丽。请运用修辞手法为话题“错误是一笔财富”重新拟写标题。

第五单元　地域风物

导语

在我国，地域文化一般是指特定区域源远流长、独具特色，传承至今仍发挥作用的文化传统，是特定区域的生态、民俗、传统、习惯等文明表现。中国地域文化特点鲜明，主要体现在下面几个方面：(一)方言文化。中国的方言种类很多，尤其是南方地区(因为多山区，交通闭塞不便利)。方言能增进人与人之间的感情，部分意思只有方言才能表达清楚。中国人所谓的“同乡”有大同乡与小同乡之分，小同乡通常是指使用同一方言的。在政治活动中，往往会走到一起，利益往往比较容易一致。比如宋太祖时期，丞相不能用南方人，因为南方人说方言北方人听不懂。(二)饮食文化。中国有八大菜系，“湘菜”便是其中之一。山珍海味可以运输，而民间的日常饮食则不同。如西藏的酥油茶，主要是取材于当地，或是运输到当地，当地的老百姓才吃得起、经常吃。不同地区饮食方式也不同，比如有些地方是坐在炕上吃的，有些地方是蹲着吃的。(三)民间信仰。虽然中国人的宗教意识比较淡薄，但是各地都有很强烈的民间信仰。四川的都江堰为李冰所修，据说二郎神是李冰的儿子，负责治水，而四川有水灾与旱灾，所以会信奉他。(四)民间建筑。民居必须要符合当地的实际情况(建筑材料等)，比如一些地方住窑洞，便是由地理条件决定的，因为贫穷和没有木材、石料等。不过，若是外来建筑能适应地方特点，则也可能成为地方建筑特色。上海的石库门房子，就是殖民地时期英国人引入的外来建筑风格，不过已经被上海人接纳而做了一点改变，成为了上海的地方特色。除去以上特点外，还有移民影响和民族分布等。

风物，指风景和物品，喻指大气候。语出晋陶潜《游斜川》诗序：“天气澄和，风物闲美。”具体来说，“风物”又有以下三个方面的涵义：(一)风光景物。晋·陶潜《游斜川》诗序：“天气澄和，风物闲美。”(二)风俗物产。宋·梅尧臣《送俞尚寺丞知蕲春县》诗：“应见言风物，于今有贡鲍。”(三)特指风俗、习俗。《明史·西域传四·天方》：“马哈麻墓后有一井，水清而甘。泛海者必汲以行，遇飓风取水洒之即息。当郑和使西洋时，传其风物如此。”

中国是一个历史悠久的文明古国。在几千年的发展中，中华民族的先人们以自己的勤劳和智慧，创造了大量闻名于世的风物特产。这些风物特产是中华民族优秀文化的重要组成部分，也是人类的物质文明与精神文明的完美体现。

游褒禅山记[1]

王安石

【课文导读】

王安石(1021—1086 年),字介甫,号半山、谥文,封荆国公。世人又称王荆公。汉族,北宋抚州临川人(今江西省抚州市临川区邓家巷人),中国北宋著名政治家、思想家、文学家、改革家,唐宋八大家之一。欧阳修称赞王安石:“翰林风月三千首,吏部文章二百年。老去自怜心尚在,后来谁与子争先。”传世文集有《王临川集》《临川集拾遗》等。其诗文各体兼擅,词虽不多,但亦擅长,且有名作《桂枝香》等。而王荆公最得世人哄传之诗句莫过于《泊船瓜洲》中的“春风又绿江南岸,明月何时照我还”。本文是王安石 34 岁时(1054 年)从舒州通判任上辞职,在回家的路上游览了褒禅山,三个月后以追忆的形式写下的。四年后(1058 年)他给宋仁宗上万言书,主张改革政治。12 年后(1070 年)罢相。他不顾保守派反对,积极推行新法。提出“天变不足畏,祖宗不足法,人言不足恤”的观点,这与本文的观点也有相似的地方。

褒禅山亦谓之华山。唐浮图慧褒始舍于其址[2],而卒葬之[3];以故其后名之曰“褒禅”[4]。今所谓慧空禅院[5]者,褒之庐冢[6]也。距其院东五里,所谓华山洞[7]者,以其乃华山之阳名之也[8]。距洞百余步,有碑仆道[9],其文漫灭[10],独其为文犹可识[11],曰“花山”。今言“华”如“华实”之“华”者,盖音谬也[12]。

其下平旷,有泉侧出[13],而记游[14]者甚众,所谓前洞也。由山以上[15]五六里,有穴窈然[16],入之甚寒,问其深[17],则其好游者不能穷也[18],谓之后洞。余与四人拥火以入[19],入之愈深,其进愈难,而其见[20]愈奇。有怠[21]而欲出者,曰:“不出,火且[22]尽。”遂与之俱出。盖[23]余所至,比好游者尚不能十一[24],然视其左右,来而[25]记之者已少。盖其又深,则其至又加少矣[26]。方是时[27],余之力尚足以入,火尚足以明也[28]。既其出[29],则或咎其欲出者[30],而余亦悔其随之而不得极夫游之乐也[31]。

于是余有叹焉[32]。古人之[33]观于天地、山川、草木、虫鱼、鸟兽,往往有得[34],以其求思之深而无不在也[35]。夫夷以近[36],则[37]游者众;险以远,则至者少。而[38]世之奇伟、瑰怪,非常之观[39],常在于险远[40],而人之所罕至焉[41],故非有志者不能至也。有志矣,不随以止也[42],然力不足者,亦不能至也。有志与力,而又不随以怠,至于幽暗昏惑而无物以相之[43],亦不能至也。然力足以至焉[44],于人为可讥[45],而在己为有悔；尽吾志也而不能至者，可以无悔矣，其孰能讥之乎[46]？此余之所得[47]也。

余于仆碑，又以悲夫古书之不存，后世之谬其传而莫能名者[48]，何可胜道[49]也哉！此所以学者不可以不深思而慎取之也[50]。

四人者：庐陵[51]萧君圭君玉，长乐王回深父[52]，余弟安国平父、安上纯父[53]。至和元年[54]七月某日，临川王某记[55]。

【注释】

[1]选自《临川先生文集》，中华书局1962年版。这也是王安石文集中唯一的一篇游记。

[2]浮图：梵(fàn)语(古印度语)音译词，也写作“浮屠”或“佛图”，本意是佛或佛教徒，这里指和尚。慧褒：唐代高僧。舍：名词活用作动词，建舍定居。址：地基，基部，基址，这里指山脚。

[3]而：连词，并且。卒：最终。之：指褒禅山麓。

[4]以故：因为(这个)缘故，译为“因此”。名：命名，动词。禅：梵语译音“禅那”的简称，意思是“静思”，指佛家追求的一种境界，后来泛指有关佛教的人和事物，如禅师、禅子、坐禅、禅房、禅宗、禅林、禅杖等。褒禅：慧褒禅师。

[5]慧空禅院：寺院名。禅院：佛寺。

[6]庐冢(zhǒng)：古时为了表示孝敬父母或尊敬师长，在他们死后的服丧期间，为守护坟墓而盖的屋舍，也称“庐墓”，这里指慧褒弟子在慧褒墓旁盖的屋舍。庐：屋舍(一说指慧褒生前的屋舍)。冢：坟墓。

[7]华山洞：南宋王象生《舆地纪胜》写作“华阳洞”，看正文下出应写作“华阳洞”。

[8]以：因为。乃：表示判断，有“为”“是”的意思。阳：山的南面。古代称山的南面、水的北面为“阳”，山的背面、水的南面为“阴”。名：命名，动词。

[9]仆道：“仆(于)道”的省略，倒在路旁。

[10]文：碑文，与下文“独其为文(碑上残存的文字)”的“文”不同。漫灭：指因风化剥落而模糊不清。

[11]独：唯独，只有。其：指代石碑。文：文字，这里指的是碑上残存的文字。犹：还，仍。

[12]今言“华”(huā)如“华(huá)实”之“华(huá)”者，盖音谬也：汉字最初只有“华(huā)”字，没有“花”字，后来有了“花”字，“华”“花”分家，“华”才读为huá。[王安石认为碑文上的“花”是按照“华”的古音而写的今字，仍应读huā，而不应读“华(huá奢侈、虚浮)实”的huá。按，这里说的不是五岳中的“华(huà)山”]。言：说。盖：承接上文，解释原因，有“大概因为”的意思。谬：错误。

[13]侧出：从旁边涌出。

[14]记游：指在洞壁上题诗文留念。

[15]上：名词活用作动词，向上走。

[16]窈(yǎo)然：深远幽暗的样子。

[17]问：探究，追究。深：形容词活用作名词，深度。

[18]则：副词，用于判断句表示肯定，相当于"就"。穷：穷尽。

[19]拥火：拿着火把。拥：持，拿。以：连词，连接状语与中心词。

[20]见：动词活用作名词，见到的景象。

[21]怠：懈怠。

[22]且：副词，将，将要。

[23]盖：表猜测的发语词，大概。

[24]尚：还。不能十一：不及十分之一。不能：不及，不到。

[25]而：表递进的连词，并且，而且。

[26]则：表假设的连词，那么。至：动词活用作名词，到达的人。加：更，更加。

[27]方是时：正当这个时候。方：当，正在。是时：指决定从洞中退出的时候。

[28]以：相当于"而"，连词，连接状语与中心词。明：形容词或用作动词，照明。

[29]既：已经，……以后。其：助词。

[30]则：副词，就，便，表示前后两事紧密相承或时间相距很近。或：有人。咎(jiù)：责怪。其：那，那些。

[31]其：第一人称代词，指自己。而：连词，表结果，以致，以至于。不得：不能。极：尽，这里有尽情享受的意思，形容词活用作动词。夫：这，那，指示代词。

[32]于是：对于这种情况，因此。焉：句末语气词。

[33]之：用于主谓之间，取消句子的独立性，可不译。

[34]得：心得，收获。

[35]以：因为。求思：探求、思索。而：连词，表递进，而且。无不在：无所不在，没有不探索、思考的，指思考问题广泛全面。

[36]夫：表议论的发语词。夷：平坦。以：连词，表并列，而且，并且。

[37]则：表假设的连词，那么。

[38]而：可是。

[39]观：景象，景观。

[40]险远，形容词活用作名词，险远的地方。

[41]而：因而。焉：兼词，相当于"于此"。

[42]随：跟随(别人)，“随”字后面省略“之”。以：连词，表结果，以致，以至于。

[43]至于：这里是抵达、到达的意思，不同于现代汉语用在下文开头，表示提出另一话题。幽暗昏惑：幽深昏暗，叫人迷乱(的地方)。昏惑：迷乱。以：连词，表目的。相(xiàng)：帮助，辅助。

[44]以：相当于“而”，连词，连接状语与中心词。焉：兼词，相当于“于此”。这一句在“焉”后面省略了“而不至”。

[45]于人：在别人(看来)。为：是。

[46]其：加强反问语气的副词，难道。孰：谁。

[47]得：心得，收获。

[48]谬其传：把那些(有关的)传说弄错。谬：使……谬误，把……弄错。莫能名：不能说出真相(一说真名)。

[49]何可胜道：怎么能说得完。胜：尽。

[50]所以：表示“……的原因”。慎取：谨慎取舍。

[51]庐陵：今江西吉安。萧君圭，字君玉。

[52]长乐：今福建长乐。王回：字深父。父：通“甫”，下文的“平父”“纯父”的“父”同。

[53]安国平父、安上纯父：王安国，字平父；王安上，字纯父。

[54]至和元年：1054 年。至和：宋仁宗的年号。

[55]临川：今江西临川。王某：王安石。古人作文起稿，写到自己的名字，往往只作“某”，或者在“某”上冠姓，以后在誊写时才把姓名写出。根据书稿编的文集，也常常保留“某”的字样。

【思考与练习】

1. 作者强调“于险远”得“非常之观”要有几个条件？

2.“予之力尚足以入，火尚足以明也”和“而世之奇伟、瑰怪、非常之观，常在于险远”这两句中加下划线的“之”字与“又以悲夫古书之不存”一句中的“之”字用法相同吗？请谈谈你的看法。

3. 此句“至于幽暗昏惑而无物以相之”常被人翻译为“至于那些幽暗的使人昏惑不辨的地方，却没有外物帮助他”，你认为是否正确？

4.《游褒禅山记》末尾两句“有志矣，不随以止也，然力不足者，亦不能至也。有志与力，而又不随以怠，至于幽暗昏惑而无物以相之，亦不能至也。”表达了作者的看法，请你就王安石的这段话谈谈自己的看法。

九歌·湘夫人[1]

屈　原

【课文导读】

屈原(约公元前340—前278年)，中国古代伟大的爱国诗人。汉族，出生于楚国丹阳，名平，字原。战国时期楚国贵族出身，任三闾大夫、左徒，兼管内政外交大事。公元前278年秦将白起一举攻破楚国首都郢都。忧国忧民的屈原在长沙附近汨罗江怀石自杀，端午节据说就是他的忌日。他写下许多不朽诗篇，成为中国古代浪漫主义诗歌的奠基者，在楚国民歌的基础上创造了新的诗歌体裁楚辞。他创造的“楚辞”文体在中国文学史上独树一帜，与《诗经》并称“风骚”二体，对后世诗歌创作产生积极影响。一般认为，湘夫人是湘水女性之神，与湘水男性之神湘君是配偶神。湘水是楚国境内的最大河流。湘君、湘夫人这对神祇反映了原始初民崇拜自然神灵的一种意识形态和“神人恋爱”的构想。楚国民间文艺，有着浓厚的宗教气氛，祭坛实际上就是“剧坛”或“文坛”。以《湘君》和《湘夫人》为例：人们在祭湘君时，以女性的歌者或祭者扮演角色迎接湘君；祭湘夫人时，以男性的歌者或祭者扮演角色迎接湘夫人，各致以爱慕之深情。他们借神为对象，寄托人间纯朴真挚的爱情；同时也反映楚国人民与自然界的和谐。因为纵贯南楚的湘水与楚国人民有着血肉相连的关系，楚人对湘水寄予深切的爱，把湘水视为爱之河、幸福之河，进而把湘水的描写人格化。神的形象也和人一样演出悲欢离合的故事，人民意念中的神，也就具体地罩上了历史传说人物的影子。湘君和湘夫人就是以舜与二妃(娥皇、女英)的传说为原型的。这样一来，神的形象不仅更为丰富生动，也更能与现实生活中的人在情感上靠近，富有人情味。

帝子[2]降兮北渚，目眇眇[3]兮愁予[4]。袅袅[5]兮秋风，洞庭波兮木叶下[6]。

登白薠兮骋望[7]，与佳期兮夕张[8]。鸟何萃兮苹中[9]，罾何为兮木上[10]？

沅有芷兮澧有兰[11]，思公子[12]兮未敢言。荒忽[13]兮远望，观流水兮潺湲[14]。

麋[15]何食兮庭中，蛟何为兮水裔[16]？朝驰余马兮江皋[17]，夕济兮西澨[18]。闻佳人兮召予，将腾驾兮偕逝[19]。

筑室兮水中，葺之兮荷盖[20]。荪壁兮紫坛[21]，播芳椒[22]兮成堂。桂栋兮兰橑[23]，辛夷楣兮药房[24]。罔薜荔兮为帷[25]，擗蕙櫋兮既张[26]。白玉兮为镇[27]，疏石兰兮为芳[28]。芷葺兮荷屋，缭之兮杜衡[29]。合百草兮实庭[30]，建芳馨兮庑门[31]。九嶷缤兮并迎[32]，灵之来兮如云[33]。

捐余袂兮江中[34]，遗余褋兮澧浦[35]。搴汀洲兮杜若[36]，将以遗兮远者[37]。时不可兮骤得[38]，聊逍遥兮容与[39]！

【注释】

[1]选自《圣灵之歌〈楚辞〉新考》，中国民主法制出版社 2009 年版。九歌：屈原十一篇作品的总称。“九”是泛指，非实数，《九歌》本是古乐章名。王逸《楚辞章句》认为：“昔楚国南郢之邑，沅湘之间，其俗信鬼而好祠。其祠必作歌乐鼓舞以乐诸神。屈原放逐，窜伏其域，杯忧苦毒，愁思沸郁，出见俗人祭祀之礼，歌舞之乐，其辞鄙陋，因作《九歌》之曲，上陈事神之敬，下见已之冤结，托之以风谏。”也有人认为是屈原在民间祭歌的基础上加工而成。关于湘夫人和湘君为谁，多有争论。二人为湘水之神，则无疑。

[2]帝子：指湘夫人。舜妃为帝尧之女，故称帝子。

[3]眇眇(miǎo)：望而不见的样子。

[4]愁予：使我忧愁。

[5]袅袅(niǎo)：绵长不绝的样子。

[6]波：生波。下：落。

[7]薠(fán)：一种近水生的秋草。骋望：纵目而望。

[8]佳：佳人，指湘夫人。期：期约。张：陈设。

[9]鸟何萃兮苹中：鸟本当集在木上，反说在水草中。萃：集。

[10]罾何为兮木上：罾原当在水中，反说在木上，比喻所愿不得，失其应处之所。罾(zēng)：捕鱼的网。

[11]沅：即沅水，在今湖南省。茝(zhǐ)：即白芷，一种香草。澧(lǐ)：即澧水，在今湖南省，流入洞庭湖。

[12]公子：指湘夫人。古代贵族称公族，贵族子女不分性别，都可称“公子”。

[13]荒忽：不分明的样子。

[14]潺湲：水流的样子。

[15]麋：兽名，似鹿。

[16]蛟何为兮水裔：名意谓蛟本当在深渊而在水边，比喻所处失常。水裔：水边。

[17]皋：水边高地。

[18]澨(shì)：水边。

[19]腾驾：驾着马车奔腾飞驰。偕逝：同往。

[20]茸：编草盖房子。盖：指屋顶。

[21]荪壁：用荪草饰壁。荪(sūn)：一种香草。紫：紫贝。坛：中庭。

[22]椒：一种科香木。

[23]栋：屋栋，屋脊柱。橑(lǎo)：屋椽(chuán)。

[24]辛夷：木名，初春升花。楣：门上横梁。药：白芷。

[25]罔：通“网”，作结解。薜荔：一种香草，缘木而生。帷：帷帐。

[26]擗(pǐ)：掰开。蕙：一种香草。櫋(mián)：隔扇。

[27]镇：镇压坐席之物。

[28]疏：分疏，分陈。石兰：一种香草。

[29]缭：缠绕。杜衡：一种香草。

[30]合：合聚。百草：指众芳草。实：充实。

[31]馨：能够远闻的香。庑(wǔ)：走廊。

[32]九嶷(yí)：山名，传说中舜的葬地，在湘水南。这里指九嶷山神。缤：盛多的样子。

[33]灵：神。如云：形容众多。

[34]袂(mèi)：衣袖。

[35]褋(dié)：《方言》：禅衣，江淮南楚之间谓之“褋”。禅衣即女子内衣，是湘夫人送给湘君的信物。这是古时女子爱情生活的习惯。

[36]汀：水中或水边的平地。杜若：一种香草。

[37]远者：指湘夫人。

[38]骤得：数得，屡得。

[39]逍遥：游玩。容与：悠闲的样子。

【思考与练习】

1.《湘夫人》开头“帝子降兮北渚，目渺渺兮愁予。袅袅兮秋风，洞庭波兮木叶下”四句，被后人赞为千古绝唱。诗人用了什么手法描写出怎样的画面？抒发了怎样的感情？这种环境气氛对全诗起了什么作用？

2. 第三段详细描绘了湘君为湘夫人用各种香草装饰爱巢的过程和步骤，这表现了他什么样的心情？

3. 比兴是《诗经》等民歌体作品常用的艺术手法，此诗中也用了一些即景起兴的问句，如“鸟何萃兮蘋中，罾何为兮木上？”“麋何食兮庭中？蛟何为兮水裔？”这些问句与此诗要表达的爱情有什么关系？

江南的冬景[1]

郁达夫

【课文导读】

郁达夫(1896—1945 年)，原名郁文，字达夫，幼名阿凤，浙江富阳人，中国现代作家、革命烈士。郁达夫是新文学团体“创造社”的发起人之一，一位为抗日救国而殉难的爱国主义作家。在文学创作的同时，还积极参加各种反帝抗日组织，先后在上海、武汉、福州等地从事抗日救国宣传活动，其文学代表作有《怀鲁迅》《沉沦》《故都的秋》《春风沉醉的晚上》《过去》《迟桂花》等。民国三十四年(1945 年)八月二十九日，郁达夫被日军杀害于苏门答腊丛林。1952 年，中华人民共和国中央人民政府追认郁达夫为革命烈士。1983 年 6 月 20 日，民政部授予其革命烈士证书。该文创作于 1935 年，郁达夫自 1933 年 4 月移居杭州后，写下了大量山水游记和诗词，本文即是其中著名的一篇。

凡在北国过过冬天的人，总都道围炉煮茗，或吃煊羊肉、剥花生米、饮白干的滋味。而有地炉、暖炕等设备的人家，不管它门外面是雪深几尺，或风大若雷，而躲在屋里过活的两三个月的生活，却是一年之中最有劲的一段蛰居异境；老年人不必说，就是顶喜欢活动的小孩子们，总也是个个在怀恋的，因为当这中间，有的萝卜，雅儿梨等水果的闲食，还有大年夜，正月初一元宵等热闹的节期。

但在江南，可又不同；冬至过后，大江以南的树叶，也不至于脱尽。寒风—西北风——间或吹来，至多也不过冷了一日两日。到得灰云扫尽，落叶满街，晨霜白得像黑女脸上的脂粉似的。清早，太阳一上屋檐，鸟雀便又在吱叫，泥地里便又放出水蒸气来，老翁小孩就又可以上门前的隙地里去坐着曝背谈天，营屋外的生涯了；这一种江南的冬景，岂不也可爱得很么?

我生长在江南，儿时所受的江南冬日的印象，铭刻特深；虽则渐入中年，又爱上了晚秋，以为秋天正是读读书，写写字的人的最惠节季，但对于江南的冬景，总觉得是可以抵得过北方夏夜的一种特殊情调，说得摩登些，便是一种明朗的情调。

我也曾到过闽粤，在那里过冬天，和暖原极和暖，有时候到了阴历的年边，说不定还不得不拿出纱衫来着；走过野人的篱落，更还看得见许多杂七杂八的秋花！一番阵雨雷鸣过后，凉冷一点；至多也只好换上一件夹衣，在闽粤之间，皮袍棉袄是绝对用不着的；这一种极南的气候异状，并不是我所说的江南的冬景，只能叫它作南国的长春，是春或秋的延长。

江南的地质丰腴而润泽，所以含得住热气，养得住植物；因而长江一带，芦花可以到冬至而不败，红时也有时候会保持住三个月以上的生命。像钱塘江两岸的乌桕树，则红叶落后，还有雪白的桕子着在枝头，一点一丛，用照相机照将出来，可以乱梅花之真。草色顶多成了赭色，根边总带点绿意，非但野火烧不尽，就是寒风也吹不倒的。若遇到风和日暖的午后，你一个人肯上冬郊去走走，则青天碧落之下，你不但感不到岁时的肃杀，并且还可以饱觉着一种莫名其妙的含蓄在那里的生气；“若是冬天来了，春天也总马上会来”的诗人的名句，只有在江南的山野里，最容易体会得出。

说起了寒郊的散步，实在是江南的冬日，所给与江南居住者的一种特异的恩惠；在北方的冰天雪地里生长的人，是终他的一生，也决不会有享受这一种清福的机会的。我不知道德国的冬天，比起我们江浙来如何，但从许多作家的喜欢以 Spaziergang 一字来做他们的创造题目的一点看来，大约是德国南部地方，四季的变迁，总也和我们的江南差仿不多。譬如说十九世纪的那位乡土诗人洛在格(Peter Rosegger，1843—1918)罢，他用这一个“散步”做题目的文章尤其写得多，而所写的情形，却又是大半可以拿到中国江浙的山区地方来适用的。

江南河港交流，且又地滨大海，湖沼特多，故空气里时含水分；到得冬天，不时也会下着微雨，而这微雨寒村里的冬霖景象，又是一种说不出的悠闲境界。你试想想，秋收过后，河流边三五家人家会聚在一道的一个小村子里，门对长桥，窗临远阜，这中间又多是树枝槎桠的杂木树林；在这一幅冬日农村的图上，再洒上一层细得同粉也似的白雨，加上一层淡得几不成墨的背景，你说还够不够悠闲？若再要点景致进去，则门前可以泊一只乌篷小船，茅屋里可以添几个喧哗的酒客，天垂暮了，还可以加一味红黄，在茅屋窗中画上一圈暗示着灯光的月晕。人到了这一个境界，自然会得胸襟洒脱起来，终至于得失俱亡，死生不问了；我们总该还记得唐朝那位诗人做的“暮雨潇潇江上村”的一首绝句罢？诗人到此，连对绿林豪客都客气起来了，这不是江南冬景的迷人又是什么？

一提到雨，也就必然的要想到雪：“晚来天欲雪，能饮一杯无?”自然是江南日暮的雪景。“寒沙梅影路，微雪酒香村”，则雪月梅的冬宵三友，会合在一道，在调戏酒姑娘了。“柴门闻犬吠，风雪夜归人”，是江南雪夜，更深人静后的景况。“前村深雪里，昨夜一枝开”又到了第二天的早晨，和狗一样喜欢弄雪的村童来报告村景了。诗人的诗句，也许不尽是在江南所写，而做这几句诗的诗人，也许不尽是江南人，但假了这几句诗来描写江南的雪景，岂不直截了当，比我这一枝愚劣的笔所写的散文更美丽得多?

有几年，在江南，在江南也许会没有雨没有雪的过一个冬，到了春间阴历的正月底或二月初再冷一冷下一点春雪的；去年(一九三四)的冬天是如此，今年的冬天恐怕也不得不然，以节气推算起来，大约太冷的日子，将在一九三六年的二月尽头，最多也总不过是七八天的样子。象这样的冬天，乡下人叫作旱冬，对于麦的收成或者好些，但是人口却要受到损伤；旱得久了，白喉，流行性感冒等疾病自然容易上身，可是想恣意享受江南的冬景的人，在这一种冬天，倒只会得到快活一点，因为晴和的日子多了，上郊外去闲步逍遥的机会自然也多；日本人叫作 Hiking，德国人叫作 Spaziergang 狂者，所最欢迎的也就是这样的冬天。

窗外的天气晴朗得象晚秋一样；晴空的高爽，日光的洋溢，引诱得使你在房间里坐不住，空言不如实践，这一种无聊的杂文，我也不再想写下去了，还是拿起手杖，搁下纸笔，上湖上散散步罢！

【注释】

[1]本文选自《郁达夫文集》第四卷，花城出版社、三联书店香港分店1982年版。

【思考与练习】

1.“草色顶多成了赭色，根边总带点绿意，非但野火烧不尽，就是寒风也吹不倒的。”这句话中暗含了一首诗，请默写诗文和作者。

2.“清早，太阳一上屋檐，鸟雀便又在吱叫，泥地里便又放出水蒸气来，老翁小孩就又可以上门前的隙地里去坐着曝背谈天，营屋外的生涯了；这一种江南的冬景，岂不也可爱得很么?”作者在这句话中连用了三个“又”字，体会一下该字的妙处。

3.《江南的冬景》描写了哪些优美的画面？试举例分析画面特征。

西安这座城[1]

贾平凹

【课文导读】

贾平凹(1952—)，中国大陆当代著名作家。陕西商洛人，1975 年毕业于西北大学中文系，1974 年开始发表作品。著有小说集《贾平凹获奖中篇小说集》《贾平凹自选集》，长篇小说《商州》《白夜》，自传体长篇《我是农民》等。中国作家协会理事、中国作家协会陕西分会副主席。现在为西安建筑科技大学人文学院院长。

《西安这座城》通过不同的角度，介绍了洋溢着浓浓古意的西安，说明西安最具古城魅力，永远是中国历史文化的魂魄所在地，表现了作者对古城西安的热爱，以及对中国文化和历史传统的痴迷和自豪。

我住在西安这座城里已经 20 年了，我不敢说这个城就是我的，或我给了这个城什么，但 20 年前我还在陕南的乡下，确实做过一个梦的，梦见了一棵不高大的却很老的树，树上有一个洞。在现实的生活里，老家是有满山的林子，但我没有寻见到这样的树，而在初做城里人的那年，于街头却发现了，真的，和梦境里的树丝毫不差。这棵树现在还长着，年年我总是看它一次，死去的枝柯变得僵硬，新生的梢条软和如柳。我就常常盯着还趴在树干上的裂着背已去了实质的蝉壳，发许久的迷瞪，不知道这蝉是蜕了几多壳，生命在如此转换，真的是无生无灭，可那飞来的蝉又始于何时，又该终于何地呢？于是在近晚的夕阳中驻脚南城楼下，听岁月腐蚀得并不完整的砖块里，一群蟋蟀在唱着一部繁乐，恍惚里就觉得哪一块砖是我的吧，或者，我是蟋蟀的一只，夜夜在望着万里的长空，迎接着每一次新来的明月而欢歌了。

我庆幸这座城在中国的西部，在苍茫的关中平原上，其实只能在中国西部的关中平原上才会有这样的城，我忍不住就唱起关于这个地方的一段民谣：

八百里秦川黄土飞扬，三千万人民吼叫秦腔，
调一碗黏面喜气洋洋，没有辣子嘟嘟囔囔。

这样的民谣，描绘的或许缺乏现代气息，但落后并不等于愚昧，它所透出的一种气势，没有矫情和虚浮，是冷的幽默。是对旧的生存状态的自审。我唱着它的时候，唱不出声的常常是想到了夸父追日渴死在去海的路上的悲壮。正是这样，数年前南方的几个城市来人，以优越异常的生活待遇招募我去，我谢绝了，我不去，我爱陕西，我爱西安这座

城。我生不在此，死却必定在此，当百年之后躯体焚烧于火葬场，我的灵魂随同黑烟爬出了高高的烟囱，我也会变成一朵云游荡在这座城市的上空的。

当世界的新型城市愈来愈变成了一堆水泥，我该如何来叙说西安这座城呢？是的，没必要夸耀曾经是 13 个王朝国都的历史，也不自得八水环绕的地理风水，承认中国的政治、经济、文化的中心已不在这里，对于显赫的汉唐，它只能称为“废都”。但可爱的是，时至今日，气派不倒的，风范犹存的，在全世界的范围内最具古都魅力的，也只有西安了。它的城墙赫然完整，独身站定在护城河上的吊桥板上，仰观那城楼、角楼、女墙垛口，再怯懦的人也要豪情长啸了。大街小巷方正对称，排列有序的四合院砖雕门楼下已经黝黑如铁的花石门墩，让你可以立即坠入了古昔里高头大马驾驶了木制的大车喤喤喤开过来的境界里去。如果有机会收集一下全城的数千个街巷名称：贡院门、书院门、竹笆市、琉璃市、教场门、端履门、炭市街、麦苋街、车巷、油巷……你突然感到历史并不遥远，以至眼前飞过一只不卫生的苍蝇，也忍不住怀疑这苍蝇的身上有着汉时的模样或者有唐时的标记。现代的艺术在大型的豪华的剧院、影院、歌舞厅日夜上演着，但爬满青苔的古钱一样的城根下，总是有人在观赏着中国最古老的属于这个地方的秦腔，或者皮影木偶。这不是正规的演艺人，他们是工余的娱乐，有人演，就有人看，演和看都宣泄的是一种自豪，生命里涌动的是一种历史的追忆，所以你也明白了街头饭馆里的餐具，碗是那么粗的瓷，大的称之为海碗。逢年过节，你见过哪里的城市的街巷表演着社戏，踩起了高跷，扛着杏黄色的幡旗放火铳，敲纯粹的鼓乐？最是那土得掉渣的土话里，如果依音用笔写出来，竟然是文言文中的极典雅的词语，抱孩子不说抱，说“携”，口中没味不说没味，说“寡”，即使骂人滚开也不说滚，说“避”。你随便走进一条巷的一户人家吧，是艺术家或者是公人、小职员、个体的商贩，他们的客厅必是悬挂了装裱考究的字画，桌柜上必是摆设了几件古陶旧瓷。对于书法绘画的理解，对于文物古董的理解的珍存，成为他们生活的基本要求。男人们崇尚的是黑与白的色调，女人们则喜欢穿大红大绿的衣裳，质朴大方，悲喜分明。他们少以言辞，多以行动；喜欢沉默，善于思考；崇拜的是智慧，鄙夷的是油滑；又整体雄浑，无琐碎甜腻。西安的科技人才云集，产生了众多的全球也著名的数学家、物理学家，但民家却大量涌现着《易经》的研究家，观天象，搞预测，作遥控。你不敢轻视了静坐于酒馆一角独饮的老翁或巷头鸡皮鹤首的老妪，他们说不定就是身怀绝技的奇人异才。清晨的菜市场上，你会见到托着豆腐。三个两个地立在那里谈论着国内的新闻。在公共厕所蹲坑，你也会听到最及时的关于联合国的一次会议的内容。关心国事，放眼全球，似乎对于他们是一种多余，但他们就是有这种古都赋予的秉性。“杞人忧天”从来不是他们讥笑的名词。甚至有人庄严地提议，在城中造一尊大的杞人雕塑，与那巍然树立的丝绸之路的开创人张骞塑像相映成辉，成为一种城标。整个西安城，充溢着中国历史的古意，表现的是一种东方的神秘，囫囵囵是一个旧的文物，又鲜活活是一个新的象征。

所以，我数次搬家，却总乐意在靠近城墙的地方住。现在我居住在叫甜水井的方位，井已经被覆盖了，但数个四合院内还保留着古老的井台。千百年来，全城的食用水靠这一带甜水供应，老一代的邻居还说得清最后一届水井的模样，抱出匣子来让我瞧那手摸汗浸而光滑如铜的骨片水牌，耳畔里就隐约响起了驮着水桶的驴子叩击青石板街的节奏。星期日，去那嚣声腾浮的鸟市、虫市和狗市，或是赶那黎明开张、日出消散的露水市场，去城河沿上看那练习导引吐纳之术的汉子，去古旧书店摊购买几本线装的古籍，去寺院里拜访参禅的老僧和古高的道长，去楼房的建筑工地的土坑里捡一堆称之为垃圾文物的碎瓷残片，分辨其字画属于汉的海风之格或属于唐的山骨之度，一切都在与历史对话，调整我的时空存在，圆满我的生命状态。所以，在我的居室里接待了全中国各地来的客人乃至海外的朋友，我送他们的常常是汉瓦当得一个拓片，秦砖自刻得一方砚台，或是陪他们听一段已无弦索的古琴的无声的韶音。我说，你信步在城里走走吧，钟楼已没钟，晨时你能听见的是天音，鼓楼已没鼓，暮时你能听见的是地声，再倘若你是搞政治的，你往城东区看秦兵马俑，你是搞艺术的，你往城西区看霍去病墓前石雕。我不知疲劳地，一定要带领了客人朋友爬土城墙，指点那城南的大雁塔和曲江池，说，看见那大雁塔吗？那就是一枚印石；看见那曲江池吧，那就是一盒印泥。记住，历史当然翻开了新的一页，现代的西安当然不仅仅是个保留着过去的城，它有着其他城市所具有的最现代的东西。但是，它区别于别的城市，是无言的上帝把中国文化的大印放置在西安，西安永远是中国文化魂魄所在地了。

【注释】

[1]选自《贾平凹散文大系》，漓江出版社1993年版。

【思考与练习】

1. 从文章开头一段引用的民谣就可以大致看出西部关中平原人民的性格特征，请结合全文内容加以概括。

2. 文章结尾处说“整个西安城……囫囵囵是一个旧的文物，又鲜活活是一个新的象征”“一个旧的文物”指什么？“一个新的象征”指什么？

3. 作者说“生命里涌动的是一种历史的追忆”，文章里是如何体现这一点的？请分条陈述。

4.《西安这座城》很多地方用了第二人称的写法，把西安的古韵娓娓道来。请说说这样写的好处。

5. 下列说法中不符合原文的两项是(　　)。

A. 关中地区的秦腔和皮影木偶是人们自娱自乐的地方戏，它已成了人们追忆历史、宣泄自豪的方式。

B. 西安人杰地灵，这是古城悠久的历史和丰富的文化所赋予的，这座古城也因此永葆活泼的生命力。

C. 西安曾是13朝古都，它的衰落有其历史的原因，也有其文化的原因。

D. 西安有着悠久而辉煌的历史，作者以此为突破口，集中笔墨突出了西安历史的辉煌。

故乡的榕树[1]

黄河浪

【课文导读】

黄河浪(1960—2000年)，陕西子洲人，1989年毕业于西北大学中文系。1978年参加工作，历任子洲县高渠中学教师，武警西安市支队文书，《长安》月刊编辑、小说组长，《散文报》编辑、记者，《市场公报》副总编辑，专业作家，文学创作二级。1980年开始发表作品。1997年加入中国作家协会。著有长篇小说《悲土》，中短篇小说集《荒流》《荒缘》，报告文学集《绿色沧桑》(合作)等。《故乡的榕树》是作者散文代表作之一，这篇文章写久居异乡的“我”，带着小儿子在大榕树下散步，由眼前景引出故乡情，这眼前景和故乡情的触发点和联系点就是榕树，作者把对故乡和乡亲们的深情厚谊都寄托在榕树上，通过对榕树的描写抒发思乡之情。

住所左近的土坡上，有两棵苍老蓊郁的榕树，以广阔的绿阴遮蔽着地面。在铅灰色的水泥楼房之间，摇曳赏心悦目的青翠；在赤日炎炎的夏天，注一潭诱人的清凉。不知什么时候，榕树底下辟出一块小平地，建了儿童玩的滑梯和亭子，周围又种了蒲葵和许多花朵，居然成了一个小小的儿童世界。也许是对榕树有一份亲切的感情罢，我常在清晨或黄昏带小儿子到这里散步，或是坐在绿色的长椅上看孩子们嬉戏，自有种悠然自得的味道。

那天特别高兴，动了未泯的童心，我从榕树枝上摘下一片绿叶，卷制成一支小小的哨笛，放在口边，吹出单调而淳朴的哨音，小儿子欢跳着抢过去，使劲吹着，引得谁家的一只小黑狗寻声跑来，摇动毛茸茸的尾巴，抬起乌溜溜的眼睛望他。他把哨音停下，小狗失望地跑开去；他再吹响，小给又跑拢来……逗得小儿子嘻嘻笑，粉白的脸颊上泛起淡淡的红晕。

而我的心却像一只小鸟，从哨音里展翅飞出去，飞过迷濛的烟水、苍茫的群山，停落在故乡熟悉的大榕树上。我仿佛又看到那高大魁梧的躯干，卷曲飘拂的长须和浓得化不开的团团绿云；看到春天新长的嫩叶，迎着金黄的阳光，透明如片片碧玉，在袅袅的风中晃动如耳坠，摇落一串串晶莹的露珠。

我怀念从故乡的后山流下来，流过榕树旁的清澈的小溪，溪水中彩色的鹅卵石，到溪畔洗衣和汲水的少女，在水面嘎嘎嘎地追逐欢笑的鸭子；我怀念榕树下洁白的石桥，桥头兀立的刻字的石碑，桥栏杆上被人抚摸光滑了的小石狮子。那汩汩的溪水流走了我童年的岁月，那古老的石桥镌刻着我深深的记忆，记忆里的故事有榕树的叶子一样多……

站在桥头的两棵老榕树，一棵直立，枝叶茂盛；另一棵却长成奇异的S形，苍虬多筋的树干斜伸向溪中，我们称它为“驼背”。更特别的是它弯曲的这一段树心被烧空了，形成丈多长平方的凹槽，而它仍然顽强地活着，横过溪面，昂起头来，把浓密的枝叶伸向蓝天。小时候我们对这棵驼背榕树分外有感情，把它中空的那段凹槽当做一条“船”。几个伙伴爬上去，敲起小锣鼓，以竹竿当桨七上八落地划起来，明知这条“船”不会前进一步，还是认真地、起劲地划着。在儿时的梦里，它会顺着溪流把我们带到秧苗青青的田野上，绕过燃烧着火红杜鹃的山坡，穿过飘着芬芳的小白花的橘树林，到大江大海里去，到很远很美丽的地方去……

有时我们会问：这棵驼背的老榕树为什么会被烧成这样呢？听老人说，很久很久以前，有一条大蛇藏在这树洞中，日久成精，想要升天；却因伤害人畜，犯了天条，触怒了玉皇大帝。于是有天夜里，乌云紧压着树梢，狂风摇撼着树枝，一个强烈的闪电像利剑般劈开树干，头上响起惊天动地的炸雷！榕树着火烧起来了，烧空了一段树干，烧死了那头蛇精，接着一阵瓢泼大雨把火浇熄了……这故事是村里最老的老人说的，他像榕树一样垂着长长的胡子。我们相信他的年纪和榕树一样苍老，所以我们也相信他说的话。

不知在什么日子，我们还看到一些女人到这榕树下虔诚地烧一叠纸钱，点几炷香，她们怀着怎样的心愿来祈求这榕树之神呢？我只记得有的小孩面上长了皮癣，母亲就会把他带到这里，在榕树干上砍几刀，用渗流出来的乳白的液汁图在患处，过些日子，那癣似乎也就慢慢地好了。而我最难忘的是，每过年的时候，老祖母会叫我顺着那“驼背”爬到树上，折几枝四季长青的榕树枝，用来插在饭甑炊熟的米饭四周，祭祀祖先的神灵。那时候，慈爱的老祖母往往会蹑着缠得很小的“三寸金莲”，笃笃笃地走到石桥上，一边看着我爬树，一边唠唠叨叨地嘱咐我小心。而我虽然心里有点战战兢兢的，却总是装出毫不在乎的样子，把折到的树枝得意地朝着她挥舞。

使人留恋的还有铺在榕树下的长长的石板条，夏日里，那是农人们的“宝座”和“凉床”。每当中午，亚热带强烈的阳光令屋内如焚、土地冒烟，惟有这两棵高大的榕树撑开遮天巨伞，抗拒迫人的酷热，洒落一地阴凉，让晒得黝黑的农人们踏着发烫的石板路到这里透一口气。傍晚，人们在一天辛劳后，躺在用溪水过的石板上，享受习习的晚风，漫无边际地讲三国、说水浒，从远近奇闻谈到农作物的长势和收成……高兴时，还也人拉起胡琴，用粗犷的喉咙唱几段充满原野风味的小曲，在苦涩的日子里寻一点短暂的安慰和满足。

苍苍的榕树啊，用怎样的魔力把全村的人召集到膝下？不是动听的言语，也不是诱惑的微笑，只是默默地张开温柔的翅膀，在风雨中为他们遮挡，在炎热中给他们阴凉，以无限的爱心庇护着劳苦而淳朴的人们。

我深深怀念在榕树下度过的愉快的夏夜。有人卷一条被单，睡在光滑的石板上；有人搬几块床板，一头搁着长凳，一头就搁在桥栏杆上，铺一张草席躺下。我喜欢跟大人们一起挤在那里睡，仰望头上黑黝黝的榕树的影子，在神秘而恬静的气氛中，用心灵与天上微笑的星星交流。要是有月亮的夜晚，如水的月华给山野披上一层透明的轻纱，将一切都变得不很真实，似梦境，似仙境。在睡意朦胧中，有嫦娥驾一片白云悄悄飞过，有桂花的清香自榕树枝头轻轻洒下来。而桥下的流水静静地唱着甜蜜的摇篮曲，催人在夜风温馨的抚摸中慢慢沉入梦乡……有时早上醒来，清露润湿了头发，感到凉飕飕的寒意，才发觉枕头不见了，探头往桥下一看，原来是掉到溪里，吸饱了水，涨鼓鼓的，搁浅在乱石滩上……

那样的日子不会回来了。我仿佛刚刚从一场梦中醒转，身上还留有榕树叶隙漏下的清凉；但我确实知道，这一觉已睡过了三十年，而人也已离乡千里万里了！故乡桥头苍老的榕树啊，也经历了多少风霜？听说那棵“驼背”，在一次台风猛烈的袭击中，挣扎着倒下去了倒在山洪暴发的溪水里，倒在故乡亲爱的土地上，走完了自己生命的历程。幸好另一棵安然无恙，仍以它浓蔚的绿叶荫庇着乡人。而当年把驼背的树干当船划的小伙伴们，都已成长。有的像我一样，把生命的船划到遥远的异乡，却仍然怀念着故土的榕树么？有的还坐在树下的石板上，讲着那世世代代讲不完的传说么？但那像榕树一样垂着长长胡子的讲故事老人已经去世了；过年时常叫我攀折榕树枝叶的老祖母也已离开人间许久了；只有桥栏杆上的小石狮子，还在听桥下的溪水滔滔流淌罢？

“爸爸，爸爸，再给我做几个哨笛。”不知什么时候，小儿子也摘了一把榕树叶子，递到我面前，于是我又一叶一叶卷起来给他吹。那忽高忽低、时远时近的哨音，弥漫成一片浓浓的乡愁，笼罩在我的周围。故乡的亲切的榕树啊，我是在你绿阴的怀抱中长大的，如果你有知觉，会知道我在这遥远的异乡怀念着你么？如果你有思想，你会像慈母一样，思念我这飘泊天涯的游子么？

故乡的榕树呀……

【注释】

[1]选自《福建青年》1980年第6期，有删节。

【思考与练习】

1. 文章写了两颗老榕树，其中详写“驼背”这一棵，是什么原因？
2. 前三段在结构上的作用是什么？
3. 联系上下文，仿照下面的句子续写一个句子。

有嫦娥驾一片白云悄悄飞过，有桂花的清香自榕树枝头轻轻洒下来。

4. 结尾作者用省略号结束全文，请你补写一段文字作为文章的结尾。

5. 制作读书卡片是一种良好的语文学习习惯，在文中摘录一个你最喜欢的句子，抄写在读书卡片上，并将你的感悟写出来。

祁连雪[1]

刘白羽

【课文导读】

刘白羽(1916—2005年)，北京人。1936年毕业于北平民国大学中文系。1941年参加革命工作，历任延安文抗支部书记，重庆《新华日报》副刊编辑部主任，新华社总社军事记者，总政文化部副部长，中国作家协会党组副书记及书记、副主席、书记处书记，国务院文化部副部长，总政文化部部长，人民文学杂志社主编，大军区副职。1936年开始发表作品。著有长篇小说《风风雨雨太平洋》，散文集《红玛瑙集》《海天集》《秋阳集》《腊叶集》，短篇小说集《草原上》《兰河上》等，报告文学集《刘白羽东北通讯集》《环行东北》，短篇小说《无敌三勇士》《政治委员》，散文《长江三日》《日出》等。

欧洲中部蜿蜒着阿尔卑斯山脉，它那终年积雪的白峰，给欧洲增添了多么动人的姿色呀。我曾隔着一个碧绿的小湖眺望阿尔卑更美丽、更雄伟的雪山，却是在我国西北，从祁连山联接天山，雪岭冰峰、绵亘千里。

由兰州搭机西飞，有幸与关山月、黎雄才两位画家结伴。飞上空中，关山月一看舷窗外雨雾弥漫，大失所望，说：

“可惜，看不见祁连山了！”

人们说祁连山顶上开放着雪莲，赋予这祁连山以无限诗意，就更引起我一览祁连山的渴望。

登嘉峪关，却只见一派黄沙漫漫，天是黄的，地是黄的，未能一识祁连山面目，倒使我想起范仲淹词句：“塞下秋来风景异，衡阳雁去无留意……千嶂里，长烟落日孤城闭”。谁料第二天，倒是一派清明天气。当我乘车赴红柳沟，即昨日嘉峪关头、遥望中那片黑蒙蒙山峪中的一条峡谷，祁连山千峰 万岭突然展现在我的左方，一层云雾被朝阳照成玫瑰红色，再往上，就是银白的雪峰。中午从红柳沟折回，此时云消雾逝，祁连山一座座山似雪、雪似银，闪闪发光，象是明眸皓齿嫣然微笑。祁连雪既已闪现，在酒泉这一日夜，我一直没离开祁连雪。

下午五时，我乘车来到数十进而外的戈壁滩衬托着白色的雪峰，格外分明。此时日光从西方射来，正好使我领略了祁连山的另一侧面。在这柔和光线下，雪却更加清晰，每一山峰上层层峦岭，道道峡谷，象雕刻出的缕缕冰纹，交相映错，而群山却是雪的锋、冰的剑，森然罗列，浩渺相联。

我立在千古苍莽，万籁无声的戈壁滩上，极目邓思，仿佛听到古代行旅的驼铃悠悠微响……

这天刚好是中秋节前夕，碧海表天，一轮明月，月光下祁连山会不会别有一番景色呢？我怕这个盼头也许落空，故而埋在心里没跟随谁说。深夜二时披衣外出，夜是那样幽静，月是那样皎洁，我走到一片开阔之处，啊，祁连雪峰竟如此之美！山上冰雪折皱十分清晰而又十分朦胧，夜色如同遮了一层细纱，祁连山静得象个睡美人。本来西北高原之夜就使人有伸手摩天之感，而这一片月夜冰峰，真使人有“琼楼玉宇，高处不胜寒”之感，我深为看到平生难得一见的景象而心满意足，回到订上便酣然入睡，准备一早登程离去。哪里料到生活竟异峰 突起，清晨起来，我无意间向祁连山方向一瞥，祁连山显现的绝景实在是“叹观止矣！”太阳风从东面地平线上射出第一线光明，莽莽平畴还觉在灰暗之中，而突露高空的祁连雪峰却照得一片鲜红，特别是峰巅，有如红玛瑙熠熠闪光，向下降是紫红色，再向下降则是深黑色的，这些色彩，缤纷交错，构成一幅艳丽的画图。我屏息静气、目不旁瞬。不久，东方天空浮出一片红霞，刚才所见的一切倏然消失，群山变得雪白，象是洁白晶莹的雪花石雕塑而成，从之白的峰岭上缓缓地、轻轻地移过一种柔和的淡红色。

这时，我想起昨天人们指着祁连山告诉我的话：当年中国红军曾在这里鏖战，有一部分部队进入祁连山，忍饥受冻，流血牺牲，活下来的一批战斗者，由一位卓越的领导人带着，历尽艰辛，穿过峡谷，突围而出。这样一想，我记起昨天下午从戈壁滩上捡到的一块石片，它赤红如血，它，也许是那些先行者在又荒凉又美丽之地洒下的鲜血所凝成的吧？

【注释】

[1]选自《刘白羽文集》，华艺出版社 1995 年版。

【思考与练习】

1. 作者在文章的开头和结尾均引用了古人的诗句，请分别说明其用意是什么？

2. 作者曾说：“雪”是《祁连雪》的“文眼”，具有重要的作用。请通读全文，谈谈文中“雪”的重要作用具体表现在哪些方面？

3. 文中说“观山如读史”，作者为什么这样说？请联系你的生活经历或阅读体验，说说从“观山如读史”中获得的启示。

清塘荷韵[1]

季羡林

【课文导读】

季羡林(1911—2009年)，中国山东省聊城市临清人，字希逋，又字齐奘。国际著名东方学大师、语言学家、文学家、国学家、佛学家、史学家、教育家和社会活动家。历任中国科学院哲学社会科学部委员、聊城大学名誉校长、北京大学副校长、中国社会科学院南亚研究所所长，是北京大学的终身教授。

早年留学国外，通英文、德文、梵文、巴利文，能阅俄文、法文，尤精于吐火罗文(当代世界上分布区域最广的语系印欧语系中的一种独立语言)，是世界上仅有的精于此语言的几位学者之一。为“梵学、佛学、吐火罗文研究并举，中国文学、比较文学、文艺理论研究齐飞”，其著作汇编成《季羡林文集》，共24卷。

季羡林先生为人所敬仰，不仅因为他的学识，还因为他的品格。他说：即使在最困难的时候，也没有丢掉自己的良知。他在“文化大革命”期间偷偷地翻译印度史诗《罗摩衍那》，又完成了《牛棚杂忆》一书，凝结了很多人性的思考。他的书，不仅是老先生个人一生的写照，也是近百年来中国知识分子历程的反映。季羡林先生备受关注的《病榻杂记》近日公开发行。在书中，季羡林先生用通达的文字，第一次廓清了他是如何看待这些年外界“加”在自己头上的“国学大师”、“学界泰斗”、“国宝”这三项桂冠的，他表示：“三顶桂冠一摘，还了我一个自由自在身。身上的泡沫洗掉了，露出了真面目，皆大欢喜。”

楼前有清塘数亩。记得三十多年前初搬来时，池塘里好像是有荷花的，我的记忆里还残留着一些绿叶红花的碎影。后来时移事迁，岁月流逝，池塘里却变得“半亩方塘一鉴开，天光云影共徘徊”，再也不见什么荷花了。

我脑袋里保留的旧的思想意识颇多，每一次望到空荡荡的池塘，总觉得好像缺点什么。这不符合我的审美观念。有池塘就应当有点绿的东西，哪怕是芦苇呢，也比什么都没有强。最好的最理想的当然是荷花。中国旧的诗文中，描写荷花的简直是太多太多了。周敦颐的《爱莲说》，读书人不知道的恐怕是绝无仅有的。他那一句有名的“香远益清”是脍炙人口的。几乎可以说，中国人没有不爱荷花的。可我们楼前池塘中独独缺少荷花。每次看到或想到，总觉得是一块心病。

有人从湖北来，带来了洪湖的几颗莲子，外壳呈黑色，极硬。据说，如果埋在淤泥中，能够千年不烂。因此，我用铁锤在莲子上砸开了一条缝，让莲芽能够破壳而出，不至永远埋在泥中。这都是一些主观的愿望，莲芽能不能长出，都是极大的未知数。反正我总算是尽了人事，把五六颗敲破的莲子投入池塘中，下面就是听天由命了。

这样一来，我每天就多了一件工作：到池塘边上去看上几次。心里总是希望，忽然有一天，“小荷才露尖尖角”，有翠绿的莲叶长出水面。可是，事与愿违，投下去的第一年，一直到秋凉落叶，水面上也没有出现什么东西。经过了寂寞的冬天，到了第二年，春水盈塘，绿柳垂丝，一片旖旎的风光。可是，我翘盼的水面上却仍然没有露出什么荷叶。此时我已经完全灰了心，以为那几颗湖北带来的硬壳莲子，由于无法解释的原因，大概不会再有长出荷花的希望了。我的目光无法把荷叶从淤泥中吸出。

但是，到了第三年，却忽然出了奇迹。有一天，我忽然发现，在我投莲子的地方长出了几个圆圆的绿叶，虽然颜色极惹人喜爱，但是却细弱单薄，可怜兮兮地平卧在水面上，像水浮莲的叶子一样。而且最初只长出了五六个叶片。我总嫌这有点太少，总希望多长出几片来。于是，我盼星星，盼月亮，天天到池塘边上去观望。有校外的农民来捞水草，我总请求他们手下留情，不要碰断叶片。但是经过了漫漫的长夏，凄清的秋天又降临人间，池塘里浮动的仍然只是孤零零的那五六个叶片。对我来说，这又是一个虽微有希望但究竟仍是令人灰心的一年。

真正的奇迹出现在第四年上。严冬一过，池塘里又溢满了春水。到了一般荷花长叶的时候，在去年飘浮着五六个叶片的地方，一夜之间，突然长出了一大片绿叶，而且看来荷花在严冬的冰下并没有停止行动，因为在离开原有五六个叶片的那块基地比较远的池塘中心，也长出了叶片。叶片扩张的速度，范围的扩大，都是惊人地快。几天之内，池塘内不小一部分，已经全为绿叶所覆盖。而且原来平卧在水面上的像是水浮莲一样的叶片，不知道是从哪里积蓄了力量，有一些竟然跃出了水面，长成了亭亭的荷叶。原来我心中还迟迟疑疑，怕池中长的是水浮莲，而不是真正的荷花。这样一来，我心中的疑云一扫而光：池塘中生长的真正是洪湖莲花的子孙了。我心中狂喜，这几年总算是没有白等。

天地萌生万物，对包括人在内的动植物等有生命的东西，总是赋予一种极其惊人的求生存的力量和极其惊人的扩展蔓延的力量，这种力量大到无法抗御。只要你肯费力来观察一下，就必然会承认这一点。现在摆在我面前的就是我楼前池塘里的荷花。自从几个勇敢的叶片跃出水面以后，许多叶片接踵而至。一夜之间，就出来了几十枝，而且迅速地扩散、蔓延。不到十几天的工夫，荷叶已经蔓延得遮蔽了半个池塘。从我撒种的地方出发，向东西南北四面扩展。我无法知道，荷花是怎样在深水中淤泥里走动。反正从露出水面荷叶来看，每天至少要走半尺的距离，才能形成眼前这个局面。

光长荷叶，当然是不能满足的。荷花接踵而至，而且据了解荷花的行家说，我门前池塘里的荷花，同燕园其他池塘里的，都不一样。其他地方的荷花，颜色浅红；而我这里的荷花，不但红色浓，而且花瓣多，每一朵花能开出十六个复瓣，看上去当然就与众不同了。这些红艳耀目的荷花，高高地凌驾于莲叶之上，迎风弄姿，似乎在睥睨一切。幼时读旧诗：“毕竟西湖六月中，风光不与四时同。接天莲叶无穷碧，映日荷花别样红。”爱其诗句之美，深恨没有能亲自到杭州西湖去欣赏一番。现在我门前池塘中呈现的就是那一派西湖景象。是我把西湖从杭州搬到燕园里来了。岂不大快人意也哉！前几年才搬到朗润园来的周一良先生赐名为“季荷”。我觉得很有趣，又非常感激。难道我这个人将以荷而传吗？

前年和去年，每当夏月塘荷盛开时，我每天至少有几次徘徊在塘边，坐在石头上，静静地吸吮荷花和荷叶的清香。“蝉噪林愈静，鸟鸣山更幽。”我确实觉得四周静得很。我在一片寂静中，默默地坐在那里，水面上看到的是荷花的绿肥、红肥。倒影映入水中，风乍起，一片莲瓣堕入水中，它从上面向下落，水中的倒影却是从下边向上落，最后一接触到水面，二者合为一，像小船似的漂在那里。我曾在某一本诗话上读到两句诗：“池花对影落，沙鸟带声飞。”作者深惜第二句对仗不工。这也难怪，像“池花对影落”这样的境界究竟有几个人能参悟透呢？

晚上，我们一家人也常常坐在塘边石头上纳凉。有一夜，天空中的月亮又明又亮，把一片银光洒在荷花上。我忽听扑通一声。是我的小白波斯猫毛毛扑入水中，她大概是认为水中有白玉盘，想扑上去抓住。她一入水，大概就觉得不对头，连忙矫捷地回到岸上，把月亮的倒影打得支离破碎，好久才恢复了原形。

今年夏天，天气异常闷热，而荷花则开得特欢。绿盖擎天，红花映日，把一个不算小的池塘塞得满而又满，几乎连水面都看不到了。一个喜爱荷花的邻居，天天兴致勃勃地数荷花的朵数。今天告诉我，有四五百朵；明天又告诉我，有六七百朵。但是，我虽然知道他为人细致，却不相信他真能数出确切的数目。在荷叶底下，石头缝里，旮旮旯旯，不知还隐藏着多少蓇葖，都是在岸边难以看到的。连日来，天气突然变寒。池塘里的荷叶虽然仍是绿油油的一片，但是看来变成残荷之日也不会太远了。再过一两个月，池水一结冰，连残荷也将消逝得无影无踪。那时荷花大概会在冰下冬眠，做着春天的梦。它们的梦一定能够圆的。“冬天如果来了，春天还会远吗？”我为我的“季荷”祝福。

【注释】

[1]本文选自1997年11月13日《人民日报》。

【思考与练习】

1. 请谈谈你对“脍炙人口”和“睥睨”两个词的理解。

2. 本文以“荷”为线索，写了哪三件事？

3. 文中作者所描写的荷花代表着什么？

4. 读课文，回答：作者种荷的原因有三，请加以概括。

5. 体会下列句子所要表达的意思。

(1)一夜之间，就出来了几十枝，而且迅速地扩散、蔓延。不到十几天的工夫，荷叶已经蔓延得遮蔽了半个池塘。

(2)我在一片寂静中，默默地坐在那里，水面上看到的是荷花绿肥、红肥。倒影映入水中，风乍起，一片莲瓣堕入水中，它从上面向下落，水中的倒影却是从下边向上落，最后一接触到水面，二者合为一，像小船似的漂在那里。

6.“一种极其惊人的求生存的力量和极其惊人的扩展蔓延的力量，这种力量大到无法抗御”你怎样理解？

7.“它们的梦一定能够圆的”假如你是荷，你的梦会是什么？

8.“既然冬天到了，春天还会远吗？”你说是吗？结合身边的人和事说说你的看法。

9. 最后一段体现作者怎样的思想感情？

10. 你能写出一两句有关荷的诗句吗？

神的一滴[1]

亨利·戴维·梭罗

【课文导读】

亨利·戴维·梭罗(Henry David Thoreau，1817—1862 年)，美国作家、哲学家，超验主义代表人物，也是一位废奴主义及自然主义者，有无政府主义倾向，曾任职土地勘测员。毕业于哈佛大学，曾协助爱默生编辑评论季刊《日晷》。写有许多政论，反对美国与墨西哥的战争，一生支持废奴运动，他到处演讲倡导废奴，并抨击逃亡奴隶法。其思想深受爱默生影响，提倡回归本心，亲近自然。1845 年，在距离康科德两英里的瓦尔登湖畔隐居两年，自耕自食，体验简朴和接近自然的生活，以此为题材写成的长篇散文《瓦尔登湖》(又译为《湖滨散记》)(1854 年)，成为超验主义经典作品。梭罗才华横溢，一生共创作了二十多部一流的散文集，被称为自然随笔的创始者，其文简练有力，朴实自然，富有思想性，在美国 19 世纪散文中独树一帜。而《瓦尔登湖》在美国文学中被公认为是最受读者欢迎的非虚构作品。

其他作品有政论《论公民的不服从义务》(又译为《消极抵抗》《论公民抗命》《公民不服从论》)(1849)、《没有规则的生活》(1863)，游记《马萨诸塞自然史》《康科德及梅里马克河畔一周》《缅因森林》等。

《神的一滴》为《瓦尔登湖》的节选，讲述的是梭罗初次泛舟在瓦尔登湖时的心路历程，题目是编者所加的。《瓦尔登湖》一向被人们称为“梭罗的精神自传”，是那种彻底拒绝浮躁的好书，有一种返璞归真的美丽神韵蕴藏在里面。进入瓦尔登湖，里面惯有的虚静与孤寂、思想与灵光，犹如涓涓细流注入当下人们心灵的荒原，给人以一种清新冲淡通脱之美，那里除了宁静的大自然，好像什么也没有了。

湖是自然风景中最美、最有表情的姿容。它是大地的眼睛，望着它的人可以测出自己天性的深浅。湖边的树木宛若睫毛一样，而四周森林蓊郁的群山和山崖是它的浓密突出的眉毛。

我第一次划船在瓦尔登湖上游弋的时候，它的四周完全被浓密而高大的松树和橡树围着，有些山凹中，葡萄藤爬过了湖边的树，盘成一弯凉亭，船只可以在下面惬意地通过。湖岸边的山太峻峭，山上的树木又太高，所以从西端望下来，这里像一个圆形剧场，水上可以演出山林舞台剧。我年纪轻一点的时候，就在那儿消磨了好些光阴，像和风一样地在湖上漂浮。一个夏天的上午，我先把船划到湖心，而后背靠在座位上，似梦非梦地漂流着，直到船撞在沙滩上，惊醒的我才欠起身来，看看命运已把我推送到哪一个岸边来了。在那种日子里，懒惰是最诱惑人的事情，我就这样偷闲地度过了许多个上午。我宁愿把一天中最宝贵的光阴这样虚掷，我是富有的，虽然与金钱无关，因为我拥有阳光照耀的时辰以及夏令的日月，我挥霍着它们。可是，自从我离开这洒满古典生态阳光的湖岸之后，伐木人竟大砍大伐起来了。从此要有许多年不可能在林间的甬道上徜徉了，不可能在这样的森林中遇见湖水了。我的缪斯女神如果沉默了，她是情有可原的——森林已被砍伐，怎能希望鸟儿歌唱？

现在，湖底的树干，古老的独木舟，黑魆魆的四周的林木，都没有了，村民本来是连这个湖在什么地方都不知道的，如今却想到用一根管子来把这些湖水引到村中去给他们洗碗洗碟子了。这是和恒河之水一样的圣洁的水！而他们却想转动一个开关，拔起一个塞子就利用瓦尔登的湖水了！这恶魔似的铁马，那震耳欲聋的机器喧嚣声已经传遍全乡镇了，它已经用肮脏的工业脚步使湖水混浊了，正是它，把瓦尔登湖岸上的树木和风景吞噬了。

虽然伐木人已经把湖岸这一段和那一段的树木先后砍光了，爱尔兰人也已经在那儿建造了他们的陋室，铁路线已经侵入了它的边境，冰藏商人已经豪取过它的冰，然而，它仍然顽强地生存着，还是我在青春时代所见的湖水——它虽然有那么多的涟漪，却并没有一条永久性的皱纹。它永远年轻，我还可以站在那儿，看到一只飞燕坦然掠下，从水面衔走一条小虫，正和从前一样。今儿晚上，这感情又来袭击我了，仿佛二十多年来我并没有每天都和它在一起厮守一样，——啊，这是瓦尔登湖，还是我许多年之前发现的那个充满着神秘和活力的林中湖泊。这儿，去年冬天被砍伐了一片森林，而另一片林子已经拔地而起，在湖边蓬勃华丽地生长着。还是同样水漉漉的欢乐，内在的喜悦，创造者的喜悦，是的，这可能就是我的喜悦。

这湖当然是一个大勇者的作品，其中毫无一丝一毫的虚伪！他用他的手围起了这一泓湖水，在他的思想中愈来愈深化，愈来愈清澈，并把它传给了康科德河，我从康科德河的水面上又看到了同样的倒影，我几乎要惊呼：瓦尔登湖，是你吗?!

这不是我的梦，
用于装饰一行诗；
我不能更接近上帝和天堂
甚于我之生活在瓦尔登。
我是它的圆石岸，
飘拂而过的风；
在我掌中的一握，

是它的水，它的沙，
而它的最深邃僻隐处
高高躺在我的思想中。

火车从来不停下来欣赏湖光山色，然而我想，那些司机和那些买了月票的旅客，常看到它，他们多少是会留心这些风景的。每天他们至少有一次机会与庄严、纯洁的瓦尔登湖相遇。对它，就算只有一瞥，也已经可以洗净现代繁华大街上的污浊和引擎上的油腻了。有人建议过，这湖可以称为“神的一滴”。

【注释】

[1]选自《瓦尔登湖》，人民文学出版社2004年版。

【思考与练习】

1. 仿照下列句子的修辞手法和句式特点，另写一个这样的句子。

再没有什么像这一个躺卧在大地表面的湖沼这样美，这样纯洁，同时又这样大。

2. 本文反映了作者怎样的思想情感？

（提示：分析作者的思想情感，既要抓住选段的内容，又要结合全文的内容，联系作者的人生观、世界观。）

3. 读过《瓦尔登湖》的人中，不乏梭罗生活方式的羡慕者及模仿者。梭罗本人并不赞同这样的模仿。他明确地告诉人们，不要模仿他，也不要模仿自己的父母或邻居。每个人都有自己的瓦尔登湖，要以自己的方式去寻找。请以“心中的瓦尔登湖”为题，写一篇不少于700字的文章。

（写作提示：领会作者通过精彩的语言所表达的深刻的思想感情，深刻思考，不要模仿他人，要有自己的兴趣、爱好、情感，要以自己的方式去寻找。写作时，要突出自己的“瓦尔登湖”的特色，写出自己独特的感受，切忌言之无物的描写和抒情。）

单元知识　表现手法

文章中常见的表现手法有用典、联想、想象、虚实结合、衬托或烘托、渲染、象征、对比对照、抑扬、照应、动静、正侧描写、直抒胸臆、借景抒情、融情于景、托物言志、意象和意境。

一、用典

用典有用事和引用前人诗句两种。用事是借用历史故事来表达作者的思想感情，包括对现实生活中某些问题的立场和态度、个人的意绪和愿望等，属于借古抒怀。

引用或化用前人诗句的目的是加深诗词中的意境，促使人联想而寻意于言外。

想当年，金戈铁马，气吞万里如虎。（辛弃疾《永遇乐·京口北固亭怀古》）

过春风十里，尽荠麦青青。（姜夔《扬州慢》）

这首词除了回顾作者43年前南下的经历外，全是用事。“想当年，金戈铁马，气吞万里如虎”写的是刘裕当年北伐抗敌的英雄气概。作者借赞扬刘裕，讽刺南宋王朝主和派屈辱求和的无耻行径，表现出作者抗金的主张和恢复中原的决心。

“春风十里”引用杜牧的诗句，表现往日扬州十里长街的繁荣景况，是虚写；“尽荠麦青青”，写词人今日所见的凄凉情形，是实写。这两幅对比鲜明的图景寄寓着词人昔盛今衰的感慨。

二、联想

由一事物联系到与之有关的另一事物，或把事物中类似的特点联系起来造成一个典型。

碧玉妆成一树高，万条垂下绿丝绦。不知细叶谁裁出，二月春风似剪刀。（贺知章《咏柳》）

诗人由柳枝的纷披下垂、婀娜多姿联想到翠绿的丝带，运用巧妙的比喻，塑造出一个别具浪漫色彩的新颖形象，一改杨柳抒离情的象征意义。

三、想象

人们在已有材料和观念基础上，经过联想、推断、分析、综合，创造出新的观念的思维过程。

湖光秋月两相和，潭面无风镜未磨。遥望洞庭山水色，白银盘里一青螺。（刘禹锡《望洞庭》）

这首诗选择了月夜遥望的角度，通过极富想象力的描写，将洞庭的湖光山色别出心裁地再现于纸上。

四、虚实结合

虚实结合是指现实的景、事与想象的景、事互相映衬，交织在一起表达相同的情感。

寒蝉凄切，对长亭晚，骤雨初歇。都门帐饮无绪，留恋处兰舟催发。执手相看泪眼，竟无语凝咽。(柳永《雨霖铃》)

上片除“念去去千里烟波，暮霭沉沉楚天阔”外，写的都是眼前实景实事实情，写词人和心爱的人不忍分别又不得不别的心情，是实写；下片写对别后生活的设想，是虚写，着意描绘词人孤独寂寞的心情。虚实结合，淋漓尽致地写出了离别的依依不舍。

五、衬托或烘托

衬托或烘托指的是以乙托甲，使甲的特点或特质更加突出。有正衬和反衬两种。

大江东去，浪淘尽、千古风流人物。故垒西边，人道是、三国周郎赤壁。(苏轼《念奴娇 · 赤壁怀古》)

今夜鄜州月，闺中只独看。遥怜小儿女，未解忆长安。香雾云鬟湿，清辉玉臂寒。何时倚虚幌，双照泪痕干。(杜甫《月夜》)

《念奴娇 · 赤壁怀古》要塑造的人物形象是周瑜，却从“千古风流人物”写起，由此引出赤壁之战时的“多少豪杰”，最后才集中为周瑜一人，突出了周瑜在作者心中的主要地位。

《月夜》颔联、颈联写妻子的美丽，反衬诗人惆怅痛苦的心情。

六、渲染

对环境、景物作多方面的描写形容，以突出形象，加强艺术效果。

风急天高猿啸哀，渚清沙白鸟飞回。(杜甫《登高》)

首联俯仰所见所闻，一连出现六个特写镜头，渲染秋江景物的特点。

七、象征

通过特定的、容易引起联想的具体形象，表现与之相似或相近特点的概念、思想和感情。

青山似欲留人住，百匝千遭绕郡城。(李德裕《登崖州城作》)

这两句描写青山环绕，层峦叠嶂，自己所处的郡城正在严密封锁、重重阻隔之中。象征了自己被政敌迫害的景况，书写思归不得的忧伤。

八、对比对照

把两种不同的事物或情形作对照，互相比较。

越王勾践破吴归，战士还家尽锦衣。宫女如花满春殿，只今惟有鹧鸪飞。(李白《越中览古》)

前三句描写昔日繁荣与最后一句描写今日冷落凄凉形成强烈的对比，使读者感受特别深切，其中蕴含着诗人深沉的历史思考。

九、抑扬

把要贬抑否定的方面和要肯定的方面同时说出来，只突出强调其中一个方面以达到抑此扬彼或抑彼扬此的目的。有先扬后抑和先抑后扬之分。

闺中少妇不知愁，春日凝妆上高楼。忽见陌头杨柳色，悔教夫婿觅封侯。（王昌龄《闺怨》）

这首诗采用先扬后抑的手法，先写少妇“不知愁”，后面才说她“悔”，通过对少妇情绪微妙变化的刻画，深刻表现了少妇因触景而产生的感伤和哀怨的情绪，突出了“闺怨”的主题。

十、照应

照应指诗中对前面所写做必要的回答。恰当运用这种方法使结构显得紧凑、严谨。

楚江微雨里，建业暮钟时。漠漠帆来重，冥冥鸟去迟。（韦应物《赋得暮雨送李胄》）

首联两句写黄昏时分诗人伫立在细雨蒙蒙的江边，这里点明了诗题中的“暮雨”，又照应了诗题中的“送”字。

十一、动静

对事物、景物做动态、静态的描写，两者相互映衬，构成一种情趣。

沙头宿鸟联拳静，船尾跳鱼拨剌鸣。（杜甫《漫成一首》）

第四句鱼跳的“动”更衬托出前三句景物的“静”。

十二、正侧描写

对描写对象进行正面的直接的描写是正面描写；描写对象周围的事物，使对象更鲜明，突出的是侧面描写。

一树春风千万枝，嫩于黄金软于丝。永丰西角荒园里，尽日无人属阿谁？（白居易《杨柳枝词》

大漠风尘日色昏，红旗半卷出辕门。前军夜战洮河北，已报生擒吐谷浑。（王昌龄《从军行》）

白诗第一、二句运用正面描写的手法，描写了春天柳树的娇美形态。

王诗第二句侧面描写战况，一方面诗风势很大，卷起红旗便于急行军；另一方面势高度戒备，不事张扬，把战事的紧张状态突现出来。

十三、直抒胸臆

直抒胸臆即景抒怀，表达诗人面对自然景象所产生的富有哲理性的思想。

白日依山尽，黄河入海流。欲穷千里目，更上一层楼。(王之涣《登鹳雀楼》)

前两句写景，后两句直接抒发在这样的环境里产生的情怀，天然的形势、阔大的气象与诗人在这景象面前产生的富有哲理的思想融合在一起。

十四、借景抒情，融情于景

诗人要表达的思想感情正面不着一字，全然寓于眼前的自然景象之中，借自然景物抒发感情。

孤帆远影碧空尽，唯见长江天际流。(李白《黄鹤楼送孟浩然之广陵》)

故人的身影越来越远，最后完全消失，滚滚的江水有如对友人的不断思念。

十五、托物言志

在描摹事物以尽其妙的基础上融入作者的感情，寄托作者的心志。

一树春风千万枝，嫩于黄金软于丝。永丰西园荒园里，尽日无人属阿谁？(白居易《杨柳枝词》)

托物言志，写柳树独出荒园无人观赏，抒发人才被埋没的感慨。

十六、意象

意象，就是诗中熔铸了作者思想情感的事物。用康德的话说就是“灌注了生气的形象”。

意象一词，在中国古代已有，如老子的“大象无形”说。意象如果细分，还可分为象征性意象、比喻性意象、描述性意象、通感性意象等。

孤村落日残霞，轻烟老树寒鸦，一点飞鸥影下。青山绿水，白草绿叶黄花。(白朴《秋思》)

上例中并列了十二个意象，虽也鲜明生动地呈现出绚丽的秋色图，但并无饱满深挚的情感，缺乏“情与景”“情与理趣”的自然融合，无法构成“诱发”人想象的“审美空间”。如果作者能够进一步营造出美好的意境，则会更容易感动读者，使其产生共鸣。

十七、意境

意境是指作者通过丰富的想象，将思想感情与作品的生活图景融为一体而形成的艺术境界。这是诗人的主观感受、感情以及对生活的理解、认识和客观事物的外在形貌特征以及内在的意蕴的融合统一。

枯藤老树昏鸦，小桥流水人家，古道西风瘦马。夕阳西下，断肠人在天涯。(马致远《天净沙·秋思》)

此散曲营造了一个游子思归而不得、触景生情的凄凉悲清的意境；为了完成此意境的营造，作者构筑了“枯藤、老树、昏鸦、古道、西风、瘦马、夕阳、断肠人、天涯”等意象，把这些名词意象直接连缀，产生的悲凉气氛就是意境。

参考文献

[1]刘炜评．中华人文自然百科·文学卷[M]．北京：北京师范大学出版社，2011.

[2]夏征农．辞海·文学分册[M]．上海：上海辞书出版社，1988.

[3]刘国善．历代诗词曲英译赏析[M]．北京：外文出版社，2009.

[4]黄勇，张景丽，金昌海．新编中国大百科全书·中外文学[M]．延吉：延边大学出版社，2005.

[5]杨阳，张青．秦汉历史辞典[M]．呼和浩特：远方出版社，2002.

[6]高占祥．中国文化大百科全书·文学卷[M]．长春：长春出版社，1994.

[7]费振刚．先秦两汉文学研究[M]．北京：北京出版社，2001.

[8]胡大雷．玉台新咏编纂研究[M]．北京：人民文学出版社，2013.

[9]童一秋．语文大辞海[M]．哈尔滨：黑龙江人民出版社，2002.

[10]吴兆宜，程琰．玉台新咏笺注[M]．长春：吉林人民出版社，1999.

[11]陈佳民，柯汉琳，刘晟．普通高中课程标准实验教科书·语文·必修1[M]．广州：广东教育出版社，2004.

[12]方铭．新大学语文[M]．合肥：合肥工业大学出版社，2006.

[13]张葆全．玉台新咏译注[M]．桂林：广西师范大学出版社，2007.

[14]沈蘅仲．知困录——中学古诗词备课札记[M]．上海：上海教育出版社，1996.

[15]薛金星．高中文言文全解　必修1—5(广东教育版)[M]．西安：陕西人民教育出版社，2012.

[16]白烨，于青．世界情爱名著鉴赏辞典[M]．北京：农村读物出版社，1992.

[17]熊依洪．中国历代文学大观·两汉魏晋南北朝文学大观[M]．北京：北京燕山出版社，2008.

[18]语文出版社教材研究中心．普通高中课程标准实验教科书(必修)·语文·第四册　教师用书[M]．北京：语文出版社，2005.

[19]赵光勇．汉魏六朝乐府观止[M]．西安：陕西人民教育出版社，1998.

[20]教育部少数民族高层次骨干人才硕士研究生基础强化培训教材编写委员会．古典文学[M]．北京：红旗出版社，国家行政学院出版社，2006.

[21]中共怀宁县委，怀宁县人民政府．孔雀东南飞研究[M]．合肥：安徽大学出版社，2009.

[22]彭定求，等．全唐诗(上)[M]．上海：上海古籍出版社，1986.

[23]徐中玉，金启华．中国古代文学作品选(一)[M]．上海：华东师范大学出版社，1999.

[24]张国举．唐诗精华注译评[M]．长春：长春出版社，2010.

[25]詹福瑞，等．李白诗全译[M]．石家庄：河北人民出版社，1997.

[26]裴斐．李白诗歌赏析集[M]．成都：巴蜀书社，1988.

[27]郑国民，等．语文(基础模块)　教师教学用书[M]．北京：人民教育出版社，2009.

[28]萧涤非，等．唐诗鉴赏辞典[M]．上海：上海辞书出版社，1983.

[29]陈伯海．唐诗汇评(上)[M]．杭州：浙江教育出版社，1995.

[30]彭定求，等．全唐诗(上)[M]．上海：上海古籍出版社，1986.

[31]于海娣，等. 唐诗鉴赏大全集[M]. 北京：中国华侨出版社，2010.
[32]周啸天，等. 唐诗鉴赏辞典[M]. 上海：上海辞书出版社，1983.
[33]梁川，等. 唐诗三百首鉴赏[M]. 北京：北京理工大学出版社，2008.
[34]萧涤非，等. 唐诗鉴赏辞典[M]. 上海：上海辞书出版社，1983.
[35]戴望舒. 望舒草[M]. 南京：江苏文艺出版社，2009.
[36]刘树元，王昌忠，余连祥，等. 中国现当代诗歌赏析[M]. 杭州：浙江大学出版社，2005.
[37]任孚先，任维清. 现代诗歌百首赏析[M]. 济南：山东教育出版社，1988.
[38]丁帆，杨九俊. 高中语文必修3[M]. 南京：江苏教育出版社，2007.
[39]人民教育出版社课程教材研究所中学语文课程教材研究开发中心. 语文九年级下册[M]. 北京：人民教育出版社，2014.
[40]丁帆，杨九俊. 普通高中课程标准实验教科书语文必修一[M]. 南京：江苏凤凰教育出版社，2014.
[41]钱理群，等. 中国现代文学三十年[M]. 北京：北京大学出版社，2012.
[42]廖述务. 韩少功研究资料[M]. 天津：天津人民出版社，2008.
[43]王新杰. 从《最后一片藤叶》谈欧·亨利的写作风格[J]. 时代文学(下半月)，2010(10).
[44]刘洋，刘舒琳. 生命的杰作——赏析欧·亨利《最后一片叶子》的艺术特点[J]. 时代文学(下半月)，2011(04).
[45]倪君慧. 信念之旅——探析《最后一片叶子》中主人公的性格命运[J]. 才智，2011(09).
[46]李红梅.《最后一片叶子》的文学主题与内涵[J]. 芒种，2013(07).
[47]潘文晗. 源于生活　高于生活——欧·亨利的创作源泉[J]. 文教资料，2007(08).